U0827918

# 回来（二）

## 新中国成立前后的归国科学家们

《学习时报》编辑部 编

中央党校出版集团 大有书局

**图书在版编目（CIP）数据**

回来：新中国成立前后的归国科学家们. 二 /《学习时报》编辑部编. -- 北京：大有书局，2025.5

ISBN 978-7-80772-198-7

Ⅰ. K826.1

中国国家版本馆 CIP 数据核字第 2024S5U594 号

**书　　名** 回 来（二）：新中国成立前后的归国科学家们
**作　　者**《学习时报》编辑部　编

**策划统筹** 李瑞琪
**责任编辑** 李江燕
**责任校对** 李盛博
**责任印制** 耿中虎
**出版发行** 大有书局
（北京市海淀区长春桥路6号　100089）
**综 合 办**（010）68929273
**发 行 部**（010）68922233
**经　　销** 新华书店
**印　　刷** 北京盛通印刷股份有限公司
**版　　次** 2025年5月第1版
**印　　次** 2025年5月第1次印刷
**开　　本** 710毫米 ×1000毫米　1/16
**印　　张** 20.5
**字　　数** 265千字
**定　　价** 76.00元

---

本书如有印装问题，可联系调换，联系电话：（010）68929847

# 本书编委会

**主　编：**何忠国

**编委会：**何忠国　王君琦　石　伟　李　莹

储　峰　张丹丹　李军辉

# 前言

20世纪中叶的中国，山河巨变，曙光初现。当中华人民共和国在战争的废墟上艰难站起时，一批科学家毅然选择跨越重洋，逆流而归。他们或舍弃海外优渥的学术地位，或冲破重重封锁辗转归国，将毕生所学倾注于这片亟待重生的土地。他们的归来，不仅是一次个人命运的抉择，更是一场关乎民族存续、国家崛起的科学远征。新中国刚刚成立，各项事业百废待兴，归国科学家们的专业知识正是建设新中国所急需的。回国后，他们充分发挥自己的专业特长，投身科研实践，为新中国的国防、农业、医药卫生、航天、核物理等领域发展献计献策，在重大项目中担负主要任务。在他们的刻苦钻研和锐意创新下，新中国各项科技事业得到快速发展。70年后再回望，这些科学先驱的背影已融入民族精神的星空。他们的选择，是对“科学无国界，但科学家有祖国”的深刻诠释；他们的坚守，是对“先天下之忧而忧”士人风骨的当代续写。在科技竞争成为国运之争的今天，这些跨越时空的故事，恰似一簇不灭的火把，照亮中国自主创新之路，亦为当代青年标注出精神的高度。这段归来的壮阔征程，终将告诉我们：何为知识分子的脊梁，何谓一个民族挺立的力量。

《学习时报》编辑部

2025年5月

# 目 录

# 1934年

## 涂长望：新中国第一位气象局局长

### 人物简介

涂长望（1906年10月28日至1962年6月9日），湖北汉口人，著名气象学家。1929年毕业于上海沪江大学地理系，后赴英国攻读气象学。回国后任中央研究院气象研究所研究员，曾在清华大学、浙江大学、中央大学等校任教。1949年12月任中央军委气象局局长。1954年转任中央气象局局长。第一、第二届全国人大代表，第一、第二届全国政协委员。1955年当选为中国科学院学部委员（院士）。

涂长望，中国现代气象科学的奠基人之一，新中国气象事业的主要创建人，对我国气象事业和人才培养作出杰出贡献。毕生追求气象发展，放弃博士归国，以热情与才能开创气象事业，呕心沥血至生命尽头。

## 放弃海外博士学位，选择回到祖国

涂长望出生在一个并不富裕的家庭，1920年考入武昌博文中学。在校期间，深受五四运动和北伐革命影响，积极参与社会活动，曾参加孙中山追悼会和沙基惨案的罢课斗争。

涂长望19岁考入华中大学，后因时局转至上海沪江大学科学系，入学时身无长物，仅能以地为床，却求知若渴。除科学课程外，他还师从地质地理系的创建者美籍地理学博士葛德石，学习西方地质地理，从此打开了新视界，以至于他后来在书信中始终尊称葛德石为“永远的老师”。

涂长望大学毕业后回到武昌博文中学任教，1930年5月他以第二名的成绩考取湖北官费留英生，并于10月赴英国伦敦大学政治经济学院学习经济地理学，后转入理工学院，师从气象学家、沃克学派的创始人杰尔博特·沃克，攻读气象学。仅用2年时间，他便获得了气象学硕士学位，并因出色的学术成就被推举为英国皇家气象学会首位中国籍会员。彼时，长江流域遭遇严重水灾，武汉等地数十万民众受灾，正潜心于气象雨量预报研究的涂长望深受触动，誓将所学献于国家与家乡。他潜心钻研沃克气象理论，同时融合中国本土气象数据，于1933年撰写完成《中国雨量与世界气候》这一里程碑式的论文。文中，他深刻剖析了中国旱涝灾害的成因，并将其置于全球气候背景下考量，为中国气象科学赢得了国际声誉。该论文后被《英国皇家学会论文集》收录，其摘要亦刊载于《自然》杂志，国际影响力进一步扩大。获得硕士学位后，涂长望前往英国利物浦大学攻读地理学博士学位。

涂长望留学期间仍心系祖国民主进步之业。在伦敦，他与杨秀峰等共产党员结缘，积极投身第三国际外围组织旅英华侨反帝同盟的活动并出任文书，负责编辑出版刊物《反帝》。1934年，受同盟派遣，涂长望赴苏联莫斯科参加“五一”国际劳动节观礼，回伦敦后他加入英国共产党华语支部，并结识了邹韬奋等进步人士，逐步认识到“近代科学的发展需要一定的社会基础，欧洲科学迅速发展与工业革命密切相关”。同年8月，随着国内爱国民主运动的高涨，众多海外学子怀抱科学救国梦想纷纷回国。涂长望在收到竺可桢的聘电后，毅然放弃博士学位，选择回到祖国，开始投身中国气象事业。

## 克服时局艰险，投身科学研究和社会运动

回国后，涂长望被选为中国气象学会理事兼学会刊物总编辑，持续引领气象学术发展；借聘清华大学地理系任教授时，他参加了北平文化界救国会，任常务理事。抗战全面爆发后，他临危受命主持气象研究所内迁重庆的工作，先后任浙江大学、重庆中央大学教授。在讲授动力气象时，涂长望率先采用国际前沿的《物理动力气象学》教材，这在中国气象教育史上尚属首次。其间，他连续发表了《中国之气团》《中国气团的特性》两篇论文，将气象分析从传统的地面二维空间提升至三维，构建了中国式三维气象学的理论框架，开辟了气象学的新路径。同时，他深耕中国气候与东亚环流研究，深入剖析不同气流间的锋系活动，凭借有限的探空资料，精准揭示了东亚自由大气的独特性质。他指出东亚季风的进退有明显的阶段性和突变性的跳跃现象，表征着东亚季风环流的非线性特点，这在当时是极具创见的，对研究我国季风与旱涝有着重要意义。

气象研究所在重庆的临时所在地曾家岩，曾是日军轰炸的重点。即便如此，涂长望从未中断过相关科研，反倒练就出临危不乱的本领。作为气象学专家，虽不能上阵杀敌，但涂长望在极其艰苦的环境下，用简陋的设备收集资料、潜心研究，写出了《中国自由大气气候

状况的初步研究》等论文，为当时的空军抗战提供了坚实的气象依据，为中国航空事业的发展作出了直接贡献。此外，涂长望还参加中国共产党的外围组织自然科学座谈会并参与发起成立中国科学工作者协会，担任总干事，担负起了实际领导工作的责任。

国共重庆和谈期间，蒋介石加紧反共、准备内战，在大肆逮捕共产党人的同时，对进步爱国人士也不放过。涂长望不顾被国民党特务盯梢和逮捕的危险，频繁出入新华日报社参加时事座谈会，聆听周恩来的报告。当时，延安刚建立了中国共产党历史上第一个气象台——延安气象台，但由于国民党的封锁，缺乏必要的技术资料和专业书籍建立观测网，这一情况让涂长望深感忧虑。他不辞辛劳，专门搜集了一些珍贵的气象期刊、书籍，并在特务的严密监视下，巧妙地将这些资料安全送达周恩来的办公室。1946年5月，九三学社成立，涂长望任理事兼秘书长。1947年，涂长望在南京中央大学发表“科学与民主”演说，参加“反饥饿、反内战、反迫害”学生大游行。他利用自己中英科学促进会理事的身份，四处奔波筹集资金，并组织科技人才资源调查，积极为新中国的建设做准备。然而，在解放南京前夕，他遭到敌特追捕，后经中共地下党组织安排辗转至北平。

## 开展台站网建设，统筹规划新中国气象事业

新中国一成立，涂长望便被授命筹建中央气象局。1949年12月17日，毛泽东主席、周恩来总理任命涂长望为中国人民革命军事委员会气象局局长，担负起创建人民气象事业的艰巨任务。他认为，服务是气象工作的唯一目的，提出“分区建设，集中领导”方针，在全国范围内迅速铺开气象台站网的建设，为解放全中国、抗美援朝和国民经济的恢复发展发挥了重要作用。1953年8月，气象部门从军队建制转为政府建制，中央军委气象局更名为中央气象局，从此气象既为国防建

设服务又为经济建设服务。涂长望把握机遇，引领中国气象事业迈向国际水准，亲自制定5年规划及12年发展蓝图，为气象事业的长期繁荣发展奠定了坚实基础。

新中国气象事业起步时，面临的最大挑战是人才奇缺。预报组基础薄弱，全国气象台站仅101个，预报员及专业填图员严重不足，地面天气图常有大片空白，亟待改善。涂长望一方面与中科院赵九章协商，借调专业人员至气象局，共创联合预报中心，对全国进行天气预报，奠定了今天中央气象台的基础；另一方面不畏艰辛、积极办学，联合学界举办多期专业培训，培养了我国最早的39名气象预报员。涂长望勤勉不辍，既授课又奔波，还动员号召海外学子归国效力，妻子担心他身体吃不消，他却以满腔的热情回应道："目前国家需要人才，真是英雄有用武之地了。"在发展气象教育上，涂长望更是呕心沥血。在他的提议下，我国创办了三所中央气象局直属中等气象学校和我国第一所高等气象学院——南京气象学院。他自编教材，把研究成果融入教学，授课生动独到、注重实践，鼓励学生运用理论预测旱涝，提升业务能力。他培养的学生不少成为国内外知名学者，如施雅风、叶笃正、谢文炳、毛汉礼、陈述彭、郭晓岚、黄士松等。

1956年4月16日，涂长望被批准加入中国共产党，他在当天的日记上写道："我步入了党的战斗行列，找到了光荣归宿。"

新中国成立初期，涂长望便着手编写《中国气候》，但因工作繁忙未果。晚年因脑干瘤造成右眼视力受损，但他仍坚持撰写气象建议书。后来左眼也无法看清，他便口述书稿，终在病榻上完成了《关于二十世纪气候变暖的问题》的论文，并留"千言书"献策气象事业发展，彰显了其执着科学精神与国家情怀。

1962年6月9日，年仅56岁的涂长望与世长辞，他的离世是中国气象界的一大损失。周恩来曾说："我们要学习他的工作精神和生活作风。”斯人虽逝，但涂长望的名字，将永远与气象事业的发展紧密相连。他的精神，将永远激励着一代代气象人不断追求卓越，共筑气象强国的辉煌未来。

（黄秋菊　罗嘉祺）

# 1939 年

## 李文采：冶金科技事业的开拓者

### 人物简介

李文采（1906年10月26日至2000年3月1日），土家族，湖南永顺人，中国共产党优秀党员、著名钢铁冶金学家、中国科学院院士。1931年毕业于上海交通大学电机工程系，1932年被党组织派到湘鄂西苏区参加革命斗争。1933年赴德国留学，1939年获德累斯顿工业大学工学博士学位后回国。1955年当选为中国科学院学部委员（院士），并任技术科学学部常务委员。李文采提出和组织进行了多项对钢铁工业具有变革性意义的重大新工艺的探索和研究，在我国最早组织并参加了氧气顶吹转炉炼钢、连续铸钢、钢水真空处理和热压型焦试验研究；最早开展用非焦煤和铁矿石直接冶炼铁水的试验研究；最早倡导和开展薄板坯连铸试验研究，为我国冶金工业发展作出了重大贡献。

他是1930年在上海交通大学读书时就入党的老党员，是奉命前往湘鄂西苏区建立电台的老革命，是在西门子公司实习过的留学德国博士，是中国科学院首批院士、钢铁研究总院的奠基人之一，他就是著名冶金学家——李文采。

## 赤胆忠心的革命者

1906年10月，李文采出生于湖南省永顺县一个小康之家，其父李烛尘是著名化工企业“永久黄”团体的创始人之一，有“工商巨子”“盐碱大王”之称。李文采自幼聪颖好学、勤奋不辍，在家乡的私塾受到了良好的传统教育。13岁被父亲带到天津接受新式教育，1920年考入教会学校成美中学（后改名为汇文中学），在这里他学习英语的兴趣很高，成绩也很好。1926年转入南开中学后，学校里学风活跃、思想进步的风气对他产生了极大的影响，他阅读了大量进步杂志和书籍，对中国共产党及革命事业有了初步了解。

1927年，李文采抱着“实业救国”的理想和“苏维埃政权 + 电气化 = 共产主义”的信念考入了上海交通大学电机工程系。为了追求真理，他不顾当局白色恐怖的高压政策，把大部分时间用在阅读进步书籍上，如《马克思传》《自然辩证法》，以及苏联革命小说《毁灭》《母亲》等，还在《交大月刊》上发表了《转变中的自然科学》一文，通过对自然科学最新发展的介绍来宣传唯物辩证法。李文采还积极参加交大地下党组织举办的读书会，他对革命无比热忱，成为交大党支部发展的对象，1930年底正式加入中国共产党，在学校参加了张贴传单、宣传红军在苏区的胜利和共产主义思想等革命活动。这时，他已经认识到“救中国只有革命才能成功”。自此，他完成了一生中最重要的信仰转变，共产主义理想在他的精神世界中占据了主导地位。

1931年大学毕业后，李文采放弃了待遇优厚的铁道部工作的机会，向党组织申请到条件艰苦、斗争残酷的苏区工作，他被派到湘鄂西苏区建立电台。他来到洪湖瞿家湾，受到了贺龙、关向应的欢迎，他们高兴地对他说："好啊，欢迎大学生到苏区来！我们的电台老不正常，有了懂技术的大学生就好了。"李文采发现电台不正常是由电源不稳造成的，经他修好后，湘鄂西苏区与党中央（上海）、中央苏区（江西）、鄂豫皖苏区便能通过电台正常联络。1932年下半年，湘鄂西苏区反"围剿"失利，红军退出洪湖，工作人员走散、电台被埋掉。李文采幸运脱险，但与党组织失去联系，被迫经汉口回到上海，一路上为躲避敌人搜查，历尽了艰难困苦。

李文采在洪湖参加革命斗争虽然不到一年的时间，却影响了他的一生。他目睹了军民万众一心、共同抗敌的大无畏精神，见到了大家关爱互助的同志友情，这让他的革命信仰愈加坚定。他把个人命运和祖国命运紧密联系在一起，坚定地走革命救国的道路，用他的话说："我断然抛弃舒适的生活，工程师的理想，冒死潜入洪湖，主要是亲眼看到北洋军阀的反动、日寇的猖狂、官僚买办的无耻，常苦思救国之道。"

## 矢志不渝的爱国者

1933年初，由于寻找党组织无果，李文采回到天津家中。因被国民党当局通缉，李烛尘认为他不能在天津久留，应该出国深造。李文采也想去国外学技术以躲避风声，于是在父亲的资助下前往德国。

到德国后，李文采先是在西门子公司实习，想学习制造电机的技术，但西门子对电机技术严格保密，只让李文采学习电机装配和推销常识。李文采对此大失所望，有了回国找组织、继续革命的想法，他把这一想法告诉了柏林党组织的负责人王炳南。王炳南劝他进德国大学读书，学些真本事，拿了学位再回去。1935年，他进入德累斯顿工业大学，次年以题为《在电炉内由高岭土制取硅铁及氧化铝》的论文获得特许工程师学位。接着，他又跟随著名物理学家海因里希·巴克豪森教授攻读博士学位。有一次，李文采做实验时想出了一个测高频感应炉里感应线圈电流的办法，并演示给巴克豪森教授看，老师对他的创新和才华给予了高度评价。1939年，李文采以题为《火花式高频电炉的研究及改造》的论文获得工学博士学位。

获得博士学位后，李文采迫不及待地准备回国。平时他与一位加拿大华侨同学要好，毕业时这位同学邀请他去加拿大一家待遇颇丰的公司供职。李文采对同学的盛情很是感谢，但他表示自己要用学到的知识回报祖国，充分展现了忠诚爱国者的拳拳报国之心。

1939年秋，李文采回国后找到了党组织，根据党的指示，利用留德博士身份和其父的声望，在大后方工业界人士中活动。先是在党领导的外围组织“青年科学技术人员协会”中做统战工作，后出任党出资兴办的企业巴山石墨公司、四川中国原料公司的负责人，为掩护党的秘密交通线提供便利，向解放区运送了大批物资和人员。1948年，他前往华北解放区，在北平参加南下干部团。1949年5月，随军南下，任华东财经委员会重工业处副处长，参与了上海重工业企业接管工作，整顿了上海各大钢铁厂，成立了上海国营钢铁公司，还规划了沪宁杭的电力并网工程。同年底，他又奉命参加西南服务团，任西南军政委员会工业部副部长，为接管、恢复和重建西南地区的工业经济做了大量工作。特别是在修建成渝铁路时负责钢材的生产供应工作，为新中国第一条铁路的建成通车作出了重大贡献。

## 冶金科技的开拓者

1952年，西南工业部撤销时，李文采婉言谢绝了调到行政部门担任领导职务的安排，选择潜心做科学研究，留在了重庆的轻工业部工业试验所工作，1954年调往北京的重工业部钢铁工业试验所（次年改名为“钢铁工业综合研究所”）任所长，1958年研究所更名为冶金工业部钢铁研究院，李文采任副院长，成为我国钢铁工业科研院所的主要创建人之一。自此，他将全部精力和才华都投身到了钢铁工业中，成为我国钢铁冶金科技事业发展的先驱和开拓者。

20世纪50年代，全国新建、扩建大中型钢铁厂，为配合对铁矿、煤焦、耐火材料检验等方面的需要，李文采组织力量进行了大量试验研究工作，为企业提供了急需的数据资料；1954年，他组织安装了半吨电弧炉；1955年，他在研究所建成了我国首座半吨氧气顶吹转炉；1956年，他组织开展了我国首次半吨氧气顶吹转炉炼钢试验，炼成合格钢水一百余炉，为首钢建设氧气顶吹转炉炼钢提供了技术参数和经验，同时与鞍钢合作进行了平炉氧气炼钢研究，与抚顺钢厂合作进行了电炉氧气炼钢研究，推动了我国氧气炼钢的发展。在从苏联、东欧考察回国后，又组织和指导了利用弱黏结性气煤制造热压型焦的试验，在太原和福州钢铁厂进行了工业性试验和生产，把这项技术在型焦生产中推广应用。1957年，他组织建成了我国最早的连续铸钢和钢包真空处理试验装置，进行连续铸钢锭和真空下铸钢试验，这两项炼钢新技术也是当时国际冶金行业的前沿技术。

20世纪60年代，李文采仔细研究了钢铁冶金流程和冶金工艺特点，敏锐地发现现代高炉—转炉炼钢工艺存在着工序之间停留时间长，反复加热和冷却，投资大、耗能高等缺点。为解决这些问题，他创造性地提出生产工艺应符合最优化、连续化、自动化和防止公害的“三化一防”标准。他指出，必须闯出一条投资少、成本低、耗能小、工序简化的工艺流程，力争使我国钢铁冶金工业迈上一个新台阶。20世纪70年代，他提出了电弧炉改造方案（如炉底出钢、汽化冷却炉顶和水冷炉壁等）和冷铁凝固的技术思想（向钢水中加入金属粒或金属块以保证钢材的质量）。20世纪80年代，他联系国际钢铁冶金动态、结合中国冶金工艺现状，提出了对炼钢、炼铁、精炼、连铸等工艺的改进意见，还指导博士生开展熔融还原、薄板坯连铸技术、薄钢带连铸技术的理论研究和试验，促进了冶金新技术在我国的推广应用。

## 不断创新的思想者

李文采思维活跃、思想超前，在冶金界广为人知，用他自己的话说“我思想超前，总想搞出新东西来”。在近半个世纪的科研生涯中，他经常查阅国外最新文献资料，紧盯现代冶金技术发展前沿，几十年如一日不懈努力，思绪一刻不停，勇于探索、敢于创新，用一生诠释了自主创新的真谛。

李文采特别重视科学与科学家在国家发展中的重要作用。他认为科学技术是兴国之本，国家要富强、要把科学搞上去，只有鼓励创新、用好人才，提高全社会的科技文化素质，才能达到中华民族的振兴和昌盛。他还特别强调科学家在科学发展中的作用，他曾说过：科学家的价值，主要表现在他对自己所涉猎的学科提出了什么新思想、新观点，并用它来从事科学试验后，获得了多大的技术成果，对人类科学事业的发展作出了何等贡献。

关于引进学习和自主创新的关系，李文采反复强调，要想赶超世界先进水平，一定要敢为天下先、不怕冒险，不能总跟在别人后面亦步亦趋，否则搞不出有重大创新的成果。他一针见血地指出，“科学技术是兴国之本，一定要让更多的人充分认识到这一点。现代世界的竞争就是科技的竞争，光靠引进别国的先进机器和设备是不行的，必须勇于创新、独辟蹊径，追求中国冶金科学技术的进步”。

1997年，在中国钢产量突破1亿吨的时间节点上，年逾九旬的李文采在接受记者采访时指出，创新是中国钢铁工业生存和发展的关键。他直言，“我国钢铁工业不能只在‘浅水里游泳’，单靠引进、靠原材料的优势和廉价的劳动力来发展是难以持久的。要解决我国钢铁工业的问题，必须进行创新，开发新技术。这是我国钢铁工业发展的关键。只有创新，才能使我国从钢铁大国迈进钢铁强国”。在我国钢铁工业的发展道路上，唯有创新，才是真正的捷径；只有自主创新，才能改变关键技术依赖于人、受制于人的局面，才能提升我国钢铁工业的核心竞争力。对于中国钢铁工业如何在品种、质量、生产工艺上实现自主创新，他也有独到的见解，作了相当有前瞻性的预判，尤其是直到晚年还在为合理利用矿产资源呐喊。他认为“能源是21世纪的重要话题”“节约铁矿和相关原材料来延长钢铁时代是我们的责任”，因此要更好地利用我国的铁矿资源，特别是攀枝花地区的含有钒、钛等金属的铁矿资源，提出了短流程还原钛金属制备技术，并从冶金热力学和动力学角度给出了理论推导。这充分体现了他忠于祖国、心系民族的家国情怀和追求真理、关怀未来的科学精神。

李文采早年投身中国革命事业，为革命而出国留学、为报国而毅然回国；中年潜心进行钢铁冶金科技研究，为我国钢铁工业发展作出了重大贡献；晚年心系祖国未来发展，为我国矿产资源合理利用提供新思路。他的一生是革命的一生、求索的一生、奋斗的一生、创新的一生。

（吴耀明）

# 1945年

## 卢嘉锡：我国结构化学学科的开拓者

### 人物简介

卢嘉锡（1915年10月26日至2001年6月4日），台湾台南人，祖籍福建永定，著名结构化学家、教育家，我国结构化学学科的开拓者和奠基人。1934年毕业于厦门大学化学系，获学士学位。1939年获英国伦敦大学学院博士学位。1945年回国，1955年当选为中国科学院学部委员（院士），1981年5月出任中国科学院院长，1988年当选为第三世界科学院副院长。卢嘉锡曾提出固氮酶活性中心的结构模型，从事结构与性能的关系研究等，对我国原子簇化学的发展起到了重要的推动作用；他较早应用结构化学理论于新技术晶体材料研究，独立自主地走自己的创新道路；他设计的等倾角魏森保照相的倒易L-P因子图，载入《国际X射线晶体学用表（第二卷）》，被称为“卢氏图表”；他一手恢复建设了厦门大学化学系，并亲自创办福州大学化学学科和中国科学院福建物质结构研究所，先后培养了一大批物理化学相关专业顶级人才。曾获1993年国家自然科学奖二等奖、1999年何梁何利基金科学与技术成就奖。

"吾日三省吾身：为四化大局谋而不忠乎？与国内外同行交流学术而乏创新乎？奖掖后进不落实乎？"1989年，卢嘉锡读曾子名言有感而作，并书写自勉，做人奉行"谋忠"，作为科技工作者追求"创新"，作为教育者志在"掖后"。

## 谋忠：科技报国践行誓言

1915年10月26日，卢嘉锡出生在福建厦门一位台湾省籍塾师家里。卢嘉锡自小就展现出学习的天赋，父亲希望他有朝一日能依靠读书改变国家落后的面貌。1937年8月17日，他站在第五届中英庚款公费生赴英轮船的甲板上，目睹旧中国面对日本帝国主义的侵略，四万万同胞却无力还击；他下定决心刻苦努力，唯有"科技才能救中国"，终有一天，必将学成归来，为国尽力。

1938年，随着英国伦敦大学学院的研究工作取得了突破性进展，卢嘉锡确信自己可以用两年时间取得博士学位，便开始思考用第三年的庚款公费继续深造。他最初把目光锁定在德国，甚至利用假期前往实地考察。当把想法跟导师萨格登交流后，被告知"世界物理化学的中心不在德国，而在美国"，他才恍然大悟，他要追求的是物理化学的前沿。1940年夏，卢嘉锡师从加州理工学院的当代结构化学大师莱纳斯·鲍林完成博士后研究任务。按照中英庚款留学三年公费规定，他本应于当年期满回国服务，但由于其在加州理工学院的出色表现，鲍林分别致函管理中英庚款董事会、美国劳工部移民规划局和司法部移民规划委员会解释并为其办理工作签证，决定尽力让他继续留在身边工作。随着第二次世界大战持续推进，中美之间往来严重受阻、交通十分困难和危险，他几次延长了在美逗留期限。

从现代化学的发展历程来看，结构化学是随着物理化学的发展不断衍生出来的一个分支。新中国成立以前，我国仅有少数学者在国外做过一些研究，卢嘉锡则是较早从事结构化学研究的一员。在美期间，他在鲍林指导下利用X射线和电子衍射法技术分析研究晶体结构和分子结构，对过氧化氢、硫化物、苯基衍生物、氨基酸等物质的分子结构进行深入细致的研究分析，在《自然》《晶体学报》《美国化学会会志》《科学仪器评论》等国际权威刊物上发表多篇高水平学术论文；他设计的等倾角魏森保照相的倒易L-P因子图（被称为“卢氏图表”），载入《国际X射线晶体学用表（第二卷）》，后来被国际化学界普遍应用几十年。

1945年，当得知卢嘉锡准备回国，鲍林亲自致信明确表示“如果能回到加州理工学院工作，可为他提供300美元的月薪”“完全开放盖茨—克列林化学研究实验室和图书资料”。面对如此丰厚的生活待遇和优越的科研条件，他向鲍林表达了自己回国服务的坚定决心，阐明了对回国后工作的初步想法。1945年11月21日傍晚，他挥手告别旅居多年的美国，满怀着对恩师的不尽感激、对家人的无限思念和对祖国未来的热切期望，开启了回国之旅。轮船在浩瀚的太平洋上漂泊了半个多月，12月6日抵达上海，他终于回到了阔别8年的祖国怀抱。临行前时任管理中英庚款董事会董事长朱家骅询问卢嘉锡学成后的打算，他果断地回答：“回国从事教育科研，报效祖国。”这位刚满而立之年的公费留学生信守着8年前的誓言。

## 创新：科技要主动面向经济

回国不久，卢嘉锡就想建立一个现代化的物质结构研究室，面对当时国内的经济状况，这种想法可谓是一种奢求。1959年，中国科学院福建分院的设立，对他而言，无疑是一个千载难逢的好机会，他又可以静下心来搞科研了。1960年，在“调整、巩固、充实、提高”八字方针的指导下，他经过深思熟虑，敏锐地向中国科学院和福建省委提出，将中国科学院福建分院筹建的“六所一室”整合为理化研究所（先后改名为“中国科学院华东物质结构研究所”“福建省7701研究所”，之后又回归“中国科学院福建物质结构研究所”）。他带领一批年轻的创业者，在一片杂草丛生的荒山上开山辟路，修筑房屋，靠着科研创新的冲劲和苦干实干的韧性，最终把中国科学院福建物质结构研究所建成我国第一个以结构化学为主的综合性研究机构。

自20世纪60年代起，卢嘉锡不满足于晶体生长的研究始终跟在外国人后面，他希望从结构化学的角度探讨晶体和分子结构、电子结构之间的关系，晶体化学性质与物理性能之间的关系。他曾提出固氮酶活性中心的结构模型，对我国原子簇化学的发展起了重要推动作用；他指导新技术晶体材料科学研究走独立自主创新道路，提出了“结构敏感功能”的创新思想，带领中国科学院福建物质结构研究所以非线性光学等功能材料为主要研究对象，成功研制出BBO、LBO等被国际学术界誉为中国人按自己的科学思想创造出的最优秀“中国牌”的紫外倍频晶体。

党的十二大以后，党中央就科技在“四化”建设中的关键地位、战略作用，以及全国科技工作发展方针和组织领导等问题作出了一系列重要决策，提出了“经济建设必须依靠科学技术，科学技术工作必须面向经济建设”这一新的科技发展方针。作为中国科学院院长，卢嘉锡为国家建设方针的重大转变而感到欢欣鼓舞，更是强烈期待着科技工作能有广阔舞台，伸开双手迎接经济战线对科技工作者提出的任务。他认为，中国科学院作为国家自然科学的综合研究中心，必须既考虑到国家当前的需要，尽最大努力解决国家建设近中期迫切需要解决的科学技术问题，又考虑到国家长远的需要，安排好远期的科研规划和课题，各类研究工作要有纵深部署。他主张，科技要主动“面向”经济，而不是坐等经济的“依靠”，科技工作者要积极投身到社会主义现代化建设的伟大实践中，根据经济建设对科学技术的多方面和多层次的要求，开展多类型、多方式、多途径的面向服务。

1982年，国务院设立中国科学院科学基金，用于资助全国自然科学方面的基础研究和应用研究中的基础性工作。这是我国科研管理体制改革的一次重要尝试。卢嘉锡担任首届中国科学院科学基金委员会主任，研究拟定了《中国科学院科学基金试行条例》及实施办法等一系列规定。1986年，在中国科学院科学基金运作成功的基础上，由国家科委、国家教委、中国科学院共同筹建设立国家自然科学基金，成为我国支持基础研究的主要渠道之一。他常提醒科技工作者："同行之间要有竞争，但不能搞得同行是冤家，要讲道德，要讲联合。我们真正的竞争对手在国外，要争取在国际科学舞台上占据一席之地。哪天拿到世界科学团体冠军，那才是我们的最大荣誉。"他曾深情地说："我这一辈子都是和科学研究工作打交道，为了努力开拓中国的科学事业，让中国科学院在改革开放中前进，尽了自己的一份心。"这是一位成熟战略科学家的发展眼光和远见卓识。

## 掖后：甘为人梯荐栋梁

科技事业是一项接力事业，只有薪火相传才能推动科技事业拾级而上。同样，结构化学的发展也需要越来越多的新鲜力量加入其中、共同努力。1950年，卢嘉锡在厦门大学率先创办了以结构化学为主的化学研究所并担任所长，同时在国内首次招收以结构化学为主的物理化学研究生；1951年，他又直接招收了张乾二、卢宗兰两名结构化学研究生，成为新中国成立后我国开展研究生教育的先行者之一。

卢嘉锡常常以"教书匠"自诩，以"教书匠"自豪，"一个老师若培养不出几个超过自己的学生，这个老师就没有尽到职责"。1946年，田昭武考入厦门大学化学系后获得嘉庚奖学金，并得到了卢嘉锡的赏识，他为田昭武量身定制学习课程，还推荐他到厦门市立中学高中部兼任化学教师。1949年，由于他的极力推荐，田昭武毕业后留校担任助教；1953年，他指导田昭武讲授“物理化学”课程，后来还选派其代表厦门大学参加1954年教育部组织的“物质结构”课程师资培训，回校后首开“物质结构”课程。1954年，田昭武对于当时新兴的电化学动力学很感兴趣，卢嘉锡鼓励他向这一新的方向发展，田昭武最终成为国际知名电化学科学家、国内电化学界的领头人之一。1948年夏，朱沅从厦门大学化学系毕业后留校当助教，同年冬天卢嘉锡就推荐她出国深造，并在推荐信中对她赞许有加。后来，朱沅成为国际著名的蛋白质晶体学家。黄金陵就读厦门大学时因仰慕卢嘉锡的才华，选择物理化学专业，毕业论文由他指导，题目为《中草药提取物的晶体结构》。1955年，黄金陵毕业后被选为研究助手，协助筹建X射线衍射实验室。1957年，卢嘉锡参加我国科技代表团访问苏联，代表厦门大学与莫斯科大学签订科技合作协议书，并促成了黄金陵到莫斯科大学留学。回国后，黄金陵继续担任他的研究助手，尤其是在过渡金属配合物与原子簇的结构化学及材料化学研究方面取得了重大成果。

卢嘉锡始终站在世界化学发展前沿，认为我国青年要主动融入世界科技大家庭。他在创新主战场厚植人才“沃土”，善于选送有潜力的青年出国深造，认为这是我国培养优秀科研人才的快捷之道。回国不久，他就积极推荐青年教师出国深造，期望他们能够得到系统性的训练，了解世界最新科学进展，养成科学研究技能，学成归来组建自己的科研团队。当时的厦门大学化学系百废待兴，而这些青年教师大多是他的左膀右臂，如果他们离开，必定增加其他教师特别是自己的教学负担。为了厦门大学化学系的长远发展，他还是尽全力把他们送出去学习。1947年至1948年，厦门大学化学系青年教师蔡启瑞、陈国珍、李法西前往英美留学。他们学成回国后，都成为化学系的骨干教师，分别在催化、分析化学、海洋化学等方面作出了巨大的成绩。我国科技事业之所以不断发展、不断进步，就是因为有一代又一代的科学家甘为人梯、奖掖后学，卢嘉锡无疑是这些伟大科学家中的一员。

作为具有世界眼光的科学家，卢嘉锡为结构化学研究竭智尽力，培养了一大批优秀的结构化学人才；作为中国科学院院长，他倡导“大力加强应用研究，继续重视基础研究”，引领科技前瞻布局，有力推动了中国科技事业稳步发展。

（邹文通）

# 屠守锷："共和国神剑"的铸造者

## 人物简介

屠守锷（1917年12月5日至2012年12月15日），浙江湖州人，我国航天事业的开拓者和奠基人之一，著名导弹和火箭专家，中国科学院学部委员（院士），国际宇航科学院院士，"两弹一星"功勋奖章获得者。1940年毕业于清华大学航空系；1941年赴美国麻省理工学院攻读硕士学位，毕业后在美国布法罗寇蒂斯飞机制造厂任工程师；1945年回国，先后任西南联合大学航空工程系副教授，清华大学航空系副教授、教授，北京航空学院教授；1957年任国防部第五研究院第八研究室主任；1961年9月任国防部第五研究院一分院副院长兼第二总体设计部主任；1965年任第七机械工业部第一研究院副院长；1982年任航天工业部科学技术委员会副主任；1985年获国家科学技术进步奖特等奖。

屠守锷早年从事飞机结构力学的研究与教学工作，后投身于我国导弹与航天事业，长期从事导弹与火箭总体技术理论研究与工程实践工作，对导弹研制过程中重大关键技术问题的解决，大型航天工程方

案的决策、指挥及组织实施等方面发挥了重要作用。屠守锷先后担任中国近程、中程导弹的副总设计师，远程导弹和长征二号运载火箭的总设计师，主持解决了若干重要型号特别是远程运载火箭、长征二号运载火箭和长征二号捆绑式运载火箭中一系列关键技术问题，并参与了我国火箭技术发展重大战略问题的决策，为我国航天事业作出了杰出贡献。

## 回国之旅花了3个月时间

1917年12月5日，屠守锷出生于浙江湖州的南浔镇。历史上的南浔有"诗书之乡"的美誉，有崇文重教的优良传统。屠守锷的父亲屠维屏是清朝末年的举人，家境虽不宽绰，但很希望子女能受到良好的教育。屠守锷少年时在家乡读书，后进入浙江省立第二中学及江苏省立上海中学就读。1932年1月29日，屠守锷途经上海码头准备回乡，突然听到天空中传来的阵阵轰鸣声，日军的轰炸机一架接一架俯冲下来，投下一颗颗炸弹，原本繁华喧闹的码头瞬间陷入一片火海。这段刻骨铭心的经历，使他立下了"航空救国"的志向：一定要为死难的同胞报仇，亲手造出我们自己的飞机。

1936年，屠守锷抱着航天救国的决心，考入清华大学机械系，一年后转入航空系。抗战全面爆发后，又随学校师生步行80余日赶赴昆明，在西南联合大学完成学业。在那段战火纷飞的岁月里，他坚守救国信念，潜心学习，希望能用自身所学挽救危难中的国家和人民。1940年，屠守锷从清华大学航空系顺利毕业。1941年，前往美国麻省理工学院航空工程系攻读硕士学位。1943年，完成《横向加强筋薄板的强度》论文，获硕士学位。为了更好地将理论应用于实践，他应聘入职布法罗寇蒂斯飞机制造厂，成为一名飞机强度分析工程师。他非常珍惜这个宝贵的实践机会，整日伏案工作，在工作中掌握吸收所能接触到的所有技术。在得知抗战胜利消息的第二天，他来不及做任何准备便毅然辞职回国。归心似箭的屠守锷从美国东部的布法罗横穿北美大陆，历时40余天到达西海岸的旧金山。由于没有去中国的客轮，他就搭乘去青岛的运兵船，历经艰辛终于踏上了祖国的大地，回国之旅花了整整3个月的时间。

学成归国的屠守锷先后任西南联合大学航空工程系副教授，清华大学航空系副教授、教授，他满腔热情地为国家培养航天人才。在清华大学任教时期，他逐渐接受了共产主义思想。结合自身经历，他清晰地认识到：只有在中国共产党的领导下，自己科学救国的志向才能实现。1948年，屠守锷秘密加入中国共产党。自此，他的命运便与我国航天事业紧紧地联系在了一起。

## 在“可以发射”鉴定书上签下自己名字

从回国之初到1957年，屠守锷一直从事飞机结构力学的研究与教学工作。1957年2月，应聂荣臻元帅之邀，他来到国防部第五研究院工作，成为钱学森院长领导下的十大研究室主任之一，负责导弹结构强度和环境条件的研究。导弹研究对于屠守锷来说是一个全新的课题。他与当时的很多专家一样，一切从零开始，在摸索中开展导弹研究。正如他后来所说的：“为啥改行搞导弹？国家需要啊！”“国家需要我干这一行，我当然要全力以赴！”

20世纪50年代中期以后，中苏关系走向恶化，苏联相关专家在1961年撤走。在这种情况下，屠守锷临危受命，任国防部第五研究院一分院副院长，全面主持技术工作。面对困难，他经常说，“人家能做到的，不信我们做不到”“我们自己要掌握这个技术，让别人不敢轻易碰我们”。他和同事们广泛听取意见，深入科研生产一线，潜心研究，制定了“八年四弹”（“四弹”指近程导弹、中程导弹、中远程导弹、洲际导弹）规划，该规划成为我国导弹与火箭技术发展的蓝图。

1965年3月，中央作出重大决定：尽快造出中国首枚远程导弹，屠守锷被任命为该工程总设计师。他把所有的精力、智慧都高度集中在工作上。说话时，简明扼要，没有多余的字词；走路时，节奏快、步子大，绝不多浪费一步。1968年，屠守锷制定了远程导弹的初步设计方案。1971年9月10日，我国自行研制的首枚远程导弹半程飞行试验获得成功。但远程导弹要投入使用，必须经过全程飞行的试验，然而这次试验被搁置了整整9年。直到1980年，屠守锷才开始准备洲际导弹的远程发射试验。他每天在火箭试验阵地和发射阵地之间往返进行各种各样的测试，有的时候一天要工作20个小时。在短短一个月的时间里，他的体重下降了10多斤。当导弹已经在发射架上竖立起来的时候，屠守锷已经两天两夜没合眼了，他又一次爬上了发射架，仔细地进行了最后一遍检查。1980年5月18日，作为我国第一枚远程导弹的总设计师，屠守锷在"可以发射"的鉴定书上签下了自己的名字。随后，伴着惊天动地的巨响，导弹穿过云端，越过赤道，精准命中了万里之外的目标。这标志着我国战略导弹核武器达到了新水平，拥有了洲际打击能力。

### 解决更大推力火箭的办法就是"捆绑"

在对我国远程导弹攻关的同时，屠守锷还担任了长征二号运载火箭的总设计师。1975年11月，由远程导弹改进而成的长征二号运载火箭成功发射了我国第一颗返回式遥感卫星，使我国的运载火箭开始进入实用阶段。根据发射不同卫星的需要，屠守锷领导了长征二号运载火箭技术状态的适应性修改，成功研制了长征二号C运载火箭，其运载能力等技术性能有了明显提高。该火箭投入使用后，对我国运载火箭技术发展起到了重要作用。

屠守锷以超前眼光提出了高速度、少投入的发展大型运载火箭的最佳途径："我们需要更大推力的火箭，解决的办法就是'捆绑'。"后来我国研制的长征二号E火箭，就是以长征二号C为基础，经过捆绑助推器等技术改进而成的，即"长二捆"火箭。

为加快推进"长二捆"的研制，年逾古稀的屠守锷亲临第一线和有关专家一起讨论，研究捆绑火箭动力学数学模型、计算方法、试验方案。同时，他积极宣传研制捆绑火箭对我国航天发展的意义，推进我国运载技术赶超世界先进水平。1990年7月16日，"长二捆"火箭成功进行了首次发射，我国航天人由此创造了用18个月研制一枚新型捆绑火箭的世界航天奇迹，为我国运载火箭进入国际市场奠定了基础。

1984年，我国导弹与航天技术面临今后如何发展的重要选择。屠守锷搜集了大量资料，分析研究我国导弹与航天技术发展的历史、现状与差距及其在国民经济建设、国防建设和科学技术进步中的地位和作用，提出了关于导弹与航天科技发展战略的建议。该建议受到了党和国家领导人的高度重视，对制定我国导弹与航天技术新的发展蓝图发挥了积极促进作用。

退居二线后，屠守锷先后担任航空航天工业部高级技术顾问、中国航天工业总公司高级技术顾问、中国航天科技集团公司和中国航天科工集团公司高级技术顾问。这位从少年时代起便以航空救国为己任的科学家，直至生命尽头，始终奋斗在中国航天事业的第一线。在他看来，"最快乐的就是任务一个个完成"。

### "守锷"意为铸剑和掌剑

从风华正茂，到年逾花甲，屠守锷一生默默拓天荒，潜心为国铸长剑，把自己的全部心血和热情都倾注到了祖国的航天事业上。正如他所说："我感觉到我们搞这一行的人，都是把国家利益放在自己的利益前面，不为个人的名利，而是以航天工作为第一位。"

屠守锷特别强调严谨、严肃、严格的工作作风。在他看来，"没有好的作风，就没有资格搞航天"。他从来不使用模糊类词语，对不熟悉或不了解的事情，会直接告诉对方"对此没有研究""不清楚"。因此，他给人留下的最深刻的印象是坦率和果断。他提出明确要求："科学是来不得半点马虎的，我们糊弄科学，科学就一定会还以颜色。"

屠守锷一生低调，淡泊名利，生活朴素。他总是身穿一件灰色的中山装，脚踩一双黑色布鞋，神情总是那么淡然，从外表很难看出他是一位功勋卓著的火箭总设计师、一位声名显赫的科学家。他从不爱抛头露面，不愿接受记者的采访，也不在乎所谓的"人际关系"。在同事们的心目中，屠守锷是一位平易近人、可敬可亲的"老总"。

1998年，屠守锷捐赠了私人积蓄30万元，在北京航空航天大学设立"宏志清寒助学金"。他特别嘱托，不用他的名字命名奖励基金，也不要对外宣传。该助学金主要资助那些"贫而有志，穷且益坚，愿意改变祖国和家乡面貌；生活朴素，乐于助人；学习态度端正，有追求真理勇气"的学子。一批批学生受助完成了学业，一代代航天学子在屠守锷献身为国的精神激励之下奋勇前行。

屠守锷用一生诠释了自己名字的含义："锷"乃刀锋，"守锷"意为铸剑和掌剑。"守锷"寄托着家族对他深切的期望，也蕴含着"国家兴亡、匹夫有责"的理念和担当。洲际导弹是护卫祖国的长剑。人如其名，屠守锷心怀"国之大者"，矢志国之重器，铸造长空利剑，守护国家安全。

（黄涛　彭雅雯）

# 1945年

## 黄家驷：是良医也是良师，是院士亦是战士

### 人物简介

黄家驷（1906年7月14日至1984年5月14日），江西玉山人，胸外科学家、医学教育家，我国胸心外科奠基人之一，中国科学院学部委员（院士）。1933年毕业于协和医学院，获医学博士学位。1935年到上海医学院任教。1941年赴美留学，获美国外科专家和外科学硕士两项证书。1945年回国，历任上海第一医学院副院长兼中山医院、上海胸科医院院长。1958年调任中国医学科学院院长、协和医科大学校长。曾任中国科学院主席团成员、学部委员，国家科委医学组副组长、生物医学工程组组长，国务院学位委员会委员，国家发明评选委员会副主任，卫生部医学科学委员会副主任，中国科协副主席，中华医学会副会长、中华医学会外科学会会长，中华医学教育学会副理事长及中国生物医学工程学会理事长等职。曾当选为第一届至第四届全国人大代表，第五、第六届全国政协委员。

“外国人能做的，我们中国人一定也能做。”有一位来自江西玉山的年轻人，凭借坚强的意志，练就了一身本领，并终生践行着这一铮

铮誓言，最终淬炼成一名上台持刀手术、下台握笔成文的医学大家。他就是黄家驷院士，我国著名的胸外科学家、医学教育家。他长期致力于医学研究和医学教学的实践和领导工作，成功完成了我国首例食管癌根治术和首例针刺麻醉下胸外科手术，是中国胸心外科奠基人之一。

## 5岁丧父立长志，悬壶济世梦启航

黄家驷，1906年出生在江西省玉山县的一个书香门第，在5个兄弟中排行老幺。祖父曾任嘉兴府知府，父亲是盐运史，母亲性格温和，有文化。母亲最先教他认识的是自己的名字，并告诉他“驷”就是“宝马良驹”，期望他将来能像千里马一样行万里路，成为国家的栋梁。不幸的是，黄家驷5岁那年，父亲因病去世，对母亲的打击很大。在以后的日子里，黄家驷和兄长总是抚慰伤感的母亲。黄家驷6岁时进入家塾读四书五经，打下了很好的国学根底，8岁时已能下笔成文。幼年时期，黄家驷虽历经父亲的去世和世态炎凉，但在母亲的慈爱养育和胜似严父的勤恳教育下，从小就萌发了要当一名良医、救死扶伤的志向。

## 考入协和筑梦想，抗日战场显担当

1919年，轰轰烈烈的五四运动把反帝反封建的新思想吹到了偏僻的玉山城，此时的黄家驷13岁。他已经不满足在私塾学习一些古文知识，就瞒着母亲跟随堂兄们来到南昌的新学堂读书。当时，黄家驷的年龄虽然最小，但是成绩最优秀。他考入了当地最好的省立二中，并于1921年春顺利考进天津南开中学继续读初二。他学习十分勤奋，再加上天资聪慧，数学和英语等多门学科都名列前茅，受到师生们的交口称赞。1924年夏，正在上高一的黄家驷到北京看望大哥，一个偶然的机遇，他报名参加了协和医学院的考试，并以同等学力资格考上了协和医学院。

在校学习期间，黄家驷并不是两耳不闻窗外事的“书呆子”，而是积极投身于进步运动中。1925年，五卅惨案震惊中外，黄家驷与协和医学院的同学们义愤填膺，走上街头，投入到游行和讲演的行列。黄家驷还亲身见证了抗日战争那段峥嵘岁月，践行了身为一名外科医生救死扶伤的天职。1932年，当侵华日军进逼长城的喜峰口、古北口时，黄家驷带着对抗战官兵的深厚感情，义无反顾地加入了奔赴热河前线的协和医疗队。1933年，他以优异的成绩从协和医学院毕业，获得了医学博士学位，并在协和任外科住院医师。1935年，黄家驷到上海医学院任教。1937年，八·一三事变爆发，他又勇挑国立上海医学院医疗队副队长的重任，奔赴无锡筹建伤兵医院。

## 求学美国遇良师，杏林圣手不忘本

上海沦陷后，黄家驷下定决心不当亡国奴，毅然暂别妻儿，随上海医学院内迁到昆明。面对山河破碎，黄家驷怀着科学救国的愿望，希望赴美学习医疗技术。在妻子徐春棣的理解和支持下，他在工作之余挑灯夜读，在1940年考取了公费留美的医学名额。1941年，黄家驷远渡重洋来到美国密执安大学医学院求学。当时，美国密执安大学医学院的胸腔外科十分有名，他的导师约翰·亚历山大教授是欧美胸腔外科专门化的创始人，医术炉火纯青。由于得到导师的耳提面命，再加上他出国前专业基础扎实、临床经验丰富，黄家驷的胸外科技术很快就达到了纯熟的程度。1943年，他获得了外科学硕士学位，并通过全美专家考试获得了外科专家称号。他在结核病、支气管炎的病理学方面取得了出色的学术成就，在美国早期胸外科事业发展历程中留下了中国人的印记。

在美国留学期间，黄家驷始终牢记自己的诺言，身在大洋彼岸却时刻惦念着自己的祖国和亲人。他在任密执安大学中国留学生会主席时，经常组织留学生举行以重建祖国为主题的讨论会，并积极参加为祖国抗战募捐的工作小组，协助中国画家开展义卖募捐等活动。面对职业抉择时，他不为美国的高薪聘任和良好科研条件所动，拒绝加入美国籍，拒绝参加美军，公开表明自己要回国工作的决心。他说出了自己的心声，“中国同胞在抗日战争期间如何在艰苦的环境下过生活，而我们在这里过着舒服的生活，我们有义务回祖国去服务，把我们的技术用在祖国的建设事业上”，并且表示绝不私人开业挣钱。1945年，抗战胜利刚刚两个月，黄家驷迫不及待地搭乘太平洋上第一班通航的美军运输机赶回祖国，在印度转机时，他的行李不慎丢失，但他却完整地将回国前购买并随身携带的胸外科手术器械带回了祖国。

### 留学归来育桃李，抗美援朝赴国难

1945年，黄家驷回国后，先到重庆参加上海医学院迁沪工作。到了上海，他在上海医学院教书育人的同时，还创建了附属中山医院和红十字会第一医院胸外科。虽然黄家驷担任两家医院的外科主任，但身为“杏林圣手”的他却过着十分清贫的生活。尽管如此，他仍一直埋头建设祖国胸外科的事业，始终恪守不挂牌开业的诺言。当时不少人劝他联合开业，享受以金条计报酬的待遇，但他斩钉截铁地说：“我感兴趣的是当一名好教师，当一名好的胸外科医师。”

作为一名教师，黄家驷关心关爱青年学生。一方面，他传道授业解惑，手把手耐心启发和教导学生，使他们在理论知识、临床技术、科研能力和论文写作等方面都得到了全方位的提升。石美鑫、苏应衡、钱中希、林尚清、钱定一等知名胸外科专家，都曾得到过他的培养和指导。另一方面，他尽自己最大的努力保护着进步学生。1948年，上海在白色恐怖笼罩下，上海医学院的一些学生在反内战、反饥饿斗争中被捕。黄家驷就联合几名教授给上海警备司令部写信，要求释放被捕的学生。他还在家中掩护躲避拘捕的进步学生和亲友。有一次，国民党特务包围上海医学院校园并展开对地下党员的搜捕。当时的学生会会长是中共地下党员，处境十分危险。黄家驷闻讯后立刻带上担架，把这位学生乔装成“患者”带回中山医院“救治”，事后又打扮成“家属”帮助其逃离医院。那时，黄家驷的家几乎成了进步学生的“避难所”，一有风吹草动，大家就去他家里避难。因为大家知道：黄老师会保护他们。

作为一名胸外科医师，黄家驷不仅利用带回国的手术器械，较早地在国内开展各种类型的肺切除术、食管切除术、动脉导管结扎术、心包切除术等；他还以自己的医术为支撑，积极参加了抗美援朝医疗队。1950年6月25日，朝鲜内战爆发。10月19日，中国人民志愿军雄赳赳、气昂昂跨过鸭绿江，和朝鲜人民一道共同抗击侵略者。黄家驷发挥自己的医术特长，带头报名参加上海市抗美援朝志愿医疗手术队奔赴东北前线，担任总队长兼第二大队大队长。在医疗队里，他和全体队员同甘共苦，取消伙食大、中、小灶的区别，一起投入抢救伤病员的紧张战斗中。在半年内，全队施行手术942次，其中大手术204次，外科死亡率0.6%，没有发生一例医疗事故。他还协助当地医院健全制度、培训人才，为达到专科治疗、专科教学的目的，将内科、外科重新编组，同时确定了军医分级制度和分层负责的正规回诊制度。黄家驷还组织翻译出版了《军阵外科学》，这成为改进战伤医疗的理论指导。

医疗队工作结束后，黄家驷应邀列席参加全国政协一届三次会议，并在大会上作了《决心尽一切力量医好志愿军伤病员》的发言。在会议结束的晚宴上，他有幸坐在毛泽东的身边，近距离聆听关于中西医结合和加强团结的指示，这使他终生难忘。在党的教育培养下，他更加坚定了为共产主义事业奋斗终身的决心，并于1955年3月光荣加入中国共产党。黄家驷还在《解放日报》上发表了《终身难忘的日子》，表达了自己为党和人民奉献一切的决心。

## 教书育人大先生，赢得生前身后名

全心全意为人民服务的思想，赋予了黄家驷无穷的力量。自行医以来，黄家驷亲自为数以千计的病人实施了手术，并培养了大批医学人才，组织领导了很多重大科研项目的实施，多次代表我国医学界出席各种国际学术会议，向世界医学界介绍了新中国的医药卫生成就，赢得了国际医学界对我国医药卫生事业的点赞。

早在20世纪50年代，黄家驷在国内首先开展气管、支气管外科手术，并呼吁重视肺癌的早期诊断。他着手组织低温麻醉和体外循环心脏直视手术的实验研究和临床应用，对我国胸外科的发展起到很好的指导作用。1956年，他参与制定“十二年科技规划”，筹划和部署我国医药卫生事业的发展。1957年，他组建国内第一所胸腔外科专科医院——上海市胸科医院，并总结肺切除术治疗肺结核的临床经验，建立肺切除术操作常规，提出对肺癌早期诊断、早期治疗的倡议。1959年，他在北京创建国内第一所八年制医科大学——首都医科大学，并在教学计划、课程设置、教学方法、师资队伍、设备配备、校舍建设等各个方面都事必躬亲。1965年，他完成首例针刺麻醉下胸外科手术，接着又完成针刺麻醉下外侧切口全肺切除术。此外，黄家驷还组织编写《外科学各论》《农村医学》《外科学》等图书，为我国胸外科专业人才的业务提升提供了权威资料。

1978年，全国科学大会和全国医药卫生科学大会相继召开，极大地鼓舞了广大医务工作者积极开展科学研究。此时，黄家驷作为中国科协副主席，积极倡导国际学术交流与合作，不仅为国家赢得了荣誉和友谊，也为医学界的国际友好合作作出了贡献。他曾两次率代表团赴美国和加拿大参加科学促进会，同时受邀到美国、澳大利亚、泰国、新加坡和马来西亚等国访问和讲学，介绍中国医学和医学教育事业。1979年，在第75届美国医学会医学教育大会上，黄家驷获得世界杰出医学教育家荣誉奖。1981年，他在北京主持了心胸外科国际讨论会，并被载入美国出版的《世界名人录》。

由于过度辛劳，积劳成疾，黄家驷于1983年退居二线，任中国医学科学院名誉院长和首都医科大学名誉校长。但是，黄家驷退而不休、笔耕不辍，组织编写了《外科学》的第四版，1984年5月14日在赶赴生物医学工程学会理事会途中因心脏病复发与世长辞，把人生最后的画面定格在他为学术奔波的样子。

黄家驷逝世后，《外科学》编委们一致决定把此书命名为《黄家驷外科学》，以纪念黄家驷为发展外科学倾注的心血；中华医学会追授黄家驷“胸心血管外科科学进步贡献奖”；中国生物医学工程学会设立“黄家驷生物医学工程奖”。黄家驷是医生心中永远的灯塔，他的名字将为一代又一代的医生、医学生所传颂。

（杨艳梅）

# 1947年

## 黄纬禄：乘“风”破“浪”书写“导弹人生”

### 人物简介

黄纬禄（1916年12月18日至2011年11月23日），安徽芜湖人，我国航天事业的奠基人之一，我国导弹事业的开拓者之一，中国科学院院士，国际宇航科学院院士，“两弹一星”功勋奖章获得者。1940年毕业于中央大学电机系；1945年在英国伦敦大学帝国学院攻读无线电专业，1947年获硕士学位，并于同年归国；1949年任上海电工研究所研究员；1960年任“东风一号”副总设计师兼控制系统总设计师；1970年任“巨浪一号”技术总负责人兼四部主任；1979年任固体潜地导弹和陆基机动导弹总设计师；1985年获国家科学技术进步奖特等奖。

黄纬禄长期从事火箭与导弹控制技术理论与工程实践研究工作，开创了我国固体战略导弹的先河，突破了我国水下发射技术和固体发

动机研制技术瓶颈，探索出了一条我国固体火箭与导弹发展的正确道路。他被誉为“巨浪之父”“东风-21之父”。

## 愿得此身长报国：英国留学初识导弹

1916年12月18日，黄纬禄出生于安徽芜湖，父亲黄慎闻是清朝秀才，擅写诗词歌赋，曾任小学国文教师，要求子女认真读书、积极上进，对他刻苦攻读、严谨治学有深刻影响。黄纬禄6岁时进私塾读书，后他父亲发现他对数学表现出特别的兴趣，于是将他送入新式学堂学习。1933年8月，黄纬禄以优异的成绩考入扬州中学高中部。1936年，黄纬禄以总分第一的成绩从4000多名考生中脱颖而出，进入中央大学电机系。七七事变发生后，该学校西迁至重庆。目睹山河破碎、亲历颠沛流离，黄纬禄坚定了科学救国的决心和信念。1940年8月，他毕业后被分配到资源委员会无线电器件厂重庆分厂，历任助理工程师、工程师。

1943年，根据庚款留学生的条件，英国工业协会到中国招收实习生。通过层层选拔，黄纬禄脱颖而出。他先到伦敦标准电话电缆公司实习，一年后转到马可尼无线电公司。在实习过程中，他目睹了德国V-1、V-2导弹轰炸伦敦的情景，见证了导弹的巨大威力。通过仔细观察和分析，这位无线电专业学子基本弄清了V-2导弹的原理，成为最早一批接触导弹的中国人，从此“导弹”二字像一粒种子，悄悄地种在了他的心中，为他后来参加并主持多种不同型号导弹的研制奠定了基础。

实习结束后，本应归国的黄纬禄抱着科学救国、工业救国的留学初衷，于1945年考入英国伦敦大学帝国学院无线电系。1947年黄纬禄以论文《双路无线通信》获得硕士学位。彼时，国内正处战乱，面对友人挽留和公司高薪聘请，他怀着报效祖国的理想毅然回国：“人家的国家再好，总是人家的；我的祖国再不好，再贫穷落后，也是生我养我的故土。作为一个中华民族的子孙，我有责任为自己民族的复兴竭尽绵薄之力。”

## 东风传得春消息：搞出自己的“争气弹”

归国初期，黄纬禄在上海电工研究所担任研究员。1956年春，黄纬禄应邀在中南海怀仁堂聆听导弹专家钱学森关于火箭技术的报告。钱学森指出，我们中国人不比外国人笨，外国人能搞出来的东西，我们中国人也一定能搞出来。这个报告使黄纬禄深受鼓舞，成为他人生的重要转折点。1957年，黄纬禄来到刚刚成立1年的我国导弹研制机构国防部某院。黄纬禄和他的战友遵守着“上不告父母、下不告妻儿”的铁律。

我国导弹的研制是从仿制开始的。正当仿制导弹“东风一号”进行到关键时刻，苏联却将专家全部撤离。黄纬禄深知国防重器不能受制于人，他和同事下定决心，一定要搞出自己的“争气弹”，争中国人民的志气！黄纬禄担当起导弹的“中枢神经”——控制系统负责人的重任。困难远比想象中的更多，国内大多数技术人员从未搞过导弹。黄纬禄鼓励大家：“搞研究，像爬山一样，只要坚持不懈地往上爬，再高再陡的山也能登顶。”当时研发导弹控制系统需要进行海量的数学计算，凭着一部老式的手摇计算机，黄纬禄带领同事全员上阵，人工计算导弹在空中的飞行姿态、轨迹，导弹攻击目标的精准度。1960年11月5日，我国第一枚自己制造的导弹“东风一号”发射成功，实现了我国军事装备史上导弹从无到有的重大突破。1964年6月29日，“东风二号”导弹发射取得圆满成功，翻开了我国导弹发展史上自主研制新的一页。1966年10月27日，我国首次由导弹运载发射的原子弹在核试验预定地点成功爆炸，这意味着我国拥有了真正意义上可以实战的核武器。

黄纬禄和同事发扬自力更生和勇于登攀的精神，仅用10年便走过了从仿制到研制的自主创新之路，实现了我国导弹零的突破，使我国液体战略导弹控制技术达到了较高水平。

## 巨浪掀天得罢休：研制成功固体导弹

由于液体导弹准备时间长且机动隐蔽性差，缺乏二次核打击能力。研制由潜艇发射的固体潜地战略导弹势在必行。1967年，我国决定开展对固体潜地导弹“巨龙七十一号”（1972年更名为“巨浪一号”）的研制工作。1970年，黄纬禄被任命为固体潜地导弹技术总负责人兼四部主任，由液体导弹控制系统的领头人变为固体潜地导弹技术总负责人。

潜地导弹研制的主要技术方案需要耗费大量资金建造水池，进行水下发射。针对当时方案，1970年5月，黄纬禄提出“台、筒、艇”三步走的研制试验方案。第一步在发射台上做试验，第二步在陆上发射筒中打导弹，第三步在舰艇上打遥测弹。这样可以省去建设投资巨大的水池，大大简化了试验设施，节约了大量的研制经费和时间。为验证排空的模型火箭从高空回落海中后能冲入多深、是否有砸艇的威胁，黄纬禄又提出一个“突破常规”的试验方案：在南京长江大桥上进行潜艇模拟弹落水试验，这一方案缩短了研制周期，节约了研制经费，大大简化了潜地导弹的研制费用和时间。

为实现“巨浪一号”的“一弹两用”，1979年4月，黄纬禄被任命为固体潜地导弹“巨浪一号”和陆基机动导弹“东风二十一号”两个型号的总设计师。1982年10月，固体潜地导弹“巨浪一号”负载着科研人员奋斗十几年的心血，成功坠入目标海域。这标志着我国已成为具有自行研制潜地导弹和水下发射战略导弹能力的国家。自此，我国正式具备了实施二次核打击的能力，也让“在任何时候、任何情况下，都不首先使用核武器”的话语更加掷地有声。1985年5月，新型陆基机动导弹“东风二十一号”成功发射，填补了我国固体战略导弹技术的空白。张爱萍后来给予高度评价：“国防科技研究贵在独创，巨浪一号、东风二十一号堪称范例！”

黄纬禄突破了我国水下发射技术和固体发动机研制技术，为我国航天事业作出卓越的贡献。1999年，中共中央、国务院、中央军委授予黄纬禄“两弹一星”功勋奖章。

## 同舟共济扬帆起：提出“四个共同”原则

黄纬禄不仅是优秀的技术专家，还是善于统筹协调的杰出科技工作领导者。他从不以权威身份轻率拍板，而是深入实际，一贯倡导技术民主、集思广益，注重倾听和吸纳不同意见。他认为，科技人员因技术问题发生意见分歧，一方完全有道理，另一方完全没有道理的情况几乎是没有的。他的民主作风，使科技人员无论自己意见被采纳与否，都心悦诚服。

“巨浪一号”研制涉及19个省市、10个工业部门，主要组成横跨5个研究院、3个研制基地，承担任务的单位多达109个。在研制导弹的过程中，面对技术难题，各部门普遍有“把自己的余量留得多一些、困难留得少点”的想法。黄纬禄充分发挥技术民主的重要作用，有问题共同商量；面对物资紧缺，他反复校正导弹零件的精确度，有困难共同克服；面对瓶颈问题，团队共同探讨对指标余量的把握，有余量共同掌握；面对指针异常，他冷静分析后继续执行任务，有风险共同承担。“有余量共同掌握”是最难以做到的，因为每个系统为了获得更大的成功把握，往往会对其他系统或自己的子系统提出更高要求，这样就人为地提高了研制难度，甚至使研制陷入困局。如果各个系统坦诚相见，把自己的真实余量拿出来，各级设计单位就会增强对彼此的信任，使研制工作顺利推进。黄纬禄提出的“有问题共同商量，有困难共同克服，有余量共同掌握，有风险共同承担”，体现了其宽广的视野和博大的胸襟，这在一定程度上是黄纬禄真诚坦荡人格魅力的自然流露。“四个共同”原则用于技术管理，能够保证系统推进，用于人员管理，能够保障一体同心，后来成为航天科研战线解决协调问题的“金科玉律”。

## 为伊消得人憔悴：德馨品高“剜肉补弹”

黄纬禄反复强调“品德比技术更重要”，一个人的品德好，即使基础差一点，这个任务也会完成，但是技术好、品德不好，技术就偏了。他始终将“严于律己，宽以待人”作为人生格言，常言“在成绩面前，尽量考虑别人的贡献；失败了，尽量考虑自己的责任”。他一生淡泊名利，对待荣誉总是“退避三舍”。在推选“两弹一星”功勋奖章候选人时，黄纬禄主动相让。他说：“功劳是大家的，不能因为我是总师就总把荣誉归到我的头上。”由于黄纬禄态度坚决，航天二院就推选了另外一位同志。经上级研究决定，最后还是将“两弹一星”功勋奖章授予了黄纬禄。

生活在精神世界的人，是超然物外的。黄纬禄有贡献而不居功自傲，有条件而不贪图安逸，有权力而不搞特殊化。他曾立下“三大纪律”：在试验基地，和大家一起排长队买饭，一起搞卫生，一起扫厕所；到外地出差，交通工具能走就行，一日三餐管饱就行，休息住宿能睡就行；使用公车时，私人外出不用车，接送亲友不用车，家人有事不搭车。

长期的忘我工作使黄纬禄积劳成疾，白内障、高血压、胃溃疡、输尿管结石、心脏病接踵而来，但他一直坚持工作，顾不上看病吃药。在“巨浪一号”发射成功前的2个多月里，由于过度操劳，黄纬禄的体重从64公斤一下子降到53公斤，人们说他是“剜”下自己的血肉，“补”在导弹上了！原国家科学技术委员会主任宋健在谈到黄纬禄的贡献时说：“他是把自己对党和祖国的深厚感情倾注到了事业之中，他的心是紧紧和导弹连在一起的，导弹就是他的生命。”

（黄涛　明艾宁）

# 周培源：我国近代力学和理论物理奠基人之一

## 人物简介

周培源（1902年8月28日至1993年11月24日），江苏宜兴人，流体力学家、理论物理学家、教育家和社会活动家。1924年毕业于清华学校。1926年获美国芝加哥大学学士、硕士学位。1928年获美国加州理工学院理学博士学位。1955年被选聘为中国科学院学部委员（院士）。曾任清华大学教授，北京大学教授、副校长、校长，中国科学技术协会主席、名誉主席，中国科学院副院长，中国物理学会理事长、名誉理事长，中国力学学会名誉理事长，九三学社中央委员会主席，全国政协副主席等职。我国近代力学事业的奠基人之一。主要从事流体力学中的湍流理论和广义相对论中的引力论的研究，并取得突出成果。20世纪30年代在美国参加爱因斯坦组织的广义相对论讨论班，研究并初步证实了广义相对论引力论中“坐标有关”的重要论点。为发展中国现代科学教育事业、开展国际学术交流与促进世界和平等作出了杰出贡献。

周培源一生主要从事科研和教学工作，他在物理学的湍流和相对论这两个高难度领域中，有着突出的贡献。他一贯重视基础理论，认为“忽视理科教育和基础理论研究是无知和短视的行为”。他从事高等教育工作60余年，培养了几代知名的力学家和物理学家，被称为“桃李满园的一代宗师”。

## 追寻新式教育的坎坷求知路

1902年8月28日，周培源出生在江苏宜兴芳桥乡后村的一个农家宅院里。父亲周文伯是一位为人正派的开明绅士，被称为后村的“大先生”，邻里间发生了矛盾纠纷，周文伯总是公平处理，从不偏袒一方。这种正直、公平和乐于助人的品行在周培源的心中留下了深刻的印象。

周培源的小学生涯是在曲折中度过的，几经辗转，历经近10年才完成学业。他三岁半开始在村里一家私塾读书学习，1910年遵从父命，转入一所洋学堂接受新式教育。由于辛亥革命爆发，周培源跟随父母举家迁往南京，先后3次转学，1913年随父亲转至上海，在万竹小学（现上海实验小学）继续求学。1915年末，周培源终于完成小学学业。

由于父亲不熟悉教育界的情况，在中学择校时遭遇挫折，直到1918年春，经族叔周伯英指点，周培源考取了上海圣约翰大学附属中学。1919年，五四运动爆发，作为一名忠诚的爱国者，他积极地参加了这场伟大的爱国运动。结果触怒校方，与几十名学生一起被开除出校。对此他没有丝毫遗憾，坚信自己没有做错，尽管求学路又受阻，却更加深了他对祖国的爱。

## 迈入科学的殿堂

离开圣约翰附中，周培源回到宜兴，独自到潮音寺念书。在此期间，他从报纸上看到清华学校在江苏省招收5名插班生的消息，便报名参加考试并被录取。

1919年秋，周培源离家北上，进入清华学校中等科三年级学习。从走进清华的那天起，周培源就认为自己是幸运的，但并没有就此陶醉。他怀着强烈的求知欲望，暗下决心努力学习，把耽误的时间找回来。他充分利用这次难得的机遇，正式迈入科学的殿堂。

1922年，周培源开始涉足科学研究领域，并初露锋芒。他把解析几何引入三等分角问题进行研究，提出了两种方法，并在《清华学报》刊发论文《三等分角法二则》。

1924年秋，周培源以优异的成绩从清华学校毕业，后赴美求学。爱因斯坦的相对论通过日食得以证实，对他的触动很大，他开始对理论物理研究产生浓厚的兴趣。带着这样的信念，他选择进入芝加哥大学物理系深造。

留学期间，周培源更加勤奋，几乎放弃了周末和假期。他努力与时间赛跑，每当人们漫步在公园那鸟语花香的林荫路上时，他总是不愿放下手中的书，只身一人徜徉在教室或图书馆里孜孜不倦地学习。于是，他仅用三年半的时间就获得了芝加哥大学学士、硕士学位和加州理工学院博士学位。

1928年3月，取得博士学位后，周培源便开启了访学之旅。他在哈佛大学、普林斯顿大学和康奈尔大学等校进行了短暂的访问学习。由于当时世界基础理论研究的中心在欧洲，周培源决定去欧洲进一步深造。同年秋，周培源来到莱比锡大学师从量子力学创始人之一的海森堡学习量子力学。1929年上半年，周培源不愿与海森堡一起去美国任职，便离开德国到瑞士苏黎世高等工业学校，跟随泡利继续从事量子力学的研究。9月，应国立清华大学校长罗家伦之邀，从欧洲回国，成为当时清华大学物理系最年轻的教授，时年27岁。

## 攀登湍流科研的“龙门”

1929年，求学美、欧整整5个年头的周培源，踏上了归国的旅程。5年前，他怀着忐忑不安的心情踏上了异国求学之路。5年来，他没有忘记自己的理想，从未懈怠，最大限度地追求和获得知识。这一年，他饱学归来，从往日清华学校的插班生，一跃成为清华讲台上的教授，以高度的责任感和满腔的热情投身到教书育人事业之中，将自己的命运与祖国紧密联系在一起。

周培源主讲力学，还教授高年级的相对论、电动力学、统计力学等理论物理课程。他对学生的培养不遗余力，经常说：“学生应该超过老师，这样人类才能进步。不然，如果学生总是不及老师，那就会一代不如一代，最后人类就要退步到成为穴居野人了。”当时还是学生的王竹溪、彭桓武、杨振宁、陈省身、钱三强、马大猷、黄永念等深受其影响。细数“两弹一星”元勋，更有半数出自其门下。

得益于清华大学的学术休假制度，教授执教满5年就可以享受1年的休假期，可以在国内或出国进修、研究。1936年，周培源利用学术休假的机会，来到美国普林斯顿高等学术研究院，参加爱因斯坦组织的广义相对论研讨班。能直接同爱因斯坦进行学术交流，并聆听这位科学巨匠的教诲，周培源受益匪浅。1937年，临回国时，他赶到爱因斯坦家中与其话别，并在书房与这位科学巨匠拍照留念。

1937年，七七事变爆发，北平、天津相继沦陷，周培源随清华大学迁往长沙临时大学，后因战事影响，又迁至昆明，在西南联合大学任教，这是战时中国的最高学府。当时，教学、科研、生活条件简陋，只有100多间土墙、泥地、草顶的平房，教室有窗户，没玻璃。同时还要“跑警报”，躲避日本飞机的频繁空袭。周培源就是在如此恶劣的条件下，开始并致力于他所开创的湍流模式理论研究的。1940年，他在

《中国物理学报》上发表《关于Reynolds（雷诺）求似应力方法的推广与湍流的性质》一文，提出并对湍流的脉动方程进行了研究，获得了重大理论突破。

1943年，周培源利用第二次学术休假，参加美国组织的战时科学研究工作。在加州理工学院，继续深入研究湍流理论。他在改进和完善原有工作的基础上，于1945年在美国《应用数学季刊》发表了《关于速度关联和湍流脉动方程的解》一文，引起了国际上的广泛关注，湍流模式理论由此而生，周培源被公推为世界湍流模式理论的奠基人。

“二战”结束后，周培源收到美国海军部邀请，希望他能加入海军军工实验站（外籍人员必须加入美国籍）。面对优厚的待遇，周培源自始至终不愿改变国籍。考虑到周培源参加战时科学研究工作时的出色表现，美国海军部特许他以中国人的身份参加海军军工实验站的工作。

“橘生南国，受命不迁”，不能把自己的生命之树移植在异国他乡，应该回到祖国。周培源说：“当时赴美，是为了参加反战的科学工作，以便报效祖国。第二次世界大战结束了，还有什么必要留在美国呢？”1947年2月，他毅然带全家一起回到了常在念中的清华园。

## 岁老弥坚积极投身社会活动

作为一名科学家，不能独立于社会之外，应该把科学研究和社会进步、国家兴旺紧密联系起来。周培源没有把自己囿于狭小的书斋，他积极承担起社会责任，在做科学研究的同时，热情地投入到有益于祖国和人民的社会活动之中。晚年，除了搞科研，周培源还担任全国政协副主席、中国科协主席、九三学社中央委员会主席等职务。他始终认为，地位高、影响大，更应该对国家和人民负责。繁重的社会、行政工作没有让他丢掉科学研究工作，经过50年的辛勤研究，他终于建立了自己独特的湍流理论体系。

1949年5月9日，周培源出任清华大学教务长、校务委员会副主任。1952年，全国院系调整以后，相继任北京大学教务长、副校长、校长。1959年，周培源被接收为中共党员，实现了他成为一名共产党人的崇高心愿。周培源曾数十次代表中国科学技术界出席国际会议，其中特别值得一提的是，他先后7次参加帕格沃什会议，为推动世界和平作出了重要贡献。

1992年8月28日，周培源90寿诞之际，300多位海内外学子、同事、友人及北京大学共同发起召开了“国际流体力学和理论物理科学讨论会”，向这位科学巨匠献礼。烛光中映照着北大全体师生的贺词：“献身科学、教育英才；功在国家，造福将来；寿齐嵩岱，德被春荄；祝嘏欢呼，漪欤盛哉。”繁霜尽是心头血，洒向千峰秋叶丹。1993年11月24日，周培源溘然长逝，享年91岁，他为我国的科学和教育事业奉献了全部心力。

（钟卫宏）

# 1948年

## 何泽慧：被称为中国的“居里夫人”

### 人物简介

何泽慧（1914年3月5日至2011年6月20日），出生于江苏苏州（原籍山西灵石），中国科学院院士，中国第一代核物理学家，中国核物理、高能物理与高能天体物理学的奠基人之一。1932年考入清华大学物理系；1936—1940年在德国柏林高等工业大学攻读实验弹道学专业，获工程博士学位；1946—1948年在法国的法兰西学院原子核化学实验室工作，在约里奥·居里夫妇的指导下，与钱三强一起发现并研究了铀的三分裂和四分裂现象；1948年回国参与创建北平研究院原子学研究所；1950年任中国科学院近代物理研究所研究员，领导的研究组成功研制出性能达到国际先进水平的原子核乳胶；1958年任中国科学院中子物理研究室主任，参与了反应堆与加速器的建设与实验，并承担原子弹与氢弹研制中的基础性科研任务；1964年起担任中国科学院原子能研究所副所长；1973年任中国科学院高能物理研究所副所长；1997年获得何梁何利基金科学与技术进步奖。

何泽慧是中国原子能物理事业开创者之一，中国科学院近代物理研究所的创建者之一。她以满腔的热忱领导开展了中子物理与裂变物理的实验，积极推动了宇宙线超高能物理及高能天体物理研究的起步和发展，为中国原子弹、氢弹的理论研究作出重要贡献，她与钱三强共同书写了中国核物理学的不朽传奇。她取得重要科学成就的密钥，就是她名字中的“慧”字：继家训慧根深厚、承师风慧眼独具、重奉献慧智泽世、怀素朴慧心如兰。家庭的熏陶、大师的影响、事业的担当、自身的修为，共同成就了这位充满智慧的科学家。

## 求学较真：继家训慧根深厚

何泽慧祖籍山西省灵石县，她出身于“五世翰林”的大家族，在山西流传着“无何不开科”的说法，在清朝时期，何氏就出现了15名进士，父亲何澄是文物鉴赏家，曾东渡日本留学，日本陆军士官学堂毕业，是孙中山领导的同盟会最早的会员之一，著名的苏州网师园曾是何澄私宅。何泽慧母亲的家族也为科举望族，外祖父王颂蔚是清朝进士、蔡元培的恩师、苏州三大才子之一，外祖母王谢长达是晚清著名女权主义者、教育家、妇女活动家，母亲王季山是物理学翻译家。受到双重书香门第、开明家庭的浸润熏陶，何泽慧自幼慧根深厚，天资聪明。

何泽慧的小学、中学是在外祖母创办的著名的“振华女校”里度过的。它的办学理念和教学方法与其他私立或教会学校不同，十分重视理科和英语的教学，数理化教材也都使用国外原版，该校曾一度被视为当时江南的清华预备校，与此同时，中国传统文化教学仍然占有相当重要的位置。学校还鼓励学生参加体育锻炼、注重阅读课外书籍和接触社会。在这种兼收并蓄、生动活泼的学习环境中，何泽慧在德智体美、诗文书画等方面得到了全面发展，成为一位兴趣广泛、多才多能的“苏南才女”。

1932年，何泽慧前往清华大学物理系就读。在国难当头的形势下，受家族“科学救国”理念的影响，何泽慧没有选择自己感兴趣的艺术专业，而是选择了与军工相关的物理专业。那年，物理系一共招收了28名学生，其中有10名女生。由于受传统观念影响，教授们认为，女生学习物理难以学有所成，于是劝说她们转系。何泽慧显示出性格里较真倔强的一面：“你越不让我来，我越要来；你们不让我念，我偏念！”4年的学习，不断有人退出物理专业，何泽慧不仅没有转系，反而凭着自己的努力，在强手如林的物理系，以全班毕业论文最高分的优异成绩毕业，排名第二的则是她未来的“科学伴侣”钱三强。

1936年，毕业后的何泽慧决定赴德留学，“为中国学造大炮”，她选择了柏林高等工业大学技术物理系实验弹道学专业。该系与德国军工业关系密切，保密程度很高，从不接收外国学生，何泽慧主动找到曾在南京军工署当过顾问的系主任克兰茨教授，克兰茨最终被何泽慧的爱国情怀和刚毅执着打动，破例接收了何泽慧，她成为当时该系第一次招收的外国学生，也是实验弹道学专业招收的第一名女学生。1940年，何泽慧以论文《一种新的精确简便测量子弹飞行速度的方法》获得博士学位。在求学道路上，何泽慧怀着男女平等的观念，凭借不服输的精神，敢于较真，打破陈规陋习，选择物理学研究作为终生为之奋斗的事业。

## 科学求真：承师风慧眼独具

获得博士学位后的何泽慧在第一时间决定回国，准备为祖国抗击日本侵略贡献力量。然而，第二次世界大战爆发，何泽慧只得继续留在德国从事科学研究。1943年，她来到海德堡威廉皇家学院核物理研究所工作，在博特教授指导下从事原子核物理研究。在海德堡，她于

1945年首先观察到正负电子弹性碰撞现象的存在，被英国《自然》杂志称为“科学珍闻”。何泽慧在这项研究中显示出敏锐细致的观察能力、孜孜不倦的探究精神和对新现象进行科学分析的能力。

1946年，何泽慧前往法国，与在巴黎大学居里实验室跟随居里夫妇从事核物理研究的钱三强结婚。此后，何泽慧进入约里奥·居里夫妇领导的法兰西学院原子核化学实验室从事原子核物理工作，与钱三强等共同研究原子核科学。在实验中，两人迎难而上，除吃饭、睡觉外的所有时间均在实验室里度过，经过几个月的艰苦努力，在难以计数的裂变径迹中，合作发现了铀的三分裂现象和四分裂现象，这个发现是“二战”后物理学上很有意义的一项成就，在国际科学界引起很大反响。当年法国科学院把亨利·德巴维奖颁给他们，西方各国报刊称他俩为“中国的居里夫妇”。

何泽慧被誉为中国的“居里夫人”，不仅在于在科学上她与居里夫人有直接的传承关系，而且在于她们都把自己与国家民族的命运联系在一起，成为热爱科学、热爱祖国的楷模；她们的品质也一脉相承，性格直率，不喜应酬，生活简朴。“制心一处，无事不办”，简单纯粹的生活方式可以使她们充分利用时间精力，聚焦科学研究本身，避免很多无意义事情的困扰，可以发现他人看不到的东西，从而练就科学观测的“慧眼”。2017年6月15日，“慧眼”硬X射线调制望远镜以卫星的形式成功发射，其名称“慧眼”不仅寓意中国在太空“独具慧眼”，也是为了纪念推动中国高能天体物理发展的科学家何泽慧。

### 爱国情真：重奉献慧智泽世

尽管在国际上取得了重要科研成就，何泽慧与钱三强始终没有忘记出国学习的初衷，一心要回到祖国，使原子核物理这门新兴科学在祖国的土地上生根、开花、结果。1948年夏，何泽慧与钱三强怀着满腔的爱国热忱，历尽艰辛回到祖国，全身心地投入中国科学院近代物理研究所的创建工作中。面对初期仪器设备十分简陋的情况，夫妇俩每人骑一辆自行车在旧货店和废品收购站里寻找旧五金器材和电子元器件，自己画图动手制造简易车床。正如她所说：“我们早知道国内的情形，回来并不是来享受的，而是来吃苦的。希望在自己国家的环境里，领导本国的青年做一些事，创造一些工作。”经过几百次实验，何泽慧终于在1956年制成了主要性能达到国际先进水平的核乳胶，奠定了我国核试验技术的基础。何泽慧并不满足于单纯完成任务，而是目光长远，及时抓住新的研究方向，深入进行中子物理和裂变物理的基础科学研究。1958年，何泽慧担任中国科学院中子物理研究室主任，为开拓中国中子物理与裂变物理实验领域的工作作出重要贡献，使中国快中子实验工作很快达到当时的国际水平。1973年，中国科学院高能物理研究所成立后，她担任副所长，主管宇宙线的研究工作，推动了我国宇宙线超高能物理及高能天体物理研究的发展。1980年，何泽慧当选为中国科学院数学物理学学部委员（院士）。1997年，她获得了何梁何利基金科学与技术进步奖。

如果说钱三强知人善任、为科研组织调兵遣将的话，那么何泽慧更多的是在具体工作中培养骨干。在她的带领和影响下，一批年轻人迅速成长为我国原子核科学和空间科学事业各方面的骨干力量，黄祖洽制造出了对铀核裂变径迹灵敏的核乳胶，陆祖荫、肖振喜等都曾跟随何泽慧工作。她培养出我国第一个气球工程博士、第一批空间高能天体物理研究的博士。为尽快提高我国科学研究水平，她提倡开展交叉学科的研究，发展新的生长点。她反复提及，科学工作者要“立足常规，着眼新奇”，要具有“扎扎实实、一丝不苟的工作态度”。她一贯倡导尽量利用简单的实验条件做出有意义的研究结果，并且始终身体力行，形成了自己科研工作的一个突出风格。

1984年，何泽慧不再担任中国科学院高能物理研究所领导职务，也不再直接从事科学研究，但她仍指导培养研究生，与中青年科研人员研讨问题。几十年来，她把自己全部的时间精力倾注在祖国核物理科学事业上，不计个人得失，在核科学领域忘我地辛勤耕耘，直到耄耋之年，她仍然坚持全天上班，为祖国的高能物理与核物理事业耗尽心血。

### 抱诚守真：怀素朴慧心如兰

令人佩服的不仅是她的事业高度，还有她淡泊宁静的优秀品格。正如何泽慧所说："作为一名科学家，本来就应该朴素、真实、勤奋、诚实、讲真话。"这常常是一种无形的巨大精神力量。对科学的"讲究"与对生活的"将就"形成鲜明对比，她生活简朴，把所有的心思都放在了追求科学真理上，从不讲究物质享受。直至去世前仍居住在50多年前中国科学院分配的普通居民小区，居室除了木地板，没有任何其他装修。单位要给她派专车接送上下班，她坚决不要，坐班车一直到92岁。书桌上的镇纸是她捡来的鹅卵石，脚上穿的是一双解放鞋，手里提的是人造皮革包，走在大街上，谁看了都无法相信她是享誉世界的科学家。在女儿眼里，母亲何泽慧就是个"生活上没有什么要求的普通老太太"。

无论是在工作中还是在生活中，她始终保持平易谦虚的态度，在荣誉面前始终保持冷静清醒的头脑，坚持实事求是，绝不苟且附和，其质朴直率的性格鲜明可见。在1994年科学出版社出版《中国现代科学家传记大辞典》时，她坚决不同意立传。"淡泊名利，没有架子，不求享受，严谨做事"，是许多下属、同事及朋友对何泽慧的真切感受。

言为士则、行为世范。人们用"何泽慧先生"的称谓来表达对这位伟大的女科学家的由衷敬重。何先生以"较真""求真""情真""守真”的态度，直面问题，“躬身入局，挺膺负责”。物质极简，精神丰盈，生活随意，默默奉献，不求索取，这种可贵的“真”追求与“慧”境界，标注了科学与道德统一的高度，是科技工作者实践科学家精神的光辉典范。

（黄涛　王慧）

# 陈芳允：两弹元勋奠基北斗

## 人物简介

陈芳允（1916年4月3日至2000年4月29日），出生于浙江黄岩（今台州黄岩），无线电电子学与空间系统工程专家，中国科学院院士，我国卫星测量和控制技术的奠基人之一。1938年毕业于清华大学物理系；1945年到英国考瑟无线电厂研究室工作；1948年回国后，先后在中国科学院物理所、电子学所，国防科工委测量通信总体研究所工作；1957年计算出世界第一颗人造地球卫星的轨道参数；1960年提出原子弹试验用的多道脉冲鉴别器的试制方案；1963年与同事研制出原子弹爆炸测试用的多道脉冲分析器；1965年担任卫星测量、控制的总体技术负责人，制定了我国第一颗人造卫星“东方红一号”的测控方案；1983年首次提出“双星定位通信系统”设想，为我国研制发展双星导航定位（北斗）系统奠定了理论和技术基础；1985年获国家科学技术进步奖特等奖；1986年与王大珩、王淦昌、杨嘉墀共同提出中国高技术发展“863”计划的建议；1990年当选为国际宇航联合会副主席；1996年获何梁何利基金科学与技术进步奖；1999年被授予“两弹一星”功勋奖章。

陈芳允是一位具有强烈爱国主义情怀的科学家，他把自己的一生与祖国的命运紧紧联系在一起，具有“祖国利益高于一切、党的事业大于一切、忠诚使命重于一切”的责任担当。“人生路必曲，仍须立我志。竭诚为国兴，努力不为私。”这首小诗是他人格和精神的真实写照。其中，“竭诚为国兴”更是点睛之笔：国家需要，使命“定”达。

## 知国之所望：人生定航

1916年，陈芳允出生于浙江省黄岩县，5岁时入私塾，自幼就显示出超强的学习能力。升入中学后，他的国语、数学、英语等主要课程成绩优异。初中毕业时作《送秋》一文言志：送秋不送秋无所谓，对一个人来说是秋还是春、夏、冬季都要努力，不能虚度。青少年时期就能确定这样的时间观念非常难能可贵，陈芳允在之后的岁月里极其珍惜时间。父亲陈立信毕业于保定陆军军官学校，早年曾追随孙中山投身革命，非常关注国家和民族的命运。父亲对他说：“一定要好好学习。我希望你将来不要做大官，要做大事，要在社会上立自己的业绩。”这句话深刻影响了陈芳允的人生之路。

1931年，陈芳允考进上海浦东中学高中部。九一八事变爆发后，15岁的陈芳允表现出了极大的爱国热情，积极参加上海学生运动、抵制日货游行、到南京请愿等爱国活动。1934年，陈芳允考入清华大学机械系，因对物理课感兴趣转入物理系学习，并受到吴有训、叶企孙等名师指点。在清华大学期间，陈芳允目睹了帝国主义侵略下的国家危亡局势，参加了一二·九运动，更加坚定了科学救国的理想抱负。1938年，陈芳允在西南联合大学（清华大学）物理系毕业后留校工作，结识了一生的科学伴侣——同为助教的沈淑敏。1941年，陈芳允抱着为抗日战争作出自己贡献的想法，来到了航空委员会所属的成都无线电厂研究室，研制发明了我国第一架无线电导航仪。1945年，陈芳允赴英国留学进修，在考瑟无线电厂研究室从事有关电视接收机图像质量改进方面的研究，后来转入曼彻斯特工厂雷达研究室，研制英国第一套船上海用雷达，他是团队中唯一的中国人。1948年，陈芳允带着世界一流的电子工程技术回国，在中央研究院生理生化所工作，研制出生物电子学方面的电子仪器设备。

陈芳允以祖国和民族的振兴为自己的人生发展方向定航，逐步确立了科学救国的理想抱负，正如他后来回忆所述："学生运动的参与和体会，革命队伍中熏陶，逐渐地立下了志愿，跟着共产党走，为祖国和民族的振兴而工作和贡献一切……如果说在工作中有一点成就，也正是从立志而来。"

### 应国之所需：测控定算

中华人民共和国成立后，发展科学技术成为当务之急。陈芳允除了继续从事电子学的研究，还积极响应党的号召，参加各项政治活动，担任中科院上海分院工会主席。1953年陈芳允从上海调到北京负责电子学研究所的筹建工作。1954年电子所并入钱三强领导的物理研究所，组建成电子研究室。

1957年，苏联发射第一颗人造卫星，陈芳允即对卫星进行了无线电多普勒频率测量，并和天文台的同志一起计算出了卫星的轨道参数，该方法成为以后我国发射人造卫星所采用的跟踪测轨的主要技术之一。1958年，他转向脉冲技术研究，成功研制出国际领先的毫微秒脉冲取样示波器。1963年，陈芳允与同事研制出原子弹爆炸测试用的多道脉冲分析器，该仪器在原子弹的爆炸试验中发挥了重要作用。1964年，他带领团队又研制出可在飞机上使用的单脉冲体制雷达，该雷达被广泛运用于我国的歼击机之中。

1965年，我国第一颗人造地球卫星研制工作正式启动，陈芳允担任了卫星测量控制的总体技术负责人，承担地面测量控制设备的研制、台站和中心的建设、轨道计算等方面的艰巨任务。经过他与其他技术人员进行实地考察，分别在新化、南宁、昆明、海南设立了4个多普勒测量站。解决了卫星测量的3个重要问题：卫星是否进入轨道、卫星轨道是否符合预定要求、卫星在何时到达了什么位置。1970年4月24日，中国第一颗人造地球卫星“东方红一号”发射升空，地面观测系统很快抓住目标，进行持续跟踪、测量与计算，及时预报了卫星飞经世界各地的时刻。

陈芳允坚持从我国的国情出发，走建设有中国特色的航天测控发展之路。1970年4月，我国发射第一颗人造卫星成功后不久便提出发射同步定点通信卫星的计划。陈芳允经过详细调研和计算，提出了用“微波统一测控系统”作为通信卫星发射和定点保持时的跟踪、测轨、遥测和遥控，而不必将它们分为独立的系统以完成各自的功能。统一系统大大减少了卫星载荷的体积和重量，特别是星上天线的数目，同时也大大节省了地面设备的规模和投资。该系统对1984年和以后我国通信卫星的发射发挥了极为重要的作用，陈芳允和参加这一工作的科技人员也因此获得国家科学技术进步奖特等奖。

观测卫星在海面上空的情况必须依靠测控船，特别是发射静止通信卫星。1977年，中国建造了“远望号”航天远洋测量船，成为继美国、苏联、法国之后第4个拥有航天测量船的国家。由于船上有多种测量、通信设备，各种设备间电磁干扰严重，影响了正常工作。陈芳允利用频率分配的方法，解决了测量船上众多设备之间的电磁兼容这一重大技术难题。

### 谋国之所向：战略定策

陈芳允始终以战略科学家的眼光密切关注世界科学技术的发展趋

势。20世纪80年代，许多国家都把发展高技术列为国家发展战略的重要组成部分。“中国的科学技术应该怎样参与激烈的国际竞争”，陈芳允反复思考这个问题，强烈的政治责任感和敏锐的科学意识驱使他有了向中央领导提建议的想法。1986年3月，陈芳允与王大珩、王淦昌、杨嘉墀联合向中央提交了《关于跟踪研究外国战略性高技术发展的建议》。这封信得到邓小平同志的高度重视，并亲自批示：此事宜速作决断，不可拖延。经过广泛、全面和极为严格的科学和技术论证后，中共中央、国务院批准了《高技术研究发展计划纲要》，它的实施为我国在世界高科技领域占有一席之地奠定了坚实基础。1997年，耄耋之年的陈芳允与当年的其他3位院士一起提出了中国月球探测技术发展的建议，该建议促成了嫦娥计划的产生与发展。1999年陈芳允被授予“两弹一星”功勋奖章。

建设自主卫星导航系统，对提高一个国家的国际地位、促进国民经济发展、保障经济社会安全、维护国防安全等，都具有十分重要的战略意义。20世纪60年代中期，美国军方GPS（全球定位系统）开始投入使用，并长期占据垄断地位。为了打破受制于人的局面，20世纪80年代，陈芳允开始致力于研制我国自己的“GPS”。1983年，陈芳允等科学家提出，利用2颗同步定点卫星进行定位导航的设想，只用2颗卫星即可完成基本定位功能，这是根据我国自己的需求和当时经济实力确定的。该系统后来被称为“双星定位系统”。1989年，我国成功利用2颗通信卫星进行了演示试验，这为后来“北斗”卫星导航试验系统奠定了理论和技术基础。2000年10月，随着2颗北斗导航试验卫星的成功发射，我国成为世界上第三个拥有卫星导航系统的国家。

### 成国之所尚：楷模定格

“四十京兆一技人，爱研求实不爱名，一称专家已过誉，惭愧国人赶超心”，这是陈芳允对自己的自勉自谦；“一是要爱国，二是要努力工作，三是要淡泊名利”，这是陈芳允对家人提出的要求；“爱国、勤勉、谦逊、严谨、博学、担当、重教、见识超前”，这是同事对陈芳允的评价。陈芳允于1977年加入中国共产党，在长期的科研实践中，陈芳允恪守为人民服务的理念，体现出严谨创新的科学风格、勤勉奉献的高尚人格和忠诚担当的政治品格。

生活至简，祖国至上。陈芳允对待工作是高标准，对待生活却是低标准。直到病逝前，家里也没有一件像样的家具，就连褪色的布窗帘也舍不得换。他每次出差乘飞机都坐经济舱，到宾馆也只住标准间。但他经常帮助经济困难的同事、资助年轻人参加考试和出国深造，为家乡的母校设立学生奖励基金；当得知清华大学1名学生需要帮助时，他捐助了1万元，这在当时是一笔不小的数目。在陈芳允儿子陈晓东的记忆里，父母像这样的捐款数目不少，“我父母一生清贫，赚的钱都在他们在世的时候捐给有需要的人了，我们后辈的生活都是靠自己打拼的”。

陈芳允对于自己时间的管理极其严格，几乎把所有时间都用在科研上。为了节省时间，他甚至学会给自己理发，他认为理发是极浪费时间的行为，不是理发师在等待客人，就是客人在等待理发师，这中间浪费的时间都是极其可惜的；他不穿带拉链的衣服，因为曾经修拉链花了时间；他拒绝换到更大的房子，因为嫌搬家浪费时间；逢年过节，他也大多选择去图书馆。

陈芳允一生“竭诚为国兴”，晚年一直忙于小卫星（北斗卫星）的研究，直到病危住院，在病房里还依然坚持作研究。2001年，经国际天文学联合会小天体命名委员会批准，国际永久编号为10929号的小行星被命名为“陈芳允星”。河汉日纵横，北斗横复直。仰望苍穹，“陈芳允星”与北斗卫星交相辉映，引领、激励着新时代广大科技工作者踔厉奋发、勇毅前行，自觉履行高水平科技自立自强的使命担当。

（黄涛　王慧）

# 张钰哲：第一位发现小行星的中国人

## 人物简介

张钰哲（1902年2月16日至1986年7月21日），福建闽侯人，天文学家。1919年，他从北京师范大学附中毕业，考入清华学堂高等科。1923年赴美留学，先后在普渡大学机械工程系和康奈尔大学建筑系学习，后又转学到芝加哥大学天文系。1927年获得硕士学位，接着在叶凯士天文台攻读博士，于1929年获得天文学博士学位。新中国成立后，他历任中国科学院紫金山天文台台长、国家科委天文学科组组长、中国天文学会理事长等。他是我国方位天体学和天体力学的开创者，长期从事小行星、彗星的研究，第2051号小行星即以他的名字命名。他毕生致力于开拓和振兴我国天文事业，是我国现代天文学的奠基人。

他是第一位发现小行星的中国人，开创了中国人命名小行星的先河；他三次赴美学习和考察，只为给国家振兴贡献力量；他毕生致力于推动我国天文学事业发展；他还是天文科普工作的实践者，是我国天文科普的引路人。他就是张钰哲，我国现代天文学最重要的开拓者和奠基人。

## 出身贫寒，从小志在四方

1902年2月16日，张钰哲出生在福建省闽侯县一个职员家庭，有六个兄弟姐妹。张钰哲两岁时父亲逝世，虽生活艰难，但母亲仍坚持让其接受完整教育。1907—1912年，他免费就读于福州明伦小学。

1910年5月，哈雷彗星在天空中出现，张钰哲目睹了这个壮观的景象，从此便在心里留下了不可磨灭的印象。小学快毕业的那年，二哥把全家人都接到北京。于是，张钰哲转学到北京师范大学附属中学。他学习十分刻苦，各门功课都名列前茅。1919年，他以第一名的成绩从北师大附中毕业后，进入清华学堂高等科学习。

## 三渡重洋，只为振兴祖国

张钰哲是一位赤诚的爱国主义者。他一生中曾三次赴美国学习和考察，但他始终怀着科学救国的热忱，放弃了国外优越的条件，坚定地回到了祖国的怀抱，开拓了我国的天文事业。

1923年，张钰哲首次赴美求学，先后在普渡大学学习机械工程、在康奈尔大学学习建筑学。1925年，他转入芝加哥大学天文系，师从天文学家樊比博学习天文学。1926年，张钰哲毕业后，到叶凯士天文台攻读硕士学位。1927年获得硕士学位后，他继续留在叶凯士天文台工作。1928年11月22日晚，张钰哲在观测时意外新发现了一颗小行星，这是中国人发现的第一颗小行星。按照国际惯例，小行星可由发现者来命名。张钰哲身处异国他乡却心系祖国，将这颗小行星取名为“中华”。这次发现为我国当时落后的天文事业争得了荣誉，也开创了中国人发现小行星的先河。1929年，张钰哲获得了天文学博士学位。那一刻，他遥望祖国、归心似箭。1929年秋，张钰哲启程回国。归国途中，他考察了美国和加拿大的四座天文台，为日后建设紫金山天文台奠定了基础。随后，他从加拿大温哥华回到了上海。回国后，张钰哲受聘为中央大学教授，讲授天文学、天体物理学和天体力学等课程。1940年底，张钰哲受聘为中央研究院天文研究所所长。1941年6月30日，他冒着被日机轰炸的危险，带领队员从昆明出发，抵达甘肃临洮，拍摄到了1941年9月21日发生的日全食过程。这是中国进行的第一次有组织的现代日食观测。

1946年，张钰哲第二次前往美国。这次，他又来到了叶凯士天文台，与樊比博教授继续合作。张钰哲利用美国先进的观测仪器，进行分光双星的光谱观测。1946年底，他应邀参加美国天文学年会，并宣读了题为《一颗新的食变星的速度曲线》的论文，受到了与会人员的肯定。张钰哲还撰写了《大熊座W型交食双星的光谱观测》并发表在《天体物理学》杂志上。这次在美国考察，张钰哲除了完成分光双星的光谱观测研究，还发现了一颗新变星。

张钰哲曾说："中国古代有楚材晋用的故事，我虽算不上楚材，但也不甘心为晋所用。"对祖国怀有高度责任感的张钰哲，拒绝了美国良好的科研条件和优厚待遇，于1948年5月回到祖国。1948年11月，中央研究院一些机构撤往台湾，张钰哲与天文研究所部分人员迁往上海，迎接解放。1949年9月，张钰哲返回南京，参与紫金山天文台的重建工作。

1984年9月14日，张钰哲应哈佛大学史密松天文台的邀请，第三次赴美国。其间，张钰哲访问了加州大学，参观了基特峰天文台，以及口径4米的大望远镜、世界第一的太阳塔等。之后，他还访问了波士顿，考察了哈佛大学天文台和国际小行星中心。在哈佛大学，张钰哲作了《今日的中国天文台》的报告。同时，他再次来到芝加哥，重游叶凯士天文台。这次访问美国，张钰哲向世人展示了我国天文事业的巨大发展，扩大了国际影响，提高了祖国的声誉。

## 亲临一线，将毕生精力献给天文事业

张钰哲把自己的一切贡献给了我国的天文事业，对我国天文台站的建设和发展作出了重大贡献。新中国成立后，张钰哲担任中国科学院紫金山天文台台长，并连续三次当选中国天文学会理事会理事长。在此期间，张钰哲领导了全国天文学科的规划和发展，布局建设了北京天文台、上海天文台、云南天文台、南京天文仪器厂等机构。紫金山天文台也在他的主持下得到了快速的发展，先后开拓了太阳物理、恒星物理、天文年历编算、射电天文等众多研究方向，丰富了我国天文学的研究领域。他带领科研人员致力于小行星和彗星的观测，开展小行星轨道测定、照相定位观测等研究工作，这些研究在国内都是开创性的。张钰哲和他领导的行星研究室共拍摄小行星、彗星底片8600多张，获得有价值的精确位置数据9300多个，发现了1000多颗小行星，其中有100多颗小行星和3颗紫金山彗星获得了国际正式编号和命名。

张钰哲领导开创了我国小行星轨道计算、小行星的光度周期测定、人造卫星轨道研究等方面的工作。早在1957年，张钰哲就开始研究人造卫星轨道并发表了专题论文。20世纪60年代初，他还进行了有关月球火箭轨道的研究。1965年，他带领科研人员参加了我国第一颗人造卫星的轨道设计、方案论证和测轨、定轨等工作，为我国人造卫星上天及航天和国防事业发展作出了贡献。

张钰哲对年轻人的成长极其关心，倾尽所能帮助从事天文工作的年轻人。新中国成立以后，紫金山天文台只有8名职工，张钰哲感受到人才的匮乏。他日思夜想如何招揽人才、培养人才，以充实天文研究的队伍。在1952年高等学校院系大调整时，他支持南京大学设立天文系。他聘请戴文赛、赵却民担任紫金山天文台学术委员会成员，邀请青年学子到天文台做兼职研究工作。他还把流散在全国各地的天文人才，尽可能招揽到天文台工作。就这样，紫金山天文台的研究队伍逐步得到了充实。张钰哲认为从事科学研究首先必须热爱，才能做出成绩来。所以，他在培养年轻人时，十分重视兴趣的培养，对于研究方向的选择也尊重学生的意愿。他始终坚持人尽其才的原则，注重发挥每个人的优点。他一生中所教育、培养的学生，以及学生的学生，遍布我国各天文台站，成为天文研究的骨干力量。

## 坚持真理，做天文科普的引路人

张钰哲具有相当高的文学修养。他擅长书法诗画，精通音律，会弹钢琴，还工于篆刻。1930年，张钰哲被推荐为中国天文学会会刊《宇宙》的主编，并撰写了发刊词。之后，他除了编辑杂志，还成为其主要撰稿人，相继发表40多篇文章，主要包括天文学家传记、观测日食报告、天文仪器介绍及中国天文学史，为天文知识的传播起到了重要作用。张钰哲发表的《天文学论丛》《宇宙丛谈》两部文集，在天文界引起了热烈反响。同时，他还在《大公报》上发表了3篇著名的“星期论文”，积极反击伪科学，弘扬科学精神。1949年，张钰哲创办《大众天文》。他还积极开展天文科普图书的编译，出版了《科学概论》《小行星漫谈》《地球之天体观》《哈雷彗星今昔》等一系列科普作品。

1977年，张钰哲对哈雷彗星轨道演变的趋势和它的古代历史进行了分析研究，引起了史学界的重视。在78岁高龄时，张钰哲还前往青藏高原为我国第一座毫米波天文观测站勘察选址，并且赶往云南地区，观测到了1980年2月16日的日全食。

张钰哲是科学家做科普的生动实践者。在张钰哲的倡导和支持下，紫金山天文台的科普工作做得有声有色。他把科普工作列入天文台的工作计划，成立专门的天文普及组，确定每周六、周日为开放日。令人感动的是，他常常亲自给参观者做讲解。他关心青少年天文爱好者的成长，经常答复他们的来信，还为他们举办天文科普讲座。他派人到一些学校演讲，到电台做广播，到一些场合放映科普影片、举办展览等。同时，他积极倡导建立北京天文馆，推动天文馆事业发展，以此发挥其在天文教学和科普方面的作用。

1986年7月21日，张钰哲病逝。事了拂衣去，深藏身与名。遵照他的遗愿，张钰哲的骨灰深埋在紫金山天文台内的一个不起眼的角落，地面上没有任何标记。

（杨艳梅）

# 1949年

## 葛庭燧："引导"钱学森归国的金属物理学家

### 人物简介

葛庭燧（1913年5月3日至2000年4月29日），山东蓬莱人，金属物理学家，国际滞弹性内耗研究领域创始人之一。1937年毕业于清华大学，1940年获燕京大学理学硕士学位，1943年获美国加利福尼亚大学博士学位，1943—1945年，参与美国曼哈顿计划中有关原子弹及远程雷达的研究，获美国国防研究委员会颁发的奖状和奖章。1949年回国，1951年加入九三学社，1955年被选聘为中国科学院学部委员（院士），1979年加入中国共产党。葛庭燧毕生致力于金属物理学的发展研究。他领导的研究团体在晶界弛豫、位错阻尼和非线性滞弹性内耗研究方面取得了大量的原创性成果。他本人也因杰出的科学成就先后获得内耗与超声衰减领域的甄纳奖，桥口隆吉材料科学奖，美国矿产、金属和材料学会（TMS）的梅尔奖和何梁何利基金科学与技术进步奖。

葛庭燧是我国著名物理学家，是国际上公认的滞弹性内耗领域创始人之一。他首次发明了金属内耗测量装置，被世界科学界命名为“葛氏扭摆”，并利用该装置发现了晶界内耗峰“葛氏峰”这一科学规律，奠定了滞弹性相关理论的实验基础，在国际学术界产生了重大影响。他从1949年回国后，为发展、繁荣祖国的科学事业坚持不懈地勤奋耕耘在科研第一线，为中国科学发展跻身世界前沿耗尽了心血。他长年在内耗、晶体缺陷和金属力学领域不断开拓创新，为培养年轻一代中国材料科学人才作出了奠基性、开创性贡献。

## 推动了留美学人参加新中国建设的高潮

葛庭燧1913年5月3日出生于山东蓬莱一个普通农民家庭，从小就听外国列强以洋枪洋炮侵略中国的故事。1930年，葛庭燧从北京师范大学理预科考入清华大学物理系，师从叶企孙先生。抗日战争爆发后，受进步同学和先进分子“科学救国”“富国强兵”思想的影响，他与章宏道、黄薇等组建了外围群众团体“实用科学研究会”，对民众进行科普宣传，启蒙民众，努力拯救濒临灭亡的民族和国家。卢沟桥事变后，葛庭燧以燕京大学做掩护，为抗日游击队提供科技报刊资料和关键物资器材。1941年，他漂洋过海去了美国，虽远离祖国，却没能阻挡他在科学研究上不断攻克难关。他仅用两年时间便完成博士论文工作，1943年获美国加利福尼亚大学博士学位，“二战”期间美国军队用到了他“不可见紫外光源”的相关论文研究成果。

即使在外留学，葛庭燧也心系祖国。在留美同学丁儆、陈立的积极推动下，他于1949年2月牵头组织“留美中国科学工作者协会”（美中科协），加强了同世界各地科技工作者的联系，推动了留美学子参加新中国建设的高潮。葛庭燧将美国朋友的劝告“你回去将会断送你的科研事业”“在现代科技书籍里，能找到几个中国人的名字”置于脑后，并致信钱学森："每思我等久滞国外，对于国内伟大的生存斗争犹如隔岸观火，辄觉凄惨而自惭"，建议钱学森要"早日返国，领导国内建立航空工业"，同时大造归国舆论，鼓励留学生为新中国作贡献。1993年，钱学森在给葛庭燧80寿诞的贺信中写道，"我永远也不能忘记是你引导我回到祖国的怀抱"，言语中饱含感激之情。葛庭燧作为新中国成立早期归国的科学家，始终遵循无我无私、热血报国的价值追求，令后辈学者十分感动。

## 确立了中国内耗研究在国际学术界的地位

1943年，葛庭燧应麻省理工学院（MIT）理学院邀请，参与了美国国防委员会绝密项目"铀及其化合物的光谱化学分析和远程雷达两用天线开关的气体放电"研究。"二战"后，应甄纳教授邀请参加芝加哥大学金属研究所筹建工作。在当时设备简陋、条件困难的情况下，葛庭燧很快在仪器研制和科学研究上取得了突破性成果。葛庭燧以扭摆内耗仪、晶界内耗峰的成果让研究所名气大增，国际上以他姓氏命名为"葛氏扭摆"和"葛氏峰"，他还提出了晶粒间界无序原子群模型"葛氏晶界模型"，以解释晶界内耗峰的机制。

1989年，他以达到世界领先水平的研究成果获得内耗领域国际最高奖——甄纳奖；1999年他荣获美国矿物、金属和材料学会（TMS）设立的材料科学国际大奖——梅尔奖，确立了中国内耗研究在国际学术界的地位。杨振宁专门致信表示感慨："六十多年你对内耗问题的贡献，对培养中国材料科学人才的努力是大家都称赞不绝的。"

针对20世纪90年代的"下海"热和"上山"冷现象，他认为"下海"是推动科技成果转化的需要，是必要的、有利的，但一定要稳定支持人才队伍"上山"，攀登科学高峰。"山"指的是基础研究和应用基础研究，这是科技研发的储备和后盾，是高新技术的源泉和先导。

经济越发展，越要加强基础研究。基础研究的水平高低决定着国家的科技实力。

## 再次迎来了科学上的春天

20世纪50年代初期，葛庭燧在清华大学组织建立了首个金属物理研究室，教书育人，桃李芬芳。为加速东北工业生产的发展，1952年，他被派至沈阳参与中国科学院金属研究所的筹建工作，还针对鞍钢、抚钢实际生产中面临的难题进行研究，做到了科学研究和技术开发的深度融合，培养了一批技术骨干。1979年，葛庭燧加入中国共产党，再次迎来了科学上的春天。1980年他奉命从东北调到合肥董铺岛（后改称科学岛）从事科教基地的建设事宜，以“摸爬滚打、勤俭建所”为口号筹建中国科学院固体物理研究所、成立内耗研究实验室。年近七旬的他，在科学的春天里，焕发出无穷的青春活力。他带领老中青三代科研人员，从实验室基础设施工作着手，矢志不渝、艰苦奋斗，使内耗研究室成为世界知名的研究中心，在晶界弛豫、位错阻尼和非线性滞弹性内耗研究方面取得了大量开创性成果。

“为中国人争气，为伟大祖国争光”是葛庭燧不懈奋斗的人生信条。从年轻力壮到老骥伏枥，无论身处祖国哪里，他都在关注内耗研究的进展，甘当“铺路石子”，倾注大量心血，引领年轻人不断向前开拓。他先后发表论文近250篇，被引用1000多次；发明的“葛氏扭摆”被国际学界应用了半个世纪；带出了一个把研究成果不断推向世界前沿的科研团队。“我始终没有忘记我对祖国所负的责任。祖国强大了，科技发展了，中国人在世界上才有地位。”活到老，学到老，工作到老，葛庭燧重病期间依旧为科学事业接续奋战，争分夺秒著书立说，完成了60余万字的学术专著《固体内耗理论基础》，成为我国基础研究突破的标志之一。

## “最知心的知识分子”

葛庭燧不仅在基础研究领域开花结果，还主动奔向经济建设的主战场，将所学知识与生产实际相结合，深入工厂企业，攻克了飞机大梁、起落架和水闸门的防腐蚀等技术难题，被誉为“最知心的知识分子”。在沈阳工作期间，职工生活困难，他就自掏腰包一万元为大家排忧解难，毫不吝惜地资助购买仪器部件。在合肥科学岛听了京剧演出后，他极力支持弘扬中华优秀传统文化，慷慨捐赠一台进口收录机。他还通过希望工程救助贫困学生。他热衷科普工作，撰写科普读本印发给大家。20世纪60年代初，他用自己积蓄为家乡自力更生、发展生产购买农用机械，真情相助患病亲友。20世纪末期，长江发生洪涝灾害，安徽遭受特大洪灾，他先后4次捐款，把中国科学院颁发的2万元奖金也捐赠给了合肥分院实验室和子弟学校，充分体现了他忧国忧民的情怀。

葛庭燧在爱护年轻人的同时也会严格要求，他激励青年人重视科学研究方法，训练他们亲自动手、实际操作的基本功。他告诫年轻人要适应摸爬滚打的艰苦环境，搞科研工作要团结合作，将集体讨论和个人钻研相结合，要有攻关不畏难的拼搏精神和团结奋斗的优良作风。他坚信在祖国的实验室一定能出成果。“不能多花一个马克”，这是葛庭燧20世纪70年代末期在西德访学时经常挂在嘴边的一句话。他成果丰硕却生活简朴，千方百计节约开支，一分一厘积攒外汇，想方设法支援祖国建设。在葛庭燧先生的科学理论基础上，科学家研制的缓冲拉杆材料为“嫦娥三号”软着陆作出重要贡献，新一代高效吸能合金保障“天问一号”成功着陆于火星表面，这些研究成果是对葛庭燧先生最好的告慰。

（赵菁奇）

# 1949年

## 童第周：开创中国克隆技术的先河

### 人物简介

童第周（1902年5月28日至1979年3月30日），中国科学院院士、生物学家、教育家、社会活动家，中国实验胚胎学、海洋科学研究的主要奠基人。1902年出生于浙江鄞县，1927年本科毕业于复旦大学哲学系心理学专业。1930年，童第周赴比利时比京大学留学，并于1934年获得动物学博士学位。面对日本侵略威胁，童第周毅然回到祖国，担任山东大学生物系教授。1948年应美国洛氏基金会邀请到耶鲁大学任客座研究员。1949年3月，新中国成立前夕，童第周拒绝了耶鲁大学的高薪挽留，克服种种阻力，再次回到山东大学。童第周在中国科研领域奋斗数十载，领导筹建了中国第一所海洋研究机构、组建了中国及亚洲地区唯一的发育生物学研究所。他曾任教于山东大学、同济大学等多所院校，培养了大批一流专业人才。

童第周是我国著名的发育生物学家、实验胚胎学家，被誉为“中国克隆之父”，他将毕生精力都献给了生命科学事业，是中国生物学的重要奠基人之一。童第周还是一位卓越的教育家、社会活动家和忠诚

的爱国者，为推动我国科技发展和人才培养发挥了重要作用。童第周从一名勤奋的寒门子弟成为走在科学前沿的留洋人才，到回国投身海洋科学事业，为我国现代实验生物学、海洋科学的开创和发展作出了卓越贡献。童第周在祖国最需要科学力量的时刻毅然回国，用实际行动诠释了作为一名科学家坚守信念、追求真理、爱国报国的崇高精神，践行了他“有生之年，为国家，为人民多做工作”的入党誓言。

## 青春岁月，求学征途

童第周在砥砺前行、勤学苦练的青年时期，就接触到了爱国主义、共产主义思想，并将个人的努力与国家的命运紧密相连。

童第周于1902年出生在浙江鄞县东乡童家岙村（现塘溪镇童村）。童第周的父亲在村中办私塾为生，从小鼓励他努力学习，教导他要如“水滴石穿”一样，期许他坚持不懈、有所成就。1918年，童第周考入浙江省立第四师范学校，一年后转入以理学见长的宁波效实中学。他的中学时期正值乱世之际，国家动荡，这也是童第周对社会、国家形势产生认识和思考的时期，他接触到了爱国主义思想，看了一些共产主义小册子之后，留下了深刻的印象。童第周作为宁波中学学生联合会主要负责人之一，痛恨日本侵略者，曾带领同学抵制日货，上街游行。

1923年，童第周考入上海复旦大学哲学系心理学专业，成为心理学家郭任远的助教，郭任远以启发式教学方法培养了他独立思考和勇于探索的能力，树立了他对科学实验的认识。当时，叶慧伦、邵力子、陈望道等都在复旦大学教书，是童第周的老师，也对他产生了潜移默化的影响。大学毕业后，他的大学老师蔡堡到中央大学任生物系主任，建议童第周去做他的助教。童第周从此进入了教育和科研领域。

1930年，在亲友的支持下，童第周乘火车从上海经过大连、满洲里，穿越苏联，远赴比利时比京大学医学院留学攻读动物学博士。他找到第二国际的成员，校长布拉舍教授，希望得到他的指导，布拉舍对中国学生抱有好感，很快答应了童第周的请求。童第周积极参与实验室工作，尤其是关于青蛙卵的实验，以出色的技术和实验能力，成功地剥去了青蛙卵膜，这一壮举让他在欧洲生物学界声名鹊起，同时也为中国的生命科学事业争得了国际声誉。1931年暑假，童第周随比京大学医学院达克教授到法国海滨实验室进行海鞘实验工作，成功剥去了海鞘的卵子膜。

在留学的同时，童第周亲历了国际时局的剧变。九一八事变爆发后，他痛心于祖国的沦陷，积极组织中国留学生，成立了中国学生总会，发起了针对日本侵略的抗议示威。他的坚定立场引起了比利时政府的关注，因此遭到逮捕和审讯。在法庭上，他坚定地表达了对祖国的热爱和对侵略者的反抗。

## 远渡重洋，返乡救国

1934年，童第周顺利通过答辩，获得了动物学博士学位。答辩后，达克教授希望他再等一年，写一篇论文，再得一个特别博士，但童第周认为，“要搞工作，应回祖国去搞！有成绩为什么要给别的国家”。于是，他在1934年怀揣着对祖国科技事业的热忱，毅然回到了中华大地。童第周回国后经蔡堡教授推荐到山东大学任教，领导组建了实验胚胎学研究室，开始实验胚胎学研究。

抗日战争全面爆发后，童第周随学校内迁至四川万县。1938年山东大学解散，他先后在中央大学医学院、同济大学和复旦大学生物系任教。当时同济大学的工作条件比较艰苦，学校设备匮乏，为了购买显微镜，童第周不惜典当衣物，向熟人借钱。在这种条件下，童第周团队以蟾蜍和黑斑蛙为实验材料，从研究纤毛运动入手深入讨论了胚胎发育过程中存在的重要问题——胚胎极性，为生物学家更好地理解生命起源和发展过程提供了新的理论框架。李约瑟曾亲自到访童第周的实验室，对他在艰苦条件下取得的成就表示惊讶和赞叹。

抗日战争胜利后，1946年童第周回到青岛参加山东大学复校工作，并任生物系教授、系主任。抗战时期的混乱局面使学校财政困难，师资力量出现了一定程度的流失，童第周却选择在这片荒芜的土地上再度艰苦创业。1947年，山东大学学生因不满国民党反动统治的倒行逆施，爆发反饥饿、反内战运动，学生要求游行示威，面对复杂形势，童第周站在学生一边，参与了示威行动，与学生一同面对反动当局。

童第周以其在生物学领域的卓越研究成果和独立见解，受邀前往美国耶鲁大学进行学术考察，他在耶鲁大学度过了八九个月的时间。1949年3月，新中国成立前夕，童第周拒绝了耶鲁大学的高薪挽留，克服了种种阻力，在迎接新中国成立的礼炮声中，再次回到了山东大学。

## 峥嵘岁月，科学报国

1949年，应中国科学院筹建小组邀请，童第周、曾呈奎抵京向竺可桢表达了在青岛建立海洋研究所的想法。1950年，中国科学院决定由童第周、曾呈奎、张玺三人筹建海洋研究机构，初步成立了海洋生物研究室。在童第周的领导下，海洋生物研究室进行了港湾有害生物的防治、海产生物的养殖及海洋生物资源的调查等多方向的研究，海洋生物研究室逐渐发展成为中国科学院海洋研究所。

1956年，童第周等老一辈海洋科学家参与制定的“中国海洋综合调查及开发方案”作为国家重点科学技术任务之一，被列入国家《1956—1967年科学技术发展远景规划》《1963—1972年十年科学技术规划》，为新中国海洋科学研究和海洋事业的发展制定了宏伟规划。童第周积极推动海洋研究所与其他院所的学术交流，先后与中国科学院生理所、生化所及苏联科学院细胞所等科研院所合作。在童第周的带领下，海洋研究所取得了一系列与国民经济建设、海洋国防建设相关的重要成果。

20世纪50年代早期，童第周意识到可以将细胞核技术应用到鱼类研究上。他和科研小组于1963年在金鱼和鳑鲏鱼上成功进行同种内移核实验，并在同种细胞核移植的基础上进行了异种细胞核移植研究。1973年，童第周通过鲤鱼和鲫鱼间核移植实验，在世界上首次获得了具有繁殖能力且高产的鲤鲫移核鱼。童第周成为世界上第一个将细胞核移植技术应用到鱼类研究上的科学家，开创了我国克隆技术的先河，被誉为“中国克隆之父”。

## 传道授业，启发后人

童第周在教育事业上的卓越贡献令人瞩目。他将科研与教育紧密结合，以非凡的努力为国家培养了一批优秀的科研人才，他的教育理念、教学风格，以及对学生的悉心培养都成为中国教育的典范。

1938年春，山东大学解散后，童第周受聘为同济大学教授。当时战争的阴霾笼罩，学校条件十分困难。他与学生共同努力，为生物系课程的开设付出了巨大努力。20世纪50年代，在山东大学党委的支持下，童第周领导建立了动物胚胎学教研室。童第周对科研人才的培养十分重视，他在山东大学提出要培养无脊椎动物胚胎学人才，他和夫人叶毓芬及教研室的同事合力编写了《无脊椎胚胎学》《脊椎动物胚胎学》《胚胎学技术》等教材。他在山东大学动物系组建了“胚胎专门化”组，为其他兄弟院校培养无脊椎动物胚胎教学人才，将其发展成为全国胚胎学人才的培训基地。他的讲课风格独特，总是从动态和进化的角度出发，结合自身科研成果进行论证，引导学生注重学术思考和科学实验方法。这种独特的讲授方式不仅使学生对每门课程有了完整的认识，更在学术思考和实践方法上有所启迪。

童第周招收研究生和进修生，为我国的生物学界培养出一大批优秀学生，其中包括庄孝僡、张致一、曲漱蕙、李嘉咏、王浙、吴尚勤、严绍颐、秦鹏春、陆德裕等，这些学子不仅在发育生物学领域取得了成就，也在其他相关领域产生了广泛影响。

童第周通过将学术交流与科研结合，积极推动学术合作，他非常重视学生的国际交流学习。1956年，当他得知中国科学院计划派科技人员去苏联参观学习时，他全力举荐学生去交流，为他们安排俄语学习班，并亲自在青岛中山路一家饭店为他们送行。通过童第周的努力，一批学生被成功派遣到国外深造学习，促使中国发育生物学领域与国际接轨，也让我国培养的科研人才在国际上站稳了脚跟。童第周还推荐科学家到学校任课，接纳高等学校的老师到研究所进行合作研究，在提高教学质量的同时，促进科研的交流发展。

童第周的人生旅途如同一部奋斗的史诗，记录着对科学的无尽探索、对祖国的深沉热爱，以及对事业的孜孜以求。无论是海洋事业、生物科学的研究，还是科技任务的规划，他始终将祖国的需要摆在首位，用无私的奉献精神服务国家，践行科学报国的信念，以实际行动诠释了“愿效老牛，为国捐躯”的崇高信念。

（刘欢　左锟澜）

# 1950 年

## 鲍文奎：中国植物多倍体遗传育种创始人

### 人物简介

鲍文奎（1916年5月8日至1995年9月15日），浙江宁波人，作物遗传育种学家，农业教育家，中国植物多倍体遗传育种创始人。1939年毕业于中央大学农学院，1950年获美国加州理工学院博士学位，同年返回四川省农业改进所（1952年更名为四川省农业科学研究所）工作。后任中国农业科学院作物育种栽培研究所研究员、副所长，兼任北京农业大学（现中国农业大学）农学系教授。在世界上首次将异源八倍体小黑麦应用于生产，育成的“小黑麦2号”“小黑麦3号”，以及中矮秆的八倍体小黑麦品种“劲松5号”和“黔中1号”在贵州高寒山区和丘陵地区推广。1979年被评为全国劳动模范，1980年当选为中国科学院学部委员（院士）。

鲍文奎是中国植物多倍体遗传育种创始人。他将毕生精力都贡献给我国植物多倍体遗传和育种研究，数十年如一日地潜心钻研同源四倍体水稻和异源八倍体小黑麦相关工作，采用染色体加倍技术培育新作物、改良现有作物的特征，在世界上首次将异源八倍体小黑麦应用于生产，为植物多倍体遗传育种工作解决了结实率、饱满度等多个世界难题。

## 回国途中船上被查

美国加利福尼亚州的六月，阳光灿烂。特别是对于即将取得博士学位的学子来说，火红的骄阳如同黄金一般洒在他们的身上。在学子的翘首以盼中，毕业典礼的庄严时刻终于到来。这一天，比高照的艳阳更让他们亢奋；这一天，象征着荣誉与希望。鲍文奎也是毕业生中的一员，然而此刻的他远离了沸腾的典礼现场，置身于中国自然科学工作者协会留美分会的芝加哥年会会场。这场会议的主要议题是动员留美学子回国参加建设。回国，对于留学生来说是个重大抉择，可以说在一定程度上决定了他们人生的未来走向。鲍文奎毕业于世界知名学府——加州理工学院，攻读的是生物学热门专业——化学遗传学。在美期间，他与人合作发表的论文多达15篇，可谓前途一片光明。但对于鲍文奎来说，他心中早对人生路线有了打算。在中学时期，他就对生物学颇感兴趣，常与同学讨论达尔文进化论的问题。从中央大学农学院毕业后，他到四川省农业改进所从事小麦育种、栽培和细胞遗传研究。赴美深造期间，他的研究兴趣也一直是在植物育种的应用方面，打算以遗传学作为改变祖国农业落后面貌的利器。中华人民共和国的成立，使鲍文奎看到了中华民族兴旺发达的希冀。古老而年轻的祖国，比异乡的阳光更让爱国者感到由内而外的温暖，像充满魔力的磁石一样让太平洋彼岸的游子魂牵梦萦。

1950年8月28日，美国当局对中国留学生的“禁止离境”法令尚未发出，百余名中国学人乘坐“威尔逊总统号”邮轮在旧金山启航。这是“威尔逊总统号”的第17次航行，也是20世纪50年代初留学生回国大潮中同船回国人数最多、国际影响最大、后来走出来院士最多的一次航班，鲍文奎正是这趟传奇航班中的一员。1950年8月30日至31日，该邮轮经停洛杉矶时，发生了钱学森行李被扣、赵忠尧行李被查事件。虽然轮船最终得以启航，但这趟航行已注定不会平静。9月12日，船抵达日本横滨时，船上突然播放广播，以调整房间为由催促4名旅客带上随身行李搬到指定房间。被点名的这4名旅客，正是来自加州理工学院的赵忠尧、罗时钧、沈善炯和鲍文奎。赵忠尧等3人随后均被美方情报人员无理扣押，只有鲍文奎因没离开自己房间而逃过此劫。9月17日，邮轮抵达菲律宾马尼拉，广播不出所料再次响起，上一回“漏网”的鲍文奎被单独呼叫。这一次，美国情报官员和菲律宾警察仔细盘查鲍文奎的行李近4个小时，还是没有发现任何异常。美国特工想强行扣下鲍文奎，但由于当时的菲律宾不受美国驻军管制，美方缺乏在菲律宾抓人的正式手续，无奈之下只得放人。9月19日，这艘远洋客轮划开万顷波涛，终于载着归国心切的学子抵达祖国。鲍文奎辞谢了中国科学院上海植物生理研究所的热情邀约，回到了他3年前离开的地方——四川省农业改进所。

## 为老百姓能吃饱肚子做些事

科技现代化，不会一蹴而就，更不能一“喊”而就，需要人们从现有的条件出发，知难而进、坚持不懈。鲍文奎的科研工作，就充分体现了这一点。

当时，世界上栽培的普通小麦品种大多是六倍体。六倍体是从二倍体到四倍体天然加倍而来的，每次进化都使小麦的品质和产量大大得到了提高。20世纪30年代末至50年代一度出现了培育八倍体小黑麦的热潮，但终因结实率不高和种子饱满度不够而渐渐无人问津。当人们纷纷转回六倍体小黑麦的培育时，鲍文奎却决定把八倍体小黑麦的培育工作坚持下去。凭借自身的专业素养，他判定培育八倍体小黑麦在理论上是站得住脚的，从实践中来看，这项工作也是刚刚起步，就这样放弃是不可取的。“祖国是一个人的根，中国的老百姓太不容易了，我们要为他们能吃饱肚子做些事。”怀着这样的信念，鲍文奎下决心要摸索出一条新路。这条路从一开始就困难重重，需要终生奋斗。“我们这一代干不成，下一代接着干下去，一定会成功的。”说干就干，从1951年初开始，鲍文奎带领他的团队用稻麦为材料，以小黑麦为重点，全面铺开了多倍体育种工作。从实验室到地头，再从地头到实验室，工作量是巨大的。鲍文奎和他的队员，就像蜜蜂一样紧张劳作，科学家精神在夜以继日的忙碌工作中熠熠发光。

除了工作本身的难度，教条主义问题给鲍文奎的工作带来了更大的挑战。新中国成立初期，中国学术界在生物学方面独尊李森科学派，对鲍文奎师承的孟德尔－摩尔根学派的批评甚嚣尘上。与李森科学派强调外部环境因素的决定作用不同，孟德尔－摩尔根学派更强调内部因素的决定作用。虽然鲍文奎的研究课题被强行中止了，但他坚持真理的态度并没有改变。凭着鲍文奎的学术积累，他本可以马上选些别的小题目发表，或是屈服压力找个“热点”出成绩。但是对于他来说，科研题目的选择不是取决于个人名利得失，而是取决于社会需要和客观可能。鲍文奎深爱着祖国和人民，他的爱不是表现在口头上，而是要用毕生所学为老百姓培育出有实际价值的新作物。1955年，鲍文奎奋笔疾书，向中国科学院和农业部反映了多倍体育种的情况。1956年8月，在青岛召开的遗传学座谈会正式认可了孟德尔－摩尔根学派的合法地位。鲍文奎在一篇文章中写道，“我确信在党和政府的领导下，祖国的科学事业一定会迅速繁荣起来”，并表示“决心努力争取做一个先进的科学工作者”。

## 把种子播撒到长征路上

一部人类文明史，从某种意义上说，就是一部粮食史。“杂交水稻之父”袁隆平的科研方向，如专家所言，“传承了孟德尔的科学，应用了现代遗传学”。在袁隆平坚定研究方向、克服研究难题的过程中，鲍文奎的指导发挥了重要作用。

袁隆平最初也是按照李森科的理论做研究，几年都没有结果。从1958年开始，他试图按照孟德尔－摩尔根遗传学进行育种。1961年到1962年，袁隆平通过跟踪观察天然杂交稻株及其第二代的“分离现象”，验证了孟德尔－摩尔根遗传学的正确性。兴奋之余，袁隆平迫切需要进一步找到杂种优势利用的理论依据，但向谁求教呢？他想到了备受自己恩师管相桓推崇的遗传育种学家鲍文奎。此时，鲍文奎已被调到北京，任中国农业科学院研究所研究员和北京农业大学农学系兼职教授。袁隆平利用暑假自费进京，以学生之名见到了在农业科学领域大名鼎鼎的鲍文奎。当袁隆平提起对李森科学派的疑惑时，鲍文奎直截了当地批判了李森科学派错误的学术观点，解开了袁隆平思想上的种种疑虑。了解到袁隆平研究杂交水稻的初衷是解决老百姓的挨饿问题后，他鼓励袁隆平：从事杂交水稻的研究，乃是洞悉生命的本质、推动生命的进程，是培植人类文明的事业。从事这样的事业，乃是生命的价值所在。他还勉励袁隆平要大胆探索，用实事求是的态度做学问。为了更好地帮助袁隆平，鲍文奎指导他在中国农科院图书馆阅读相关外文资料，了解国外研究的最新进展。这段鲜为人知的历史，直到电视剧《功勋》的热播，才被更多人了解。

20世纪70年代，鲍文奎团队的小黑麦种子作为高产稳产的作物良种，播撒到了红军当年走过的长征路上。小黑麦的到来使这些高寒贫瘠地区朝着粮食自给的方向前进了一大步。1977年，“国际玉米小麦改良中心”考察组来华访问，指出欧洲、北美和墨西哥用胚培养出的小黑麦原种数量还不及中国不用胚产出的十分之一，称赞中国小麦育种工作取得了巨大的成功。1978年，这种高产小黑麦在全国的种植面积达40万亩（1亩≈666.67平方米），鲍文奎于同年获得全国科学大会奖。“鲍文奎正直、爱国、勤奋好学并善于思考的为人品格，不畏艰险、百折不挠、坚韧不拔探索科学真理的职业精神，将永远鼓舞、激励后人。”这是中国农业科学院对鲍文奎的评价。这位朴实而坚毅的育种科学家，将会永远被世人铭记。

（蔡青竹）

# 张存浩："追光人"也是发光的人

## 人物简介

张存浩，1928年2月23日出生于天津，祖籍山东无棣，著名物理化学家，中国高能化学激光奠基人、分子反应动力学的奠基人之一，从事催化、火箭推进剂、化学激光、分子反应动力学等研究。1947年毕业于中央大学化工系，1950年获美国密歇根大学硕士学位，1998年获香港中文大学荣誉理学博士学位。1950年回国后，历任中国科学院大连化学物理研究所所长、国家自然科学基金委员会主任、中国科学院学部主席团成员及化学部主任、中国科协副主席等职。1980年当选中国科学院学部委员（院士），1992年当选第三世界科学院院士。曾获1999年度陈嘉庚化学科学奖、2002年度何梁何利基金科学与技术进步奖、2013年度国家最高科学技术奖，并多次获得国家自然科学奖和国家科学技术进步奖。

2014年1月10日，一位耄耋老人从习近平总书记手中接过国家最高科学技术奖证书。他不无动情地说："我们为能够奉献于伟大祖国和伟大时代而感到无比的幸运和骄傲！"同时，他平静谦逊地表示："这个荣誉是属于集体的，既是属于大连化物所（中国科学院大连化学物理研究所）这个小集体，也是属于国家这个大集体。我也并不觉得很兴奋，眼前的路还很长，还要戒骄戒躁。”他就是中国高能化学激光的奠基人、分子反应动力学的奠基人之一——张存浩。

## “自作主张”放弃深造机会

1928年2月，张存浩出生在一个科研世家。父亲张铸曾留学美国，回国后担任天津化工局高级工程师；伯父张锐是哈佛大学硕士、市政建设专家；叔父张镈是著名建筑师，主持设计了人民大会堂等重要建筑；姑母张锦是中国有机化学领域较早的留美女博士；姑父傅鹰是享誉中外的物理化学家、中国科学院院士。

1937年，抗日战争全面爆发，因不愿儿子接受日本侵略者的奴化教育，张存浩的父母将他托付给当时在重庆大学任教的姑父母抚养。一次，傅鹰看到张存浩在读英文，便问他为什么不多学一些中国语文。接着，傅鹰颂扬了历史悠久的中国文化，谈到了青年一代振兴中华的责任。这一席话使张存浩终生不能忘怀。傅鹰身上表现出的“一种难得的刚正不阿的品格、对人民和科学的热爱，以及严谨治学的精神”深深地影响了少年时期的张存浩。

1943年，张存浩考入厦门大学化学系，次年转入中央大学化学工程系。1947年本科毕业后，他进入南开大学化学工程系攻读研究生。1948年，张存浩赴美留学，先入爱荷华州立大学，而后转入密歇根大学化学工程系，并于1950年获得硕士学位。

正当张存浩准备在美国继续攻读博士学位之时，朝鲜战争爆发了。一夜之间，他成了同学眼中的“敌人”。张存浩敏锐地预见美国必将阻止中国留学生归国，如果再耽搁下去，自己的科技报国梦很可能会落空。于是，他“自作主张”决定放弃继续深造，立即回国！这一决定震惊了张存浩的亲友，大家纷纷劝他读完博士再回国，姑母也坚持要求他在美国念完博士。然而，铁了心的张存浩不为所动，于1950年10月义无反顾地回到祖国，并于1951年进入东北科学研究所大连分所（中国科学院大连化学物理研究所前身，以下简称大连化物所）工作。

## "我为自己树立的最大科研人生理想，就是报国"

张存浩的科研生涯可以分成多个阶段，每个阶段都有着不同的研究方向，但一以贯之的共同目标就是满足国家需求。他说："我为自己树立的最大科研人生理想，就是报国。"

20世纪50年代初，中国石油资源短缺。为了使国家尽快摘掉"贫油国"的帽子，张存浩与同事投入水煤气合成液体燃料的研究中，研制出新的催化剂和新工艺，产率、产品分布、催化剂寿命等关键指标均处于国际领先地位。凭借这项研究，不到30岁的张存浩斩获了1956年首届国家自然科学奖三等奖。

20世纪50年代末，紧张复杂的国际形势促使中国走上独立自主发展国防尖端技术的道路。张存浩接到了一项任务，迎来了科研工作的第一次"转行"——研发火箭推进剂。他回忆道："当时这方面资料少，我们几乎是从头做起，非常艰难。"同事何国钟院士说："老张很刻苦，拼命去学。"这项研究所用试剂材料的毒性很大，并且伴有随时发生爆炸的风险。张存浩并没有畏惧，总是冲在一线。他说："这项研究危险性大，想一点儿事故不出很难，除非你不干。我作为专业人员都没有完全避免的把握，如果让别人去做就会更危险。"一次，张存浩与一位复转军人在火箭试车台上进行燃烧试验，此时意外发生了：打开阀门的瞬间，一团巨大的火焰扑面而来，近在咫尺的两人却看不到对方。好在这位复转军人迅速将阀门反向关上，避免了一场灾难。在大量试验的基础上，张存浩与合作者发展了固体复合推进剂的表面多层微火焰燃速理论，首次揭示了侵蚀燃烧现象中临界流速存在的根源。这一成果在20年后仍令美国科学家赞叹不已。

20世纪70年代初，激光成为国际科研前沿和国家重要战略课题。大连化物所成立“化学激光研究室”，张存浩被任命为室主任。回首这段经历，张存浩说：“搞激光比搞火箭推进剂还难，主要是一无所有。资料、仪器、设备样样都缺，光谱仪、示波器什么都没有。”带着“不入虎穴，焉得虎子”的决心和勇气，43岁的张存浩第二次“转行”，着手研制超音速燃烧型氟化氢/氟化氘化学激光器。他决定不按国外的技术路线走，而是另辟蹊径，独立进行燃烧体系选择。20世纪70年代，他带领团队研制出中国第一台氟化氢/氟化氘化学激光器，整体性能达到当时世界先进水平。20世纪80年代，张存浩在一次激光研究规划会议上据理力争，为化学激光在中国的发展争得了空间。他开创、引领了中国短波长高能化学激光的研究和探索。1985年，在国际上首次研制出放电引发的脉冲氧碘化学激光器。1992年，研制出中国第一台连续波氧碘化学激光器。杜祥琬院士评价道：“张存浩为推动我国化学激光领域的快速发展发挥了至关重要的作用。”

张存浩一向重视基础研究。20世纪80年代起，他开拓了中国化学激光新体系基础研究，开创了分子反应动力学研究领域，在双共振多光子电离光谱和量子态分辨的分子传能研究方面取得重大成果。他和同事在国际上首创了研究极短寿命分子激发态的“离子凹陷光谱”方法，并用该方法首次测定了氨分子预解离激发态的寿命为100飞秒；首次观测到混合电子态的分子碰撞传能过程中的量子干涉效应，明确了此量子干涉效应本质上是一种物质波的干涉。

面对科研道路上的每一次“转行”，张存浩都竭尽全力，做到尽善尽美。由于他总是非常急切地想要攻克科研难关、满足国家需要，同事们给他起了一个“张着急”的绰号。曾有人问他：“你回国后，做了这么多的任务性科研，没有关注过自己的科学兴趣，后悔吗？"张存浩坚定地答道："不后悔，我回国，就是为了报效祖国。"

## "人才的作用是无论如何评估都不过分的"

张存浩"以发现和培养人才为己任，激励青年人青胜于蓝，秀出班行"，在引进和支持科技人才方面倾注了大量心血。20世纪90年代初，中国科研队伍人才老化、后继乏人等问题严重。张存浩为此十分忧心，他大声疾呼："人才的作用是无论如何评估都不过分的。"

1991年，张存浩出任国家自然科学基金委员会（以下简称基金委）主任。他认为："科学基金资助青年，就是投资于中国科学的未来。"在他的倡导下，基金委于1992年设立了"优秀中青年人才专项基金"，开创了国内人才计划资助的先河。

1994年初，张存浩两次致信时任国务院总理李鹏，建议由政府出资设立用于支持中青年科技人才的专项基金。这一建议很快得到了党和国家领导层的批复。同年3月，"国家杰出青年科学基金"正式设立，吸引了一批优秀的海归科学家、稳定了一批国内高层次青年科技人才，为建设创新型国家培养了一批科技领军人才。该项基金在培养青年人才、推动科技创新方面发挥了不可替代的作用。

张杰院士是在张存浩的感召和支持下回国的科学家之一。回国前，不到40岁的张杰已经是强激光领域的世界知名学者，英国卢瑟福实验室的高级科学家。为支持张杰回国，求贤若渴的张存浩与几位基金委副主任商议，动用主任基金为张杰凑出了上百万元的科研启动经费。回顾这段经历，张杰充满感激地说："张存浩先生对我们的支持，时时激励着我、温暖着我，使我在回国一年多时间内，与同事们一起用国产元件建成了TW级的飞秒激光装置，并利用这台装置取得了一系列的成果，得到了国际学术界的认可。"像张杰一样，许多中青年科技人才都在张存浩的努力下受到过“超常规”支持。

张存浩坚信：“新世纪一定会大书特书中国科学的丰功伟绩，这些丰功伟绩将属于新一代的中国科学家。”他将获得的何梁何利基金科学与技术进步奖的奖金和在香港等地讲学所得的酬金全部捐赠给大连化物所，用于设立支持优秀青年人才的奖学金。每当别人说起这些时，张存浩总是谦虚地表示：“不要说，不要说，这都是我分内的事情啊。”

### 科学道德和学风建设的践行者和示范者

科学技术的快速发展在提升人类福祉的同时，也引发了环境污染、资源滥用等危害。科学道德与科学对人类社会的影响越发成为全世界普遍关注的话题之一。张存浩是国内较早注意到科学道德和学风建设问题的科学家之一。

张存浩认为，高尚的科学道德是履行科学对社会的责任的外在要求，是保证科学工作质量的内在要求，更是凝聚和激励科技工作者的重要精神力量。老一辈科学家身上展现出的舍身忘我、锲而不舍、追求创新等优良学术品格应当被世代传颂，学风建设与学科建设同等重要。

针对中国学界存在的科研不端行为、学术失范和浮躁学风等问题，张存浩指出：“必须依靠长期细致的、制度化的科学道德建设来逐步达到完善。”在他的努力下，基金委监督委员会于1998年设立。这是中国科研管理部门中第一个专门从事学风管理的机构，这个机构不仅保障了国家自然科学基金事业的健康发展，同时赢得了科技界乃至整个社会的赞誉。此后，张存浩领导和参与了多项科学道德和学风调查研究，分析存在的问题及诱因，并借鉴国际经验，向国务院及有关部门提出了进一步加强科学道德和学风建设的意见和建议，为营造风清气正的科研环境振臂疾呼。

事实上，张存浩自己就是科学道德和优良学风的践行者和示范者。他说："真正优秀的科学家，应该既是充满自信的，又是高度谦逊的。"一方面，他用严肃、严格、严密的科学作风要求学生，提出"研究室里的工作要做世界水平""科研工作必须一丝不苟，你的工作要经得起时间的考验，过多少年回头看，脸也不红才行"；另一方面，他总是不遗余力地予以青年人帮助和关怀。在困难时期，他将国家补贴给他的鸡蛋和牛奶全部拿给营养不良的学生。在身体不适时，他在病床上坚持为学生逐字逐句修改论文。在获得荣誉时，他总是把最大的功劳归于学生、部下、合作者和技术人员。张存浩认为："有人把世界上的科学家分为两种，一种是杰出的科学家，一种是伟大的科学家。杰出的科学家只凭借其国际承认的成果贡献；伟大的科学家首先是杰出的科学家，不仅如此，他还必须有伟大的人格、高尚的科学道德，包括爱祖国，爱人民，亲贤爱才，奖掖后学等，这些都是科技界宝贵的财富。"

急国家之所急，张存浩是一位真正的"追光人"。他研究激光，追寻报国为民的信念之光、求真唯实的科学之光。他奉献自己，燃起了青年科技人才的希望之光，点亮了净化科研生态的精神之光。

（武晨箫）

# 吴自良：完成“链条人”光荣使命

## 人物简介

吴自良（1917年12月25日至2008年5月24日），浙江浦江人。物理冶金学家，中国科学院院士。1939年毕业于国立北洋工学院（天津大学前身）。1948年获美国匹兹堡卡内基理工学院冶金系理学博士学位。1950年底回国。1956年率队用国内富产元素锰、铝等代替短缺的铬，研制苏联40X低合金钢的代用品——锰钼钢取得成功，对建立中国合金钢系统起了开创作用。1963年底，领导并研制完成分离铀同位素的核心部件“甲种分离膜”，于1964年试制成功并投入使用，对打破超级大国核垄断、增强我国国防实力作出突出贡献。他先后获得国家发明奖一等奖、国家科学技术进步奖特等奖、何梁何利基金科学与技术进步奖，1999年被授予“两弹一星”功勋奖章。

吴自良在晚年的回忆录《“链条”人日记》中，自称“链条人”，在他看来，自己就是祖国的一根链条。日记中回忆道：“原子弹爆炸成功，举国欢腾，我终于松了一口气，总算完成了‘链条’人光荣的使命。”1964年10月16日，中国第一颗原子弹爆炸成功，举国欢腾。可是哪有什么横空出世，不过都是一群有着“竖着进去横着出来”决心的国防人在负重前行。吴自良用自己的实际行动践行着一代国防人的使命。

## 自小便将“天助自助者”作为人生格言

1917年，吴自良出生在浦江县前吴村的一个知识分子家庭，父亲是前清秀才。受书香门第良好家风的影响，吴自良自幼爱好读书。他9岁进入浦江县立浦阳小学学习，一日上课在诵读到“天行健，君子以自强不息”这句话时，他瞬间被这股强劲的气势所折服，便将“天助自助者”作为自己的人生格言。1929年，他考入浙江省立第一中学，成绩依旧十分突出。在中学时养成的良好学习习惯为他以后的学习和科研打下了坚实的基础。中学时他便开始思考“中国为什么贫穷落后”“中国为什么总是受到列强欺辱”等问题，科学救国的种子就这样在他心中渐渐埋下。

1935年高中毕业后，吴自良考入国立北洋工学院的矿冶系，恰逢当时航空事业蓬勃发展，在“航空救国”的热潮中，吴自良凭借优异的成绩转入新成立的航空机械系学习。吴自良后来回忆道：“当时校舍比较差，但教师教课非常好，学生学习很用功。”就是在这样的艰苦环境下，他读完了大学。1939年大学毕业后，吴自良经学校推荐，前往垒允飞机制造厂工作，在设计科任设计员。因为当时工厂里的许多工程师是美国人，所以吴自良在学习专业飞机制造知识的同时，还有机会练习英语口语，为日后赴美留学打下了语言基础。1942年，该中央飞机制造厂惨遭日机轰炸，吴自良随工厂撤到昆明，但当时有关方面在组织工厂的重建工作时却告知他：只有加入国民党才可以再续他的航空救国大业。目睹国民党种种恶行的吴自良掷地有声地回复：“宁死也不加入国民党！”

## 国家需要，就是我的“归国日”

1943年，吴自良自知在当时的体制下，航空救不了国。在大姐的资助下赴美国匹兹堡卡内基理工学院转而学习物理冶金，也正是这样的机缘巧合，为中国培养了一位“国防人”。博士期间，他师从X射线晶体学家、物理冶金学家巴瑞特教授和物理学家斯莫落柯夫斯基教授。他努力克服专业基础薄弱的困难，一心向学，悉心钻研物理冶金方面的专业知识。1945年，美国成功爆炸了世界上第一颗原子弹，此时还在求学中的吴自良就已经坚定了以所学知识报效祖国的决心。

1948年，吴自良以优异成绩通过了题为《片状铝单晶中滑移机制和内耗的关系》的博士论文答辩，顺利取得了理学博士学位。博士毕业后，吴自良选择继续留在卡内基理工学院金属研究所从事博士后研究工作。1949年，他应聘到美国锡拉丘兹大学材料系任副研究员，参与主持美国国防部资助的重要科研项目“软钢中阻尼和疲劳”的研究工作，发展前景一片大好。1949年10月，新中国成立的消息传到美国后，吴自良激动不已，他从未忘记报效祖国，也从未忘记自己心中自强不息、科学救国的梦想。没过多久，吴自良就接到国内老师的来信，希望他可以回国工作。1950年底，学有所成的吴自良带着满腔热忱，冲破美国当局的重重阻挠，毅然放弃美国优厚的物质条件和发展前途，以华侨身份辗转日本、香港后终于回到魂牵梦绕的祖国怀抱。在踏上祖国领土的那一刻，吴自良难掩心中喜悦。

回国后，吴自良马不停蹄地投入到新中国建设中。在当时百废俱兴的情况下，经济建设和国防建设亟须解决材料学方面的基础性问题，在国家需要面前，吴自良秉持“国家的需要就是我的研究方向”原则，毅然舍弃自己在物理冶金方面已取得的成就，先后领导完成朝鲜前线急需的“特种电阻丝”试制任务；苏联低合金钢40X代用钢研制任务，为我国合金钢系统建设开了先河。

## 如果奇迹有颜色，那一定是“中国红”

1956年4月，我国正式启动原子弹研发工作。众所周知铀-235是最重要的核燃料，但在天然铀中，铀-235只占0.7%，其他都是铀-238。所以要研制原子弹首要任务就是分离铀-238，从而得到浓缩的铀-235。“甲种分离膜”技术成为提炼浓缩铀的关键，而这种称为“社会主义阵营安全的心脏”的技术在当时仅有美国、英国和苏联掌握。1960年，中苏关系恶化，苏联撤走专家，随之分离膜关键器材也停止了供应。周恩来总理及时作出指示：要不惜一切代价，在五六年内攻克这一“心脏”。1960年8月，经过反复评估，最终将“甲种分离膜的制造技术”的研发任务交给上海冶金研究所。为此，包括上海冶金研究所、沈阳金属所、复旦大学和中科院北京原子能研究所在内的4家单位60多名专家在上海冶金研究所组成了第10研究室，集中联合攻关。时任上海冶金研究所副所长的吴自良担任此项任务的技术总负责人，在当时，很多成员都在30岁左右，挑大梁的吴自良也不过40岁出头，是一个相当年轻的团队。吴自良接到任务后，放下筹备许久的项目，全身心投入到“甲种分离膜”的研发工作中。他先后组织上海市包括冶金、纺织、化工等领域在内的多家单位参与协同，带领大家一起解决制粉、调浆、烧结、机械加工、焊接、后处理等一系列工艺问题，在3年多的时间里，他带领第10研究室攻坚克难，逐一解决分离膜元件研制中的技术难关。1963年底，上海冶金研究所终于试制出符合要求的分离膜元件，元件性能甚至超越苏联。功夫不负有心人，“心脏”终被攻破，吴自良和他带领的第10研究室成功了！1964年10月16日，在那横空出世的“礼炮”声中，饱含了所有“国防人”对祖国的赤子深情。

由于原件出色的性能，“分离膜”于1965年开始批量生产，经过多年的实际投产，分离膜的使用效果远远超出预期，这项成果在1984年被授予国家发明奖一等奖，在1985年又被授予国家科技进步奖特等奖。1980年，吴自良当选为中国科学院学部委员（院士）。1999年，吴自良还获得中共中央、国务院、中央军委授予的“两弹一星”功勋奖章。

1988年后，氧化物超导材料的发现在全世界掀起了“高温超导热”。在科研这条漫长道路上，吴自良未曾懈怠，不顾年逾古稀，依旧努力奔跑，以赤子之心转向这个全新的研究领域。吴自良曾说：党和人民给予我这么高的荣誉，我一定要发扬当年研制“两弹一星”的精神，继续攀登世界科技高峰，为祖国的现代化建设作出更大的贡献。由他指导的中青年科研人员和博士研究生开展的“薄膜材料制备工艺及氧在高温超导氧化物中扩散行为的研究”被国内外同行广泛认可。

2008年5月24日19时45分，91岁的吴自良离开了人世。回顾他的一生，他与材料打了一辈子交道，直至生命的最后一刻也未曾停下脚步。他不仅为我国第一颗原子弹成功安装了“心脏”，完成好“链条人”使命，还为我国科研事业注入一生心血，完成好“园丁人”使命。他的谦虚严谨、淡泊名利、无私奉献精神也深深影响着青年学子。

（李金雨）

# 庄逢甘：书写航空航天的“空动”传奇

## 人物简介

庄逢甘（1925年2月11日至2010年11月8日），江苏常州人，空气动力学家，中国科学院院士，国际宇航科学院院士。1950年获得加州理工学院博士学位后归国，先后在上海交通大学、中国科学院数学研究所、哈尔滨军事工程学院等单位担任教学与科研工作。1956年调赴北京参加筹建国防部第五研究院，曾任北京空气动力研究所所长，中国空气动力研究与发展中心副主任，航天工业部总工程师，中国航天科技集团公司科技委主任，中国力学学会理事长，中国空气动力学会理事长。先后荣获国家科学技术进步奖特等奖、何梁何利基金科学与技术进步奖。

空气动力学被誉为发展航空航天飞行器的“先行军”，具有举足轻重的作用。新中国航空航天事业经过半个多世纪的发展历程，创造了弹道导弹、人造卫星、载人航天、月球探测、火星探测等里程碑式的成就。这些辉煌成就的背后都离不开空气动力学的支持，正如庄逢甘院士所说：“有空气的地方就有空气动力学。”庄逢甘是我国航空航天事业的奠基人与开拓者之一，在大型风洞设计与建造、冲压发动机试车台的设计与建设、运载工具的气动研究试验、非定常旋涡主导的空气动力学、计算流体学研究等方面都作出了重要贡献。

## 只有发展工业、航空业才有可能救国

庄逢甘出生于“龙兴之地”江苏常州，庄氏家族是当地望族，在400多年历史中先后涌现出百余名举人和进士。在“读圣贤书，做豪杰事”等优良家风家训的传承影响下，他自幼便被激发起强烈的求知欲，经常积极主动地学习探索。

抗日战争全面爆发后，常州危在旦夕，庄逢甘被迫辍学，直到1938年父亲将他送至上海后才得以继续完成学业。品学兼优的庄逢甘在学习之余，对名人传记产生了浓厚的兴趣，书中民族英雄的事迹让他深受震撼，加上当时侵略者的暴虐，彻底让民族大义和家国情怀深深植根于他的灵魂中。

高中毕业后，庄逢甘来到上海圣约翰大学医科专业就读，但是仅仅半年后，他便认识到医生只能救个体于病痛之中，却无法救万民于水火之中，只有发展工业、航空业才有可能救国。为此他决心远赴大西南，去当时已经迁至重庆的国立交通大学。1942年底，庄逢甘开始了他的求学“征程”，他经江苏、河南、陕西，翻秦岭、越蜀道，一路饱经风霜，沿途中所见的凄惨景象，更加激起了他立志复兴中华的想法。

## “梁园虽好，非久居之乡”

1946年，庄逢甘从国立交通大学航空工程系毕业，并于次年考取了留学名额，远赴重洋来到美国加州理工学院留学。庄逢甘将学习作为一种乐趣，如饥似渴地汲取着各种知识。入学考试时，他的工程数学拿到两个100分，此后的成绩也一直保持在A+，因此还被同学称为“A plus boy”。其间，他还受到过时任学校古根海姆喷气推进中心主任钱学森的指导，二人时常在一起探讨中国航空事业的发展方向。

留学期间的庄逢甘时刻关注着祖国的动态，当新中国成立的喜讯传到大洋彼岸后，彻底唤醒了他的归国心，心潮澎湃之余，他立刻着手为归国做准备。1950年6月，庄逢甘以优异的成绩获得加州理工学院航空和数学博士学位，并被聘为研究学者，留校继续从事研究工作。他深知“梁园虽好，非久居之乡”。在这里，他虽然可以享受到优渥的科研和生活条件，但无法为国分忧，更无法完成自己最初的“航空救国”梦想。因此，仅两个月后，他就毅然辞去职位，带着多年来省吃俭用购买的各种书籍，怀着报效祖国的热忱搭乘“威尔逊总统号”，与邓稼先、叶笃正、沈善炯、罗时钧等128名留学生一同回到了祖国。

## 中国空气动力试验基地的创建者

航空工业历来有着“一代风洞，一代飞行器”的说法。在空气动力学研究试验的三大手段中，风洞始终占据着主导地位，通过风洞试验在地面模拟飞行器的真实运行状态，避免花费惊人且具有很大危险性的实弹试验。庄逢甘深知风洞的建设决定了航空航天器研制方面的上限，关乎着中国航天空气动力学事业长远发展的大计，因此一直十分重视相关工作。早在哈尔滨军事工程学院期间，他就曾参与筹建过教学用风洞的建设、施工及安装调试，并亲自设计了超声速喷管。

1957年，年仅32岁的庄逢甘主持起草了我国第一个航天空气动力学试验基地的设备建设规划，并作为工程负责人签订了中苏空气动力研究所建设工程协议，开始领导代号为“8101”工程的建设。在当时极其简陋的条件下，庄逢甘率领团队来到北京西南郊外的云岗地区，开启了艰苦卓绝的创业历程。工程实施后不久，便遭遇到巨大危机——苏联单方面撕毁援助协议，并撤走全部来华专家，原本要提供的图纸和技术资料也都无法获取了。肩负着铸造“国之重器”重任的庄逢甘及时给团队作出明确指示：“我们自己设计的低速风洞一定要满足战略、战术导弹及其他航天型号气动试验的要求……外援中断了，我们要自力更生，依靠自己的力量尽早建成。”这一席话犹如一剂强心针，激发起大家的信心和动力。为了保证风洞及各种配套设备按期研制成功，庄逢甘充分利用自己扎实的理论知识严把技术关，积极协调各方力量，调动团队积极性，并适时作出关键性决策。经过数年艰苦卓绝的努力，9座覆盖低速到高超音速风洞试验设施设备相继建成，各项指标均达到预期设计要求。

北京基地初具规模后，庄逢甘又与钱学森、郭永怀等组织领导了我国第二个空气动力研究试验基地的规划和建设工作。他不顾旅途劳顿，频繁往返于北京和绵阳之间，从踏勘选址到先期方案论证，再到解决实际建设过程中出现的各类技术难题，均倾注了大量的心血和聪明才智，做了一系列艰苦细致的工作。鉴于已经有了北京基地建设的经验，为了使相关领域能尽早得到空气动力技术的有力支持，庄逢甘从中国空气动力学事业战略发展的大局出发，高瞻远瞩地对绵阳基地提出了更高的要求——必须同时启动试验技术和测试技术工作，同时研制配套设备自动化系统与计算机控制系统，低速、高速及特种风洞兼顾进行建设。庄逢甘还从701所抽调了300多名技术骨干远赴绵阳，为该基地注入了新鲜的血液，加快了建设进度和科研实力。

在庄逢甘的运筹帷幄下，北京和绵阳两个风洞试验基地相继建成，使我国拥有了基本完备的空气动力研究试验手段，奠定了我国航空航天空气动力学发展的基础，并在之后多种型号航空、航天及导弹武器的气动试验和研究设计中发挥了重要的作用，使相关领域研制走上了一条高速通道。

## 将系统工程思想应用于实际攻关工程

20世纪60年代，中国成功地进行了原子弹与氢弹爆炸，外界惊呼：“东方巨龙终于打进了世界核俱乐部！”但实际上，当时我国尚未真正具备核打击能力，因为核武器运载工具——洲际弹道导弹还没有研制成功。1970年前后，我国多次弹道导弹飞行试验因弹头再入时被烧穿导致失败，气动防热技术已经成为制约我国洲际弹道导弹发展的“拦路虎”。在这一严峻背景下，庄逢甘作为前线指挥长，参加了为解决中国第一代战略远程导弹弹头再入气动、防热、再入物理等多项技术难题而进行的大会战，并在这次被钱学森称为“淮海战役”的科研攻关中，再次发挥了统筹和指挥大兵团作战的帅才能力，并将系统工程思想应用于实际攻关工程中。

针对弹头气动防热问题，庄逢甘将其细分为10个子项，然后迅速构建起一个多部门、多学科、多领域协同攻关的研究体系。他亲力亲为参与到研究工作的全部阶段，经常深入课题组研究讨论试验数据，分析算法，极大地促进了研究的进展。为了保证工程设计的可靠性，庄逢甘开创性地采用工程计算、数值计算和半数值计算相结合的办法进行理论计算，同时结合地面试验来提升数据的可靠性。其间，他还参与了防热材料的设计，并成功研制出符合设计要求的碳/石英端头防热复合材料。

在完成弹头防热性能研究后，庄逢甘面对的是另一个同样棘手的问题，弹头空气动力学外形优化设计及烧灼后造成的气动特性变化。他在“自力更生，艰苦奋斗”精神的指引下，集结了多个部门的研究力量，在理论结合试验的模式基础上，针对多种弹头外形开展了系统性的风洞试验，通过不断地计算、对比、分析大量试验数据，较为清晰地认识了弹头再入大气层过程中的外形烧灼对气动稳定性的影响，有效地提高了弹头设计水平，顺利地攻克了“不烧穿”和“飞得稳”两个难关。

1978年10月5日，“东风五号”第一枚遥测弹成功完成低弹道飞行试验。1980年5月18日，全程飞行试验开始，“东风五号”经受住了高温烧灼和稳定性的考验，精准地落在9000千米外的预定海域，误差仅300多米。这标志着我国成为世界上第三个拥有远程洲际弹道导弹的国家，成功打破了超级大国对洲际战略核武器的长期垄断。

## 撑起中国航空航天空气动力事业的一片天

这次不寻常的“大会战”让庄逢甘的学术水平进一步得到了提高，成为我国烧蚀防热气动理论、烧蚀实验和测试技术的开拓者，并据此形成了具有特色的中国气动研究和发展模式。此后他继续活跃在这一领域，不断为中国航空航天事业呕心沥血、发光发热。

1989年，庄逢甘紧跟国际前沿，组织10余所高校院所成立“旋涡、激波和非平衡起主导作用的复杂流动”研究项目组，这是国际上十分重视且极具应用潜力的一个新方向。这一重大项目经历多年研究，取得了一批具有很大应用价值和广阔发展前途的研究成果。1992年，庄逢甘受邀出席第18届国际航空科学大会（ICAS），他以该课题研究的初期成果为基础作了“涡流控制技术”专题报告，引起巨大的反响，获得国际同行的一致认可和高度评价，为提高我国空气动力学领域在国际学术界的话语权和影响力起到了重要作用。

作为中国发展载人航天技术最早的倡导者之一，庄逢甘早在20世纪80年代中期就积极投入到中国空间计划发展蓝图的规划和制定中，他多次主持和参加立项及论证会议，并在论证期间就以极具前瞻性的思维领导开展了载人飞船气动力、热环境及热防护等研究，并成功研制出相关的计算软件，为之后载人航天工程的气动研究奠定了扎实的基础。1993年，庄逢甘基于之前的研究成果，归纳出载人航天所涉及的10大气动关键技术难点，并指出其解决途径和方法，提出“要从系统的层面，从多学科、多目标的角度开展气动设计”。他再一次集结全国气动设计和研究人员，利用国内主要气动试验设备，以一丝不苟的科学精神进行深入的研究，从空气动力学方面为我国成为世界上第三个掌握载人航天技术的国家提供了可靠的技术支撑，作出了不可磨灭的贡献。

庄逢甘一生治学严谨，学术思想活跃，经常强调“空气动力学研究没有创新，也就不会有发展”。步入古稀之年后，他依然密切注视日新月异的世界航空航天技术，不放松对科学前沿的跟踪和探索，积极为学科的发展谋篇布局。2010年11月8日，这位享誉世界的空气动力学专家与世长辞。他始终以国家需要为前行方向，将毕生心血全部倾注于我国航空航天事业，殚精竭虑，奉献终身，奠定了我国航空航天空气动力学发展的基础并作出多方面的开拓性贡献，对各种飞行器的研究设计起到了重要的支撑作用，书写了一名爱国科学家的“空动”传奇。他一生践行并始终倡导的“求真务实，自主创新”，至今仍深深镌刻在中国航天空气动力技术研究院大门内的巨石上，熠熠生辉！

（肖博仁）

# 涂光炽：在美国入党的地学大师

## 人物简介

涂光炽（1920年2月14日至2007年7月31日），中国科学院院士、第三世界科学院院士和俄罗斯自然科学院院士，地质学家、矿床学家、地球化学家，我国地球化学研究的奠基者之一。1920年出生于北京，1931年就读于天津南开中学，立志改变国家受欺凌受压迫的状况，积极投入抗日救国洪流。1944年毕业于西南联合大学地质系，获学士学位。1946年留学美国明尼苏达大学获博士学位。新中国成立后，他于1950年乘坐“威尔逊总统号”邮轮回国，开启“科学报国”的理想。他从事地球科学研究近70年，为地球科学的发展作出了卓越贡献。曾获得国家自然科学奖一等奖、二等奖，贵州省最高科学技术奖等20余项重大奖项及10余项荣誉称号。他兼教于北京大学等多所院校，培养了大批一流专业人才。

涂光炽是国际著名地质学家、矿床学家、地球化学家，将自己的一生献给了地球科学事业并取得了卓越成就，为中国国民经济建设和地球科学事业的发展作出了重大贡献。作为一名忠诚的爱国者、卓越

的科学家和杰出的科技领导者，涂光炽用毕生的经历诠释了科学工作者该如何肩扛“国家责”，做好“国家事”。作为一名中共党员，从满腔赤诚奔赴延安的热血青年到秉持革命信念留美留苏的优秀学子，从毅然决然报效祖国的红色科学家到倾注毕生心血于我国矿产事业的地学大师，涂光炽用实际行动印证了坚守信念、追求真理、爱国报国的科学家精神。

## 青年革命者

涂光炽的人生经历颇为传奇。在青年时期，他就奔赴延安参加革命工作，是在中国共产党培养下成长起来的“红色科学家”。

涂光炽1920年出生于北京，籍贯湖北黄陂。他是书香世家里走出的革命者，祖父是清末翰林，却拒绝高官厚禄，在基层为民做主；父亲是国民政府外交官，却拒绝迁往台湾，在驻缅甸使馆高挂起五星红旗。涂光炽虽生活于殷实之家，但战争的磨难在他心中种下了爱国的种子。他与许多热血青年一样，立志改变国家受欺凌受压迫的状况。

1931年九一八事变爆发，涂光炽进入天津南开中学学习。他将自己的求学抱负与祖国的命运紧密相连。面对日本侵略者的铁蹄，强烈的爱国热情和民族自尊心，激励着他投入抗日救国的洪流中。1937年，抗日战争全面爆发，涂光炽一心向往光明，与一批热血青年冲破层层阻力来到延安。在革命圣地，他接受了系统的马克思主义教育，奠定了他在长期科学研究中的辩证思想。

在党的培养下，涂光炽于1938年1月开始参加革命工作。他先后来到西安郊区和临潼从事抗日救亡活动，后又被派往陕西蒲城为抗日救亡奔走呼号。他将自己的一腔热血献给民族独立解放事业，成了隐秘战线上的战士。但由于叛徒的出卖，党组织决定让涂光炽等人以学生身份回到大学学习。涂光炽回到西南联合大学地质系读书，边学习边积极参加学生运动。涂光炽认为，近百年来，我国遭受列强的侵略就在于没有自己的工业，而发展工业需要矿产资源作为支撑。所以，1941—1944年，涂光炽在西南联合大学地质系求学期间，学习十分刻苦，最终以优异的成绩取得了学士学位。

在众多的学科中，涂光炽为什么选择地学作为救国的武器和挚爱的事业呢？在上小学时，涂光炽就非常喜欢地理和历史课，喜欢收集带有地图和名胜古迹的邮票。他还喜欢听大人们讲“徐霞客游记”和“郑和七下西洋”的故事，对世界产生无限遐想。中学时的学长李璞带动涂光炽对地质学产生了浓厚的兴趣。抗战初期，李璞经常带领涂光炽进行野外地质观察，并向他讲解地质地貌知识，让他学会了采集矿物岩石标本等。在考察实践中，涂光炽坚定了学习地质、从事地质工作的想法。直到70年后，他的回答仍然是“从不感到后悔，而且乐趣无穷”。

## 赤诚爱国者

在抗战胜利后，经党组织同意，涂光炽于1946年1月赴美国明尼苏达大学研究生部攻读地质学专业。他学业优秀，获得了博士学位。但他内心深处始终念念不忘自己的祖国，并在党组织指示下积极参与留美学生回国的组织工作。

在留学期间，涂光炽始终和党组织保持紧密联系，积极为党工作。他的身影活跃在“明社”“时事座谈会”等组织中，在远隔重洋的学子中宣传党的政策和理论。1949年，他还和侯祥麟、朱光亚等在芝加哥成立了留美中国学生科学协会，为中国留学生返回祖国做了很多服务工作。1949年8月，涂光炽人生中最激动人心的时刻到来了。他怀着无比激动的心情在纽约加入了中国共产党，成为1945—1950年党组织在美国发展的唯一一位中共党员。涂光炽激动地表示，加入共产党是自已多年以来的夙愿和初衷，这一刻终于实现了，感到无比幸福。

1949年10月，新中国成立的消息传到了美国。涂光炽和许多留学生一起欢呼雀跃，希望尽快回国工作。涂光炽等会同51名留美同学联名发出了《致全美中国留学生的一封公开信》，写道："同学们：是我们回国参加祖国建设工作的时候了。祖国的建设急迫地需要我们！"1950年8月28日，涂光炽和弟弟涂光楠偕同百余名中国学人乘坐"威尔逊总统号"邮轮从旧金山启航归国。

然而，回国的路途并非一帆风顺，他们受到了美国政府的种种阻挠。面对重重危机，涂光炽充分发挥党员模范作用，积极应对、顽强抗争。当"威尔逊总统号"停经洛杉矶时，钱学森的行李被扣。涂光炽和唐孝宣、朱光亚等人，迅速组织成立"威尔逊号回国中国留学生联谊会"，并担任联谊会主席，以应付不测。后来，赵忠尧一行又在日本被扣押。作为邮船上中国留学生的组织者，涂光炽抵达香港时接受了香港《大公报》记者的采访，介绍了留学生沿途遭受美国特工迫害的真相，义正词严地谴责了美国当局践踏人权的卑劣行径。抵达广州后，他又领衔起草了通电，报告3位同胞在日本横滨港遭美国陆军部无理拘留的经过，以正视听。电文还指出："我全体同学对这次美国陆军部借武力非法扣押我国学者和归国同学的行动，极为愤怒。我们除将上述情况报告我中央人民政府外，并向美国国务院提出严正抗议……"

"威尔逊总统号"邮轮的这次充满波折的旅程，给中国带回了一批科学、教育和文化的未来之星，加速了中国的科技发展进程。从这100多位学有所长的中青年科学家身上，我们看到了深深的爱国主义精神和血浓于水的民族亲情，这成为新中国科技发展史上一段感人的佳话。当涂光炽一行听到"祖国欢迎你"的歌曲时，激动得热泪盈眶。涂光炽代表全船留学青年，向欢迎他们的祖国亲人发出誓言：一定要用满腔的热血和智慧，把新中国建设得繁荣、富强！

## 地学界大师

回国后，涂光炽将全部精力奉献给我国科学教育事业。几十年来，他的足迹遍布除南极洲外的世界其他六大洲；他的考察遍布国内外的600多个矿床，而且每到矿山，必下几百米深的坑道。他在矿床学、岩石学、地球化学等方面都取得了卓越的成就，先后撰写130多篇学术论文、主编18部学术著作，被称为“地学泰斗”“一代宗师”。

面对辉煌的成就，涂光炽始终坚守搞好科研就是最大的爱国信念，时刻以国家需要为己任。1956年，涂光炽被安排带队到西北祁连山区域进行科学考察。面对艰险的道路、恶劣的气候，涂光炽与同事们克服种种困难，用了4年时间完成了10余条路线和区域的地质综合考察，撰写了4卷集的《祁连山地质志》，提出了祁连山构造岩相带划分意见和找矿方向，获得了中国科学院重大科学技术成果奖。这些珍贵资料至今仍发挥着重要作用。

此后，他亲力亲为组织了大批科学考察，即便数度遇险，也不改对地质事业的热爱。20世纪60年代，在国家急需铀矿以支持发展核工业的形势下，涂光炽带领大批地质工作者，多次深入秦岭、西北地区及南方各省进行野外铀矿地质调查，提出将矿床成因分类的三分法改为四分法，研究成果获得了全国科学大会奖。70年代，涂光炽进一步明确提出层控矿床的概念、形成机制和地球化学特征。80年代，他主编出版了大型专著《中国层控矿床地球化学》。90年代以后，他从事超大型矿床及低温地球化学研究，提出中国超大型矿床时空分布特点和分散元素地球化学若干规律、西南大面积低温热液成矿域等见解。

野外地质考察的辛苦和山区吃、住、行条件的简陋一般人都难以承受，但为了取得第一手观察资料，涂光炽不放过每一次考察的机会。他尽管动过胃切除和心脏换瓣膜两次大手术，但每年仍坚持野外工作。

2001年，81岁高龄的涂光炽提出考察云南的3个矿床。2004年，他又到四川攀枝花铁矿和拉拉铜矿考察。时任中国科学院地球化学研究所研究员裘愉卓回忆："每天早上7点多，涂先生在路边吃点油条豆浆就出发。有一天，跟着汽车跑了70多千米的山路，他都没有说停下来休息一会儿。在野外时，涂先生带领着大家考察、记录，采集岩石标本。到了晚上，学生们整理标本，他就反复看记录本，将白天看到的东西都记在脑子里，随后任何时候加以表述，条理性都非常好。"

## 严谨教育家

涂光炽既是学者又是教育家，积极为党育人、为国育才，用知识的阳光雨露和人格魅力培育了大批科技人才。有近200名博士生和硕士生从涂光炽的实验室走向了国内外百余个研究部门和高等院校，并成为这些单位的科研、教学骨干。

自1955年起，涂光炽除了在中国科学院长期培养研究生，还先后兼任清华大学、北京大学、南京大学、浙江大学等高校的教授。在教育实践中，他谆谆教导学生要善思考，有创见，不做书呆子；工作上精益求精，学术上一丝不苟。1993年7月22日，涂光炽在实验室里写下一段教育箴言："设想要海阔天空，观察要全面细致。实验要准确可靠，分析要客观周到。立论要有根有据，推论要适可而止。结论要留有余地，文字要言简意赅。"文末，涂光炽还写道："我是中国科学院矿床地球化学开放研究实验室成员之一，谨书此以自勉，并与全室同志共勉。"他自己也是身体力行，对待学术论文始终做到严格、严谨、严密。

在研究生培养中，他一再强调："要学会独立工作""研究生不同于大学生，要学会自学""要学会查文献，熟悉自己研究领域的进展"。每隔一段时间，涂光炽都要主持全室的学术会议，要每个人作调研报告，既活跃了学术氛围，又使大家相互学习、启发思路，还使每个人学会组织材料、综合分析、准确表达。涂光炽以其孜孜不倦、勤于实践、严谨认真、开拓创新、勇攀高峰的治学精神和工作态度，影响着一代又一代学生。他的学生欧阳自远院士称赞涂光炽道："具有赤诚的爱国热忱、求实的研究作风、持续的创新精神、一贯的严谨学风，终生追求真理。"

涂光炽院士将自己的一生奉献于科学教育事业，奉献给我国的经济建设。他的一生是无私奉献的一生，也是光辉的一生。他的学术思想和精神品德永远激励着我们在科研和人生的道路上不断开拓、创新、奋进，他不愧是"地学大师，学界楷模"。

（杨艳梅）

# 叶笃正：让“天有不测风云”成为过去的大气科学家

## 人物简介

叶笃正（1916年2月21日至2013年10月16日），安徽安庆人，生于天津，著名气象学家、中国现代气象学主要奠基人之一、中国大气物理学创始人，1940年获清华大学理学学士学位，1948年获美国芝加哥大学哲学博士学位。1950年10月回国，历任中国科学院地球物理研究所研究员、室主任，大气物理研究所研究员、所长，中国科学院副院长等。1979—1987年任中国气象学会理事长。先后被选为中国科学院学部委员（院士）（1980年）、芬兰科学院外籍院士（1981年）、英国皇家气象学会荣誉会员（1982年）、美国气象学会荣誉会员（1990年）。1987年获得国家自然科学奖一等奖，1988年获得国家自然科学奖一等奖和二等奖，1995年获得第一届何梁何利基金科学与技术成就奖和陈嘉庚地球科学奖，2005年获得国家最高科学技术奖，2006年度被评为“感动中国十大人物”。他把获得的奖金都捐献给了国家，设立了“学笃风正”奖、“全球变化科学奖”等，以奖励研究成绩突出的科技工作者。

作为我国现代气象学和全球变化学科的主要奠基人之一，叶笃正将毕生精力都投入到大气科学事业上，在大气动力学、青藏高原气象学、东亚大气环流、全球变化科学、大气运动适应理论等领域作出开拓性贡献，被学术界公认为在国际大气科学界屈指可数的几位学术巨匠之一。他立足国际前沿，把满腔热忱和聪明才智毫无保留地贡献给国家和人民，推动中国的大气科学与世界接轨并占有一席之地。他悉心培养的几代气象工作者，也成为各个时期中国气象科研和业务发展的骨干力量。

## 学气象，以圆“科学救国”梦

从宇宙空间回眸，漆黑的天幕中，我们的行星发出宁静温柔的蓝色辉光。笼罩地球的薄纱般的光带，就是大气。最紧贴地面的一层稠密大气被称为“对流层”，与人类活动息息相关的天气现象几乎都在这里产生。1916年，中国有了第一份现代气象记录。这一年，叶笃正在天津出生。他出生于天津世家，从小接受传统文化教育。1930年，叶笃正进入南开中学学习，“这里教会了我做人的道理，培育了我爱国思想，培养了我对自然科学的兴趣。可以说这是我一生中第一个良好的起步”。在南开中学的那段日子里，他逐渐知道了民生的多艰、国家的多难，少年的心从此再也无法平静。多年后，叶笃正回忆起那个时期，还是难掩愤慨，他感到那个年代的中国人实在是被人欺负得太厉害了。他觉得许多双脚踩着他，让他透不过气来。

1935年，叶笃正以全班榜首的成绩考入清华大学。当年冬天，一二·九运动爆发，叶笃正随即投身其中。为了宣传抗日，叶笃正加入了中国共产党外围组织——中华民族解放先锋队。七七事变爆发后，他参加学生救亡团，跟随部队辗转陕西、山西。中国共产党领导下的延安军民朝气蓬勃的精神面貌，令他耳目为之一新。1938年，得知学校迁至昆明，与北京大学、南开大学联合成立西南联大，叶笃正重返校园继续学业。正是在这个时期他作出了学术生涯中的重大选择，听从学长钱三强的建议，放弃自己喜爱的物理学改学更为实用的气象学，走上科学救国的道路。从西南联大毕业后，叶笃正考入了浙江大学史地系，专攻大气科学。他的老师是著名气象学家涂长望，后由物理学家王淦昌指导其硕士论文，毕业后经时任浙江大学校长竺可桢推荐进入中央研究院气象研究所工作。

1945年，叶笃正赴美留学，师从世界著名气象和海洋学家罗斯贝。攻博期间，叶笃正加入最前沿学科的研究团队，发表重要论文10余篇，凭借自身的勤奋和聪明成为以罗斯贝为代表的“芝加哥气象学派”的主要成员之一。1948年，叶笃正获得了芝加哥大学的博士学位，他在博士论文中提出的“长波能量频散理论”使他在国际气象学界崭露头角，后被誉为动力气象学的三大经典理论之一。

## 中国人得回去为中国做事

“早年留学美国，学成后最担心的就是报国无门，是新中国的成立召唤我回到祖国，使我有了为国家和人民服务的舞台。”在“祖国需要我”的信念支持下，年轻有为的叶笃正拒绝了美国气象局的高薪挽留，放弃了在美国蒸蒸日上的个人事业，坚定地踏上了回国的旅程。

同那个年代的许多归国科学家一样，叶笃正的回国之路也很不容易。当时正值新中国成立之初，抗美援朝战争爆发之前，中美关系十分紧张，叶笃正的多次回国申请都遭拒绝。叶笃正经香港回国的打算，也在英国驻美领事馆处受挫。万般无奈之下，叶笃正只好去寻求恩师罗斯贝的帮助。罗斯贝是美籍瑞典人，他在美国气象学界取得了巨大的成就，但他也选择在1947年回到他的祖国瑞典工作。他对叶笃正的爱国思想和回国决心感同身受，决定帮助其实施经瑞典辗转回国的计划。恰好在办理瑞典签证期间，叶笃正打听到有一条船要在香港靠岸，允许中国学者乘坐。于是他立即与老师作别，收拾行李准备回国。1950年8月27日，这是叶笃正终生难忘的一个日子，“我登上‘威尔逊总统号’轮船，横渡太平洋，回到了祖国。在罗湖我受到祖国亲人的热烈欢迎，大家又唱歌，又跳舞，感动得我直流泪。我说，Finally，I'm here，I'm home（终于，我回来了，我到家了）”。

改革开放之后，叶笃正重返美国故地访问，这一次，他率领中国气象学会代表团而来。芝加哥大学的卡普兰教授跟叶笃正曾经是很要好的同学，他在两人的闲谈中又提出了那个30年前就让他困惑不解的问题——为什么执意要回国？是否后悔回国？叶笃正回答道：“不，一点也不后悔，我为祖国做了不少事，即使受些苦，我也不后悔。”叶笃正认为，如果留在美国，的确生活上会好得多，也会多写几篇水平高的论文，但生活水平不是人生唯一的追求，有比它更重要的东西。如培养众多学生，如建立中国大气物理所，对国家甚至全球气象发展都是重要贡献。这些发展机会是美国无法提供的。在叶笃正看来，每个人都是人生舞台上的演员，即使再有天赋的演员离开舞台也会变得黯然失色。中国这个大舞台给了他极大的表演空间，再加上众多优秀同行的配合和帮助，这让他更加确信自己的回国选择无比正确。“把我所知道的贡献到我应该贡献的地方”，这个人生目标，叶笃正坚持了一辈子。

## 让“天有不测风云”成为过去式

回国后，叶笃正被任命为中国科学院地球物理研究所北京工作站主任。说是工作站，其实条件十分艰苦，连天气预报必备的高空图都得靠自己徒手绘制。但这丝毫阻挡不了叶笃正建设新中国气象事业的满腔热情。当绘制完巨幅高空图的最后一笔后，叶笃正亲手把图纸挂到了墙上，激动地对大家说：“中国的天气预报要在物理、数学的基础上建立起来，今后，‘天有不测风云’的时代该在我国结束了！”

1950年，叶笃正提出了两个为中国气象预报服务的研究课题：一个是“影响中国的是什么天气系统”，另一个是“控制中国天气的环流是怎样发生发展的”。在研究中，他发现了青藏高原的动力作用和热力作用。过去，人们只把青藏高原当作一个动力学因素，只考虑它的隆起对大气环流的影响，叶笃正开创性地提出，青藏高原在夏季是一个热源，在冬季是一个冷源，其影响几乎波及半个地球。由于他的研究工作，国际上才接受了大地形热力作用的概念，叶笃正为享誉世界的青藏高原气象学的建立奠定了科学基础。叶笃正的名字也随之远扬四方，他成为在国际上有影响的科学家。

在叶笃正众多的研究成果中，离人们生活最近的要数数值天气预报。1950年，世界上第一篇数值天气预报发表，这引起了叶笃正等科学家的重视。1958年，我国第一台计算机问世，他们立即开始了数值天气预报试验。1975年，在我国数值天气预报还处于低谷时，叶笃正就发表相关论文，全面介绍了国内外数值天气预报模式的发展，并给予了前瞻性意见。1978年后，叶笃正建议借鉴国外先进方法，在应用中消化改造以发展中国的特色模式。在这一正确技术路线的指导下，我国数值天气预报系统只用了两三年时间就把短期预报系统建立了起来，此后又用了10年时间建立了中期预报系统。

叶笃正虽然从事的是基础科学理论研究，但他也时刻关注人类社会的发展。1984年，几位美国气象学家带着开展气候变化研究的想法，专程来到中国寻求叶笃正的支持。叶笃正立刻意识到这是一个很重要的科学问题。年近古稀的他顶住压力，把全部精力投入到“全球气候变化”这个新领域中，成为这个领域在中国的开山鼻祖。2003年，叶笃正首次提出了“有序人类活动”的概念。2004年，叶笃正成为中国荣获有“气象诺贝尔奖”之称的国际气象组织奖第一人。世界气象组织秘书长米歇尔·法罗用“广受尊敬、世界闻名”来赞誉他的杰出成就。叶笃正在“全球气候变化”研究方面的贡献，使中国科学家在国际上有了更多的话语权。

多年来，叶笃正不断地攀上国际气象科学的一座又一座新高峰，带领我国科学家在大气环流方面作出许多国际领先的研究：他和李麦村在1957年提出的大气运动适应理论，到10年后才被西方科学家认识；他和陶诗言揭示的东亚大气环流突变现象，同样是10年后才在全球其他地区被发现；他最早注意到阻塞高压与东亚天气的关系，是第一位对阻塞高压形成作出满意解释的气象学家，而国外在15年后才注意到阻塞高压与北美异常天气的联系；还有前面提到的青藏高原气象学的创立……学术界对叶笃正的评价是，他使中国的气象研究变成了一个系统工程。他为中国气象界培养了几代科研工作者，仅大气科学界的中国科学院院士就多达6人。由于他的努力，中国的气象科研始终与世界保持了同步。叶笃正用自己的一生兑现了他的豪言壮语——要让外国人来同我们接轨！

曾有人笑言，叶笃正似乎是专门为气象学而生的。他与中国第一份现代气象记录同年出生，后来又成为中国大气物理研究的开山鼻祖。由于叶笃正的突出贡献，2010年国际小行星中心将编号第27895号小行星永久命名为“叶笃正星”，以纪念他为人类气象事业作出的贡献。天地万象，笃正风华。叶笃正的功勋和精神，必将和“叶笃正星”一起，光耀寰宇，恒久留存。

（蔡青竹）

# 池际尚：地质学与岩石学界的奠基石

## 人物简介

池际尚（1917年6月25日至1994年1月1日），湖北安陆人，岩石学家、地质教育家。1941年毕业于西南联合大学地质地理气象学系。1946年赴美国留学，1949年获美国宾夕法尼亚州布伦茂大学博士学位。曾任西南联合大学地质地理气象学系助教，清华大学地质系副教授，北京地质学院教授，武汉地质学院教授、副院长，中国地质大学（北京）教授。1980年当选为中国科学院地学部委员（院士）。曾任国家学位委员会和国家自然科学基金委员会学科评议组成员，地质矿产部学位委员会副主任，中国矿物岩石地球化学学会副理事长，第七届全国政协常务委员。曾被评为全国三八红旗手、地质矿产部劳动模范。

池际尚，我国著名的岩石学家和地质教育学家。她一生的学习、研究工作都是从祖国的需要出发的，在美国学业有成时，祖国需要她，她就毅然放弃国外优厚的待遇条件回国为国服务；从祖国的需要出发，她一次次改换研究方向，祖国需要什么她就研究什么；从祖国需要出发，她身处逆境时仍忘我奋斗。就像她在《中国科学院院士自述》里所说：“几十年来，我感受最深的一点是，作为一个教育、科技工作者，一切从祖国的需要出发，就能发挥自己的作用。”

## 为了祖国决心改学地质专业

1917年6月25日，池际尚出生于湖北省安陆县，4岁时随父母搬到北平。父亲毕业于清华大学法律系，在中央司法部做科员，母亲是有知识有文化的家庭主妇。她7岁时进入北师大附小学习，因勤奋好学，各门功课都学得很好，从二年级起就一直当班长。1930年，她考入北师大附中，对数学很有兴趣，是班里唯一每次数学考试都得100分的学生。她也很喜欢学习英语，经常阅读英文小说。

1936年，池际尚以优异成绩考入清华大学物理系。当时正值国难当头，她积极参加了爱国学生运动。七七事变后，随清华大学师生转到湖南长沙，并在那里加入了中国共产党，从事抗日救亡工作，她被派到胡宗南部队隐瞒身份鼓动士兵积极抗日杀敌。后因身份暴露，1938年来到昆明，进入西南联合大学学习，因为目睹了祖国的灾难和贫穷，她决心改学地质专业。

在西南联大学习期间，由于父亲失业，母亲、哥哥和姐姐相继去世，家里无力再供她上大学。在极其艰难的条件下，她奋发图强并于1941年以优异的成绩毕业于西南联合大学；后经袁复礼教授推荐，于1946年获得美国宾夕法尼亚州布伦茂大学研究生奖学金，赴美进入布伦茂大学地质系学习。当时，她刚新婚20天，便和日后成为著名地球化学家的丈夫李璞，分赴美国和英国留学。

在布伦茂大学，池际尚发愤学习，仅用3年时间就取得了硕士和博士学位。她在博士论文中阐明了当时国际地质界关注的热点问题的成因机制，突破了构造岩石权威所提出的成因观点，提出了新的模型。论文发表后引起美国著名岩石学家特涅尔的关注，邀请池际尚做他的科研助理。在与特涅尔教授合作发表了几篇有开拓性贡献的论文后，池际尚开始在地质学界崭露头角。

在得知新中国成立的消息后，池际尚立即给她原来在清华大学的老师、清华大学地质学系系主任袁复礼教授写信，希望回到祖国工作。收到“祖国很需要人”的回信后，她不顾特涅尔教授用优厚待遇条件的一再挽留，决定尽快返回祖国。她心中所想：外国条件再好也总是当客人，祖国解放了，我要尽快回去为她服务。终于在1950年10月，她和张炳熹等旅美学者一起乘坐“威尔逊总统号”邮轮回到了日思夜想的祖国。

## 祖国需要什么就研究什么

1950年，新中国刚成立，百业待兴，国家的经济建设需要大量人才。池际尚回国后参与领导了新中国地质教育的创办过程，亲自动手刻蜡版、印讲义、制教具，给学生上课。她精心育人、严谨治学的精神激励着学生勤奋上进。温家宝同志这样回忆恩师：我的晶体光学就是池际尚先生讲的，她不是仅仅讲一堂课，而是整整给我们讲了半年。至今，我都清清楚楚地记得她的音容笑貌，她讲得那么清楚、那么深刻……

1952年，池际尚来到刚成立的北京地质学院担任地质矿产专修科主任。因为国家缺少大规模经济建设所需的石油，北京地质学院根据国家需要开设与寻找石油有关的课程，服从国家需要的池际尚，改变了自己的专业方向，担任石油教研室主任，率先开设沉积岩石学课程，另外还根据在西北寻找石油的需要，指导一位教师开设针对寻找石油有实用价值的实验课。1954年，她换到可燃性矿产地质及勘探系任系副主任，协助系主任培养石油及煤田地质勘探人才。1957年，她又根据国家需要，改任地质测量及找矿系副主任，协助系主任主持教学科研工作，花费大量心血培养师资。20世纪50年代，因为国家需要，她几乎2—3年就改换一次专业方向，国家急需什么她就研究什么、哪里需要她就到哪里。

20世纪70年代末，国家让她担任武汉地质学院副院长，因为学院是由湖北江陵迁址而来的，搬迁之前并没有建好校舍，学校是边办学边建校，流失了大量师资，教学设备毁损也比较严重，办学条件艰苦但是教学任务却非常繁重。58岁的池际尚身先士卒，把全部心血都用在教学和管理工作上，带领师生同舟共济，克服了一个个困难，确保了新生按时开学，为武汉地质学院的恢复和重建做了大量卓有成效的工作。

在担任武汉地质学院副院长期间，她还主持了与湖北省地矿局合办的“七二一大学”（根据毛泽东“七二一”指示，各地模仿上海机床厂“七二一工人大学”创办的以招收工人为主的大学），学校没有实验室和图书馆，食堂一到雨天就漏雨，在这种条件下，池际尚仍精心编教材、备课，认真指导学生野外实习，为湖北省培养了100多名急需的地质人才。

## 跋山涉水积极为国家寻找矿产资源

为了尽快帮国家找到各种急需的矿产资源进行地质科学研究，她先后在祁连山、青藏高原、山东中西部、河北宽城、北京八达岭一带的燕山等地进行野外考察、地质测量及普查找矿工作。祁连山平均海拔在4000—5000米，人迹罕至，野兽出没，工作条件非常艰苦，池际尚每天在野外工作的时长超过12小时。她的学生刘宝珺院士回忆，在祁连山工作时，有一次，他与池老师分开跑路线，老师独自一人上山勘查，收工时从山上下到沟中，看到有不明身份的人在喝酒大声喧哗，怕是坏人，只能又爬上山去绕道而行，回到驻地时已经是晚上11点多了。对于这些，池际尚都没有畏惧，克服重重困难完成了地质构造及矿产调查工作。

1958年，池际尚带领北京地质学院200多名师生进行了对山东省中西部的考察。这项工作历时3年，在山东省缺乏粮食及现代化交通工具的条件下，野外工作自己背粮开火，联络点之间靠步行，他们登泰山、走沂蒙、越黄河，4年之内共提交14幅1：200000地质图及报告，首次识别出临沭大断裂带（郯庐断裂带），对后来的找矿及发展构造理论作出重大贡献。1960年，在团队考察期间因为汽油短缺，山东省多条长途路线停运。为了检查日照的测量工作，池际尚和山东大队的业务队长游振东从益都（今青州）出发步行200多千米到王哥庄（胶南县），到达之后又不顾旅途疲劳，耐心解答学生提出的各种问题，激发大家的工作热情。

## 把主要精力放在发现和培养人才上

言传身教是池际尚培养人才的主要方式，在育人过程中，她形成了重教学、重实践、重创新的教学风格。她说，搞地质一定要深入实际，严谨治学，使获得的数据能够经得起任何人的检查，完成的研究至少经得起20年的检验。池际尚以严格著称。她的学生叶德隆回忆，1964年，他把从野外调查采回的岩石标本磨制了40多个薄片。池际尚提出的要求是，对于每个薄片都要作详细的鉴定记录。这项工作非常耗时间，因为每个岩石薄片都要在费氏旋转台上测量近百个矿物切面，一个薄片就要花费好几个小时。为了查验学生的工作，池际尚自己在工作之余，仍然抽出3天时间亲自测量这些薄片，直到全部测量完毕查验无误才通过验收。在实验课上，她着重培养学生的观察能力，让他们学会鉴定方法。在野外工作时，她亲自核实每个重要的观测点，哪怕山高路险，难以到达，她也都坚定执行，直至确认。在她的严格要求和精心培养下，一批批地质专业人才走向工作岗位，为解决我国国民经济发展所需矿产资源问题作出了巨大贡献。

在严格求实的基础上，池际尚还特别注重创新。她经常鼓励学生说，研究生、科研助手只完成了导师布置的任务，那仅仅达到了二流水平，要在质量和数量上超额，要有新的发现，要有所创新，那才算第一流水平。她不局限于前人现成的结论，力求有所创新，不断充实和改进教学内容。对于新观点和新结论，她也坚持必须有可靠的证据支持。在野外考察工作中，她特别重视搜集第一手资料，主张多观察、多积累事实，不轻易下结论。

她不仅注重培养人才的方式方法，还特别关注人才梯队的层次。她说："我们总是要老的，要重视培养接班人。"她全心全意地关心助手和学生，在工作中留意他们的表现，并发掘他们的潜力，为他们日后的脱颖而出创造条件。她着力扶持中青年科研工作者成为学术带头人，并鼓励他们开拓新的研究领域，在学术成就上超越老一辈地质学家。她认为，老一辈地质学家要把主要精力放在发现和培养人才上，使各个层次都后继有人。在她的带动下，她所在的科研集体形成了三个层次的接班人，他们继承并向前发展了原来的专业方向，并且把以池际尚为代表的老一辈地质学家的优良品德和作风发扬光大。

池际尚几十年如一日坚守教学科研及找矿阵地，投身于祖国急需矿产资源的寻找与开发，为地质学与岩石学界奠定了学术基石。正如王鸿祯院士所说，她在1950年放弃美国优越的科研条件，选择返回祖国从事教学的道路，是爱国主义；在长年累月中，她把服务于矿产资源的工作看得重于基础理论的研究，还是爱国主义。她在毕生从事的教育工作中，把培育后进力量放在自身的科学积累之前，是共产主义理想；在不利的大气候和艰难的条件下，勇于负起像"七二一"专业培育这样艰辛的任务，还是共产主义理想。

（胡秀荣）

# 彭司勋：我国药学界的“一代宗师”

## 人物简介

彭司勋（1919年7月28日至2018年12月9日），湖南保靖人，中国工程院院士，药物化学家、药学教育家。1948年赴美留学，先后就读于马里兰大学和哥伦比亚大学药学院，获得哥伦比亚大学硕士学位。1950年9月，他冲破美国当局的阻挠回到祖国的怀抱，曾担任中国药学会名誉理事、中国医药教育协会副会长，全国政协委员。他是我国化学制药、药物化学专业创建者之一，发表论文150余篇，主编专著5部，其中主编的我国第一部《药物化学》教材被评为国家优秀教材；创办《药学教育》等杂志，主编《中国药学年鉴》等丛书及《中国药科大学学报》；长期从事心脑血管活性物研究，发现多种具有开发前景的心血管活性物质，研究成果曾获得原国家教委科技进步奖三等奖、何梁何利基金科学与技术进步奖；对我国药学研究、药学教育事业的发展作出了突出贡献。

面对新药研究漫长而又荆棘丛生的道路，有一位药学大师，为了人类的健康和我国医药工业的发展迎难而上，竭尽一生致力于推动和探索此项艰难的工作。他就是我国制药化学、药物化学专业早期的创建人之一、中国工程院院士、中国药科大学教授彭司勋。早年间，他冒着战争烽火到重庆求学，从此开启了药学人生。从马里兰大学到哥伦比亚大学，再到回母校执教，彭司勋始终坚守“精业济群、兴药报国”的志向，在药学领域辛勤耕耘。他始终以国家需要为科研的出发点，奋进不辍，终成一代药学大家。

## 与药学事业结下不解之缘

1919年7月，彭司勋出生在湖南省湘西土家族苗族自治州保靖县的一个知识分子家庭。彭家在当地是一个旺族，也是书香门第、医药之家。他的父亲彭勇诺曾就读于北平中国大学，担任过保靖县县长，曾在当地创办过竞择小学和县八中等学校；而他的四叔彭勇炎毕业于湘雅医学院，是一名耳鼻喉科专家；妹妹彭司琪是湘雅医院的老护士长；弟弟彭司惠是武汉同济医学院毕业的外科医生；包括他的妹夫、弟媳和堂妹都从事医生职业。彭司勋自幼在这个虽然偏远但文化氛围浓厚的书香之家生活、成长，长期熏陶和耳濡目染，为他日后成为一位药物化学家奠定了基础。

1925年，6岁的彭司勋进入竞择小学读书。1931年，小学毕业后，为了继续读书，他考入了离家150千米之外的沅陵县朝阳初级中学，在这里度过了充实而又愉快的初中学习时光。1935年6月，中学毕业后，彭司勋进入长沙的兑泽中学读高中。在此期间，他比较喜欢地理、化学等自然科学课程，还特别喜欢阅读记者邹韬奋访问世界各国写的《萍踪寄语》和回国后写的《萍踪忆语》两本书，使他在当时就萌发了“有机会就周游世界”的憧憬和愿望。由于路途较远、交通不便，他在长沙读高中三年期间没回过一次家。1937年6月，彭司勋高中毕业后来到武汉报考大学。但不久后爆发了震惊中外的卢沟桥事变，全面抗战正式开始后，日本军舰明目张胆地开到了武汉江面，武汉局势开始紧张起来。他不得不离开武汉回到保靖，开始在竞择小学承担自然和地理两门课的教学工作。在教书的过程中，他越来越感到自己所学不深、懂得不多，还是想考大学继续深造。于是，1938年8月，彭司勋与同乡5人在抗日战争愈加激烈的情形下，毅然辗转跋涉来到重庆报考大学。当时，因为想学一门技术或当医生为民服务，他选择了学制四年的药学专科学校，从此与药学事业结下了不解之缘。

1938年至1942年是抗日战争极其艰难的四年，也是彭司勋在大学艰苦学习的四年。当时，药学专科学校从南京迁到重庆后办学条件极其艰苦，不仅教室十分简陋，就连学生住的地方也是几十人一间的简易宿舍，夏天闷热难熬，冬天寒风刺骨，还经常要躲避日寇空袭；吃的米饭则是掺了沙子和稗子的“八宝饭”，菜很少，一点油水都没有。但正是这样艰苦的环境，磨炼了彭司勋的顽强意志，更加明确了他以药学报效祖国的赤诚之心，立下了要为祖国药学事业贡献力量的铮铮誓言。19岁开始与药学结缘，彭司勋从此便踏上了“精业济群、兴药报国”的“医药之旅”。

当时的旧中国满目疮痍、民不聊生，经济上饱受帝国主义的侵略，根本谈不上拥有自己的制药工业。医疗药品几乎都是靠进口，不仅价格昂贵，质量也不可靠。彭司勋在上海药物食品检验局工作期间目睹的种种情况，更加激发了他振兴中国药学事业的爱国热情。

## 义无反顾回国投身国家建设

1948年，彭司勋获得了联合国世界卫生组织的赴美留学奖学金，1948年8月18日，彭司勋告别上海的家人前往美国深造。抵美后，他先是进入马里兰大学药学院学习，后又转学到哥伦比亚大学药学院。在哥伦比亚大学药学院，彭司勋选修了高等有机化学、杂环化学等课程。除上课外，他大部分时间在实验室做实验，还经常到图书馆和阅览室阅读《华侨日报》《世界时报》《大公报》《中央日报》等中文报纸，时刻关注着国内的局势。据彭司勋回忆：“世界卫生组织提供的留学机会来之不易，在美国，学习环境比较好，自己也很用功，很少参加校外活动，理工科的学生都想多学习一些科技知识，回国参加建设。”1950年6月，彭司勋获得了哥伦比亚大学药学硕士学位。

1950年，新中国成立不久，我国政府号召海外学子回国参加建设。此时，刚获得哥伦比亚大学药学硕士学位的彭司勋再也按捺不住急切回国的心情。他一方面在内心深处为新中国的成立欢呼着，另一方面期盼自己能回国从事药物学研究事业。他坚决提出要回到自己的祖国去。面对导师和同学的挽留，他统统谢绝了。许多人还担忧地问：“你了解共产党吗？你回国干什么？”彭司勋坚定地回答：“作为海外学子，唯有知识可以报国，我辈当义无反顾！”

风雨如磐，风雨无阻。1950年8月29日，31岁的彭司勋，放弃继续在美国深造和工作的机会，怀着报国之心、赤子之情，和其他中国留学生一道不顾美国当局的威胁利诱和种种刁难，经过一番曲折，终于在旧金山登上了回国的“威尔逊总统号”邮轮，开启了“振兴祖国医药事业”的伟大理想之路。在太平洋的海轮上，彭司勋心潮起伏，归心似箭，期待着早日回国实现自己的报国之志。但当他们乘坐的邮轮途经香港时，英港不让登岸，将全体回国留学生用小船送至九龙，并在转乘火车时安插警察监视。当历尽艰辛踏上祖国的土地，第一次看到飘扬的五星红旗和受到祖国人民的热烈欢迎时，彭司勋激动得热泪盈眶。他暗暗立下了“决心要为祖国忠诚服务一辈子”的誓言。在之后的几十年中，不断有人问他这个问题：“美国那么发达，你却选择了回国，你对你的选择后悔吗？”彭司勋对此置之一笑：“我不后悔。”他的回答是如此坚毅，在他内心深处始终坚信：“中国人真正的立足点是为祖国建设而工作。”

## 生命之花为我国药物学事业绽放

彭司勋将生命融入我国药学事业中，一直致力于药学教育和科研工作。1950年回国后，彭司勋看到国内百废待兴，药物学研究事业尚处在初级阶段，科研人员普遍缺乏。他百感交集的内心深切意识到发展教育、培养人才、开展医药研究是当务之急。因此，他一刻都没有休息，马上进入当时的南京药学院从事教研工作。几十年来，他为祖国药学事业教书育人，并编著了大量的书籍，获得了国家多项奖励。

教书育人，桃李芬芳。彭司勋在药学教育方面辛勤耕耘，对培养国家急需的高级药学人才倾注了大量心血，用实际行动阐述了“学高为师、身正为范”的深刻内涵。作为我国制药化学、药物化学专业早期的创建人之一，他主编的我国第一本药学专业教材《药物化学》，被评为国家优秀教材。他不仅成为中国药科大学药物化学国家重点学科学术带头人、学位评定委员会主席，还担任《中国药科大学学报》《中国药学年鉴》《药物化学——回顾与发展》及“药物化学进展”丛书的主编和有关学术刊物的顾问、学术委员。他常说，我们的工作是艰辛和谨慎的，是不能出现断层的，后备力量应该充足，希望能有更多的人投身于药物研发工作。为此，他将自己的满腔热情都倾注给了学生。在教学中，他认真负责，课前备课充分；课上讲授深入浅出、循序渐进；力求做到“精、新、活”，课后引导学生思考总结、触类旁通、加深印象。在研究生培养方面，他注重学生研究和独立工作能力的训练，重视提高他们分析问题、解决问题的能力。他每天都去实验室与学生共同研究问题，一丝不苟地指导研究生论文的选题确立、实验、写作等各个环节，并每月组织讨论一次，着重解决一些学术上、业务上的问题。在生活上，他关爱学生，主动为贫困学生捐款助学。作为首批博士生导师，他培养博士、硕士研究生50余名。这些学生心中始终铭记着恩师的一段话："不管你从事什么，都应切记要以民为本，科技为先，教需有人，凡事要有创新精神。"正是彭司勋严谨求实的科学态度、诲人不倦的大师风范，激励着越来越多的人为我国药学事业作出积极努力。

迎难而上，研发新药。彭司勋在完成教学任务的同时，积极开展新药研究工作。但新药研究涉及多个学科、多个环节，周期长、难度大、投资多、风险高，往往使人望而却步。面对荆棘丛生的道路，这个经过艰苦岁月磨炼的土家族硬汉子，不惧风险、迎难而上，数十年如一日地致力于推动和探索新药的研发工作。他几乎每天坚持到实验室自己动手做实验，有一次因实验爆炸而受伤，但他住院不到一周就匆匆出院，继续投入到紧张的实验中。他曾先后任"七五""八五"攻关项目、国家自然科学基金和国家新药研究基金等项目课题组负责人。早年，他主要从事药物分析和中枢神经系统药物的研究，重点研究安定药和镇痛药，曾创制出多种具有镇痛或降压作用的吲哚类化合物。1975年，他根据工作需要转向抗肿瘤药物的研究，成功试制了抗癌药六甲蜜胺，获得了江苏省科技成果奖并投入生产。后来，他主要从事心脑血管疾病的防治药物和分子生物学的研究，重点是作用于钙、钾离子通道的化合物和血管紧张素转化酶抑制剂及其分子模型，曾发现具有较好降压作用和抗心律失常作用的化合物各一种，在当时国内处于领先地位。为了推进我国新药开发尽快从仿制到创制方向转变，彭司勋倡导利用中草药有效成分为先导物，结合定量构效关系和计算机辅助药物设计的理论和技术进行结构改造、优化，设计合成新化合物，创制出具有自主知识产权的新药，这在当时得到了广泛应用。1996年，他当选为中国工程院院士。

关心国事，参政议政。1953年，彭司勋加入了九三学社。1959年由江苏省青年联合会推选为第二届江苏省政协委员，直到1998年换届共历经了39个年头。他曾历任九三学社江苏省委员会主委、九三学社中央常委、江苏省政协第六和第七届副主席，第七届全国政协委员，第八届全国政协常委。在任期间，他认真学习贯彻党和国家的各项政策，深入基层做好调研分析，积极参政议政、建言献策。例如他关于“加强药学教育宏观管理和领导”的提案，被编入1995年全国政协优秀提案。他认真落实国家方针，善于听取各方面意见，注重贯彻民主集中制，使各项工作都有序开展，从而使九三学社江苏省委的工作呈现很好的局面。

2018年12月9日，彭司勋因病在南京逝世，享年100岁。彭司勋的一生把全部的精力都投入到了我国的药研事业之中。他脚踏在祖国的国土上，心系在祖国的药学事业中，孜孜不倦育人、勤勤恳恳著书、兢兢业业研究，为我国医药教育和新药开发作出了杰出的贡献。

（杨艳梅）

# 1950年

## 严东生："百里之行，九十为半"的材料科学奠基人

### 人物简介

严东生（1918年2月10日至2016年9月18日），祖籍浙江杭州，我国著名的材料科学家、无机材料科学的奠基人之一、国际无机材料科学界最有影响力的科学家之一。1935年考入清华大学化学系，1937年转入燕京大学化学系，1939年毕业留校任教，1941年获燕京大学理学硕士学位。1949年获美国伊利诺伊大学博士学位。1950年回国，长期致力于材料科学研究，在高性能无机材料研究方面作出了卓越贡献。1980年当选为中国科学院学部委员（院士），1994年当选为中国工程院首批院士。先后荣获十余项国家科技奖和省部级奖，以及何梁何利基金科学与技术进步奖、日本陶瓷学会百年国际奖等。

严东生一生胸怀祖国，孜孜不倦，为我国材料科学发展和科技事业贡献了自己的智慧与力量。青年时代，他树立"科学救国"之志，在化学领域不断探索求知，有所成就。归国以后，他以国家需求为己任，潜心研究材料科学，多次参与国家科技战略规划，有所建树。"百里之行，九十为半。刚过一半，后边这一半要难一点"，这是他满90岁

时说的话，也是他科学人生奋斗不止的真实写照。

## 没有理由再留在美国

严东生1918年出生于上海的一个铁路工程师家庭，1929年入读教学严格的崇德中学，接受正规的学科教育，在校六年成绩都是年级第一。身处局势动荡的年代，他体会到国家的内忧外患，加上深受学校爱国气息的熏陶，严东生"科学救国"的思想因此萌生。中学毕业时，成绩优异的严东生没有选择直接保送燕京大学的捷径，也没有选择将来提供"金饭碗"的税务学校，因为清华大学化学系才是他的心之所向。

1935年，严东生如愿考入清华大学化学系，后因时局动荡转入燕京大学。他先后师从张子高、高崇熙、卫尔逊、蔡镏生等教授，系统严格的理论和实验教育奠定了他扎实的专业基础。他在燕京大学时，受卫尔逊、蔡镏生的影响对无机材料产生了研究兴趣，自此进入材料科学的世界。抗战胜利后，严东生获得燕京大学化学系赴美留学的名额，于1946年夏天赴美，在纽约大学化学系学习一年后转入伊利诺伊大学，学习陶瓷学和无机化学。他在伊利诺伊大学期间奋发读书，每天的固定路线便是宿舍、化学楼、图书馆、体育馆和餐厅，不到两年时间就以全A的优异成绩获得陶瓷学博士学位，毕业后留校从事无机材料理论与应用的博士后研究。

身在异国的严东生时刻关注着祖国，作为留美中国科学工作者协会伊利诺伊大学分会会员，他定期和大家一起谈论国内时事，阅读国内的一些进步书籍和刊物。1949年10月，当听到新中国成立的消息后，严东生当即决定提前回国，这一决定得到了导师的理解和支持。回国之路非常艰辛，却无法阻挡严东生归国的脚步。美国移民局以种种理由拒绝他的回国申请，经过几次申辩才被批准。当时，严东生只能转道香港回国，在香港既要找到当地人士担保，还被要求滞留不能超过10天。人生地不熟的他经过多方联系，才在爱国人士、时任香港大学心理学教师曹日昌的帮助下得到了一张没有床位的五等船票，经过十几天的航行后终于在天津上岸，从此踏上了为国家建设发展的征程。

当回忆这段归国往事时，严东生说："周围的美国朋友当然有不同看法，不少人认为我正在出研究成果的时期，回到大动乱刚结束的中国，自然无法继续做这类研究工作，牺牲太大。在建立新中国时，我们没有出什么力，现在建设新中国的时期已经到来，没有理由再留在美国。"字字生动，体现了他的拳拳爱国心。

## 这是一项为中国争光的工作

严东生在60多年的科研生涯中，几乎每隔10年就会开拓一个前沿领域，除了20世纪70年代牵头研发的高性能陶瓷，成功应用于我国第一代战略洲际导弹，其在新型锗酸铋（BGO）闪烁晶体上取得的成就，也为我国在高能物理和人工晶体领域赢得了极高的国际声誉。20世纪80年代，欧洲核子研究中心打算建造世界上最大的正负电子对撞机。当时，丁肇中团队计划采用新型BGO闪烁晶体建造探测器L3的核心部件电磁量能器，需要尺寸大、数量多、具有高能量分辨率和高探测效率、价格低廉的晶体，但国际上还没有能大批量生产这种BGO晶体的国家。

1982年，丁肇中在北京找到严东生，问他能不能完成这个任务。严东生毫不犹豫地答应了，他认为"此是一项支持华人科学家为中国争光的工作，而且参与国际大科学工程是一个难得的机会，又可以在国际竞争中提高自己的研究水平"，后来的实践证明了他的远见卓识。

严东生和同事们在详细调研和仔细分析BGO晶体的基础上，攻克了一些关键技术，进行试验研究，不断探索改进，做出了符合要求的

BGO晶体。1983年3月，在与美国、日本、法国等国际评比中，上海硅酸盐研究所的晶体"尺寸世界第一，质量世界第一"。1984年10月，欧洲核子研究中心与上海硅酸盐研究所正式签订了研制12000根BGO优质大单晶的合同。之后，严东生带领科研人员，克服缺乏技术人员、扩大试验后工艺技术不稳定、外国公司提供的原材料均匀性差等困难，不断地试验研究和改进成品，使晶体成品率达到90%以上，提前完成了合同。

这一项目的完成为我国在国际上赢得了极高的赞誉，丁肇中逢人就说："要BGO晶体，就到中国科学院上海硅酸盐研究所去。"在荣誉面前，严东生想得更为长远，"我们要改变我们中国在国际上竞争的地位，怎么能够真正建立一个有经济规模的高技术的产业"。经过不断发展，BGO晶体应用领域和市场规模不断扩大，取得了显著的经济效益和社会效益。

## 推进中国科学院全面改革

严东生在《我的科学人生》中曾提及中国科学院的工作，其中第三件事是"拟定改革、面向经济发展的方针和措施。他于1984年提出了第一份中国科学院进行全面改革的汇报提纲，经国务院批准在全院试行，迈出了改革的第一步"。全面改革调动了中国科学院广大科研人员的积极性，使中国科学院能够更好地服务于国家经济建设和科技发展。

1984年，严东生担任中国科学院党组书记，第一要务就是策划和推行进一步改革的思路及应对措施。他亲自调研，深入中国科学院的每一个研究所考察情况。他每到一个研究所，便会待上几天，和大家开会、谈心，沟通交流各自的想法，并在此基础上提出发展方向和工作思路。严东生通过实地细致调研，推行了一系列适合中国科学院的改革措施，成效显著。

严东生在改革中尤其重视人才培养，指出人才问题不仅是重要战略问题，也是关系到中国科学院兴衰存亡的重大问题。积极推动建立博士后制度试点，培养优秀青年科技人才，中国科学院博士后出站时有一半以上留在站点单位工作，充实了科研人才队伍。他撰文呼吁造就大批青年科学家，在中国科学院选拔优秀中青年科技人员，为他们提供施展才华的国内外平台。他与其他学部委员一起联名给中央写信，建议国家设立中国科学院科学基金，用来资助面向全国的基础研究。1982年，中国第一个科学基金——中国科学院科学基金诞生，成为科研管理体制改革的首创之举。

### 中国科技事业的“铺路石”

严东生对人才的重视同样体现在他对学生的教育上，他深知人才对于科技发展和国家建设的重要性与长远性，以言传身教的方式教书育人。严东生曾说：“我们老一代人是我国科技事业的过桥板、铺路石，一定要带好年轻一代科技工作者。”他是学生科研道路上的一盏明灯，积极地为他们创造学习深造的机会，为他们提供成长壮大的平台。他派出去留学的学生基本上都归国了，在各自的工作岗位上发光发热，为国家强盛和民族复兴贡献力量。

严东生在教学中十分注重培养学生读书的习惯，引导启发培养他们对科学的探索精神、独立思考能力和创新能力。他亲自指导学生查阅一些参考书，并梳理摘编国际上的最新资料，让学生能够学习了解国际上有关本学科最新的学术前沿问题。严东生不仅严谨治学，认真教学，还如同家长般对学生关怀备至，无论工作多么忙碌，他总是隔一段时间和每一个研究生谈话，交流科研、学习心得体会、遇到的问题和困难等。“先生其言近而指远，听先生教诲，如沐春风，一切疑难荫翳，遇风而化。"这是他的一位学生的肺腑之言，言辞恳切，表达了对严东生先生的敬仰之情。

80岁时，严东生设立了"严东生助学奖学基金"，帮助才学兼备的贫困学生完成学业，使他们以积极乐观的态度在前行的路上不断进步。之后，淡泊名利的他又多次拿出奖金作为追加基金，"虽然基金数目甚微，但体现了我毕生心血所凝结的心意。但愿全国有志的青年都能完成他们的学业，用所掌握的知识和自己的智慧为祖国的繁荣贡献力量"。这份基金饱含着他对青年学子无限的希望，受到帮助的学生也没有让他失望，在工作岗位上默默为国家贡献自己的力量。

回顾自己的科研生涯，严东生说："从（20世纪）30年代的'科学救国'到90年代的'科教兴国'，其间尽管有不少起伏，但觉得有一条主线，即为国民经济的发展，为国家的强盛服务，是我毕生的责任和动力。"

（马丽）

# 周镜：宁作铺路石的路基土木工程专家

## 人物简介

周镜，1925年12月21日出生于江西省南昌市，祖籍江苏宜兴，著名岩土工程专家，我国铁路路基土木工程技术主要开拓者之一。1947年获得上海交通大学土木工程系学士学位，1949年获美国俄亥俄州立大学土木工程系硕士学位。1950年回国后在唐山铁道研究所（现中国铁道科学研究院）工作。参与创建了我国铁路系统第一个土工试验室，编著了我国第一本《土工试验》规程，担任我国岩土工程第一批博士生导师。荣获国家科技进步奖特等奖、二等奖、“詹天佑成就奖”。1994年被评为中国工程院首批院士。

周镜是我国铁路路基土木工程技术的主要开拓者之一。他全身心地投入铁路路基的建设和科研工作之中，为路基土工理论与技术的发展作出了较系统和突出的贡献。他提出了按黄土结构力学性质确定边坡陡度的原则，避免了照搬他国规范导致的边坡坍塌等问题；提出了第二破裂面计算衡重式挡墙土压力的原理和判别墙后滑动面出现范围的公式，解决了山区铁路建设中的重大技术难题，引起国内外同行的普遍关注；最早采用桩排架支挡、短密砂井和生石灰桩处理软土路基取得成功，为贵昆铁路、塘沽新港铁路大面积软土路基的修筑作出了贡献；提出了静力触探确定桩承载力的综合修正系数法，并较系统地组织解决了静力触探应用中的技术问题。

## 不愿在国外当“二等公民”

1950年冬天，一个25岁的年轻人来到了位于河北唐山的铁道研究所门前。彼时的他刚刚从美国归来，甚至没有回家，就马不停蹄地来新单位报到了。这个小伙子就是周镜。

周镜出生和成长在中国最动荡的岁月。在他的青少年时期，祖国遭列强欺凌，政府却软弱腐败。为了躲避战乱，他跟随家人辗转于江西、江苏、湖北、湖南多地生活。1947年，周镜从上海交通大学毕业后，远赴美国俄亥俄州立大学土木工程系进修深造，于1949年春获得硕士学位并留美短暂工作。那时的周镜虽有报国之愿，但苦于当局无能，只得把爱国之志藏于心中。新中国成立的消息传来之后，他毫不犹豫地放弃了在美国优越的工作和生活条件，同100多名中国留美高材生一起，登上了“威尔逊总统号”的归国之旅。这是“威尔逊总统号”的第17次航行，也是20世纪50年代初留美回国潮中，同船回国的人数最多、国际影响最大的一次航班。晚年的周镜回忆起这段经历时情绪很平静，“一代人有一代人的际遇，这种朴素的爱国观并不会某一个人独有，而是我们那一代人绝大部分共有的思想：国家不强盛，就会挨欺负”。在美国学习工作期间，他切身感受到中华儿女被人瞧不起的痛楚。当时在美国流传的一句顺口溜就形象地说明了有色人种在美国的艰难处境：“白人永远正确，黑人靠后站，有色人种靠边等。”

在一次采访中，周镜对记者说：“为什么国外许许多多的华侨那么热爱祖国？那么支持祖国的建设？就是希望祖国富强。如果祖国不富强，中华儿女就永远站不起来，在国外就永远是‘二等公民’，永远不会被人尊重。”“我可不愿在国外当‘二等公民’！”正是抱着这样纯粹而炽热的赤子之心，周镜毅然决然地奔向了祖国。

回国之初，百废待兴。周镜带着满腔热情，投入我国铁路系统第一个土工试验室的筹建工作之中。在美国生活期间，周镜就对当时美国发达的交通设施羡慕不已，期待祖国的交通事业也能早日赶上美国的水平。为此，他更加坚定了自己的专业选择，盼望着把自己的所学早日运用到国家的建设之中。回国之后，这样的时机终于到来。当时的土工学科在国际上也属新兴学科。在周镜眼中，土工试验室的建设“大有前途”。

周镜心目中的这项“大有前途”的工作是在一个仓库里起步的。经费捉襟见肘，仪器寥寥可数，固结仪加载架是大家自己动手用废钢轨加工制成，连量筒量杯这些最基本的实验设备也只能一个一个购买。工作条件如此，生活条件就更加艰苦了。住的是没有暖气的泥顶平房，北墙上结的冰霜整个冬天都不会融化，食堂的饭菜粗粮多细粮少……但这些物质上的困难丝毫没有成为周镜投入工作的阻碍。“好像完全没有去考虑物质、生活条件这些东西。”就是在这样简陋的条件下，周镜和同事齐心协力，一起创建了我国铁路系统的第一个土工试验室，为土工试验技术的发展和人才培训开拓出一个重要的阵地。

### 那真是日日夜夜的奋斗

20世纪50年代，我国铁路建设的重心在西北地区，在那里建铁路必然绕不开黄土高原。依照苏联专家的意见和模式，施工中出现了大量问题。为此，周镜带队在陕甘晋豫四省开展了我国历史上第一次大规模的黄土工程调查。这次调查是以徒步的方式进行的。他们身背行囊，沿着铁道一路前行，饿了就啃窝窝头，累了便就近找小店住下。

就这样前前后后花了一年多的时间，终于完成了这次历史性的考察。调查组得到了几十个笔记本的珍贵资料和四省的各类原状土样，但周镜的胃也从此落下了病根，以至于后来不得不做了胃大部分切除手术。不过，周镜对自己的付出毫不在意，他心中关切的是当地老百姓的生活质量，只希望铁路修好后能为改善当地交通作出贡献。后来的研究成果阐明了各类黄土的物理力学性质，对苏联黄土边坡的错误设计提出了改进意见，为黄土工程的进一步研究打下了坚实的基础。

20世纪60年代后期，随着“三线建设”的进行，周镜又来到了西南地区参与贵昆铁路的建设。其中，滥坝至水城路段30余千米路基要通过喀斯特山间洼地，在修建过程中不断发生工点路基坍滑事故。为此，贵昆铁路指挥部专门成立了科研、设计、施工三结合的战斗组。周镜作为战斗组副组长，第一批带队进入了“天无三日晴，地无三尺平”的乌蒙山区。由于长期的风餐露宿，作息颠倒，他患上了严重的十二指肠溃疡和痔疮出血，两次在工地贫血休克。但他仍坚持工作，经过反复研究试验，终于成功治服软土路基的危害，为贵昆铁路的顺利通车作出重大贡献。在最终采用的处理技术中，周镜创新的埋入式桩排架挡墙设计在当时国内外均无先例。贵昆铁路铺通后，他又马上赶赴成昆铁路工地，在成昆铁路推广应用锚杆、挖孔灌注桩等新技术，克服了令苏联专家都摇头的巨大难题。1966年，周镜作为铁路系统的两名科技代表之一，被邀请上天安门城楼与毛泽东等中央领导人一同出席国庆典礼观礼。1985年，他作为主要参加者创建的“成昆铁路新技术”荣获国家科技进步奖特等奖。

作为岩土工程专家，周镜的工作常常需要他与最恶劣的自然条件打交道、作斗争。回顾自己“南征北战”的工作经历，周镜说：“既然从事铁路工作，就是这么个条件。既然干了这行，就要热爱它。”当做出成绩时，他也毫不居功，而是从工程本身去看待取得的成果，“咱们工程就是这个特点，一定是很多人共同努力的结果，绝不是我一个人的功劳”。

除参加一线工程外，周镜还完成了不少基于铁路建设现实需要的科学研究。他提出的第二滑动面计算衡重式挡墙土压力原理，解决了山区铁路建设中的重大技术难题；他主持的“静力触探应用技术的研究”，获国家科技进步奖二等奖，在铁路工程广泛应用；他参加的天津塘沽新港铁路软土路基处理课题，经唐山大地震震后调查证明，采用他的加固方案的路段变形很小，在新港得到推广使用。改革开放后，周镜还参与了许多大型机场地基的立项评审，指导了深圳机场和珠海机场的软土地基处理。谈起这些工作，周镜才流露出一丝小小的“得意”：“应用科学贵在实际应用，我正是从国家的需要出发，从铁路建设的实际出发，去从事科学技术的研究，从而为国家铁路建设作出了一份贡献。”

## 一项光荣而艰巨的任务

“应用科学要取得成就，一要有人应用，二要有个强有力的团队，要靠集体的力量。”周镜曾多次提及“榜样的力量”。当时，铁道研究所的不少领导都比他更早留美归国，他们全都不辞辛劳、勤勤恳恳地投入工作。为了修建穿越沙漠的包兰铁路，副所长翁元庆带着两位同事，驻扎在荒无人烟的大漠中观测沙丘的移动规律。研究所首任所长许鉴带着周镜在外出差时，挤在睡满了人的土坑通铺上，鞋子还得藏在自己枕头底下以防别人拿错。这些前辈艰苦奋斗的精神一直激励着周镜不断向前。

我国在相当长的一段时期内，土工技术尤其是铁路路基土工方面的技术人才严重缺乏。为此，周镜花费了很多精力和时间培育专业人才。他参加了铁道部组织培训工程地质技术人员的工作，编写出版了我国第一本《土工试验》规程，协助铁路系统各设计院建立了土工试验室，还在培训班上讲授相关课程；他担任了研究生培养制度恢复之后的第一批博士生导师，将原有的较落后的试验室改建为具有当时国际先进水平的土工试验室，为培养研究生提供了良好的硬件条件；他积极开展学术交流，组织联系美国土动力学代表团来华交流，与北美AAR（铁路协会）研究中心联系访问进修事宜，组织大规模的海峡两岸土力学及基础工程、地工技术学术研讨会……繁重的科研教学工作让周镜养成了只争朝夕的工作和生活习惯。为了节省时间，他长期住在单位的单身宿舍，每周只抽周末一天回家跟家人团聚。这样的日子一过就是50年。

《铁路技术管理规程》的第35条这样写道："路基应按铁路等级选择优质填料填筑坚实，基床应强化处理，并经常保持干燥、稳固及完好状态……"回顾周镜的一生，他正是用自己那颗朴素的爱国爱民之心为祖国通往现代化的大道奠定了最坚实的基础。

（蔡青竹　史枚翎）

# 傅鹰：新中国胶体科学主要奠基人

## 人物简介

傅鹰（1902年1月19日至1979年9月7日），祖籍福建，著名物理化学家和化学教育家，中国胶体科学的主要奠基人。1919年就读于燕京大学化学系。1922—1928年，赴美国密歇根大学深造，获科学博士学位。1929年回国后，先后执教于东北大学、北京协和医学院、青岛大学、重庆大学和厦门大学。因不满国民党政府的黑暗统治，1944年底再度赴美，任密歇根大学研究员。在美国听到中国人民解放军回击英舰挑衅的消息后，毅然于1950年回国。回国后，先后在北京大学、清华大学、北京石油学院任教。1954年，任北京大学化学系教授，主持创建中国第一个胶体化学教研室，培养了一大批胶体科学人才。1955年选聘为中国科学院第一批学部委员（院士），1962年任北京大学副校长。

1956年的一天，北京大学的一间教室中挤满了300多人。这里除了本校的正式学生，还有百余位专程赶来旁听的校外师生。上课铃声响起，一位50来岁、短平头、架着一副玳瑁边眼镜的教授面带微笑稳步走上讲台。他上身穿一件中式对襟短褂，下身穿一条肥大的布裤子，脚着黑色圆口布鞋，吹了吹袖口的粉尘，随即开讲。没有扩音器、没有现代化的教学设备，可整个课堂始终保持着一种聚精会神的肃穆，人人都悉心聆听着。这样使人着迷的课堂，正是中国科学院学部委员、北京大学一级教授傅鹰在为化学系全体大一新生讲授必修课《普通化学》，这也是他数十载教学生涯中的普通一课。“现时中国化学家的首要任务是帮助祖国发展工业和建立我们的化学”——秉持着这一理念，傅鹰开创了新中国的胶体科学领域。他赤诚爱国、严谨求实、高洁磊落的品格影响着一代又一代学生。

## 两度归来：“我一生的希望就是有一天中国翻身”

1902年，傅鹰出生于北京的一个官宦家庭。年幼的傅鹰常听身为外交官的父亲痛心疾首却又无能为力地说：“从康熙《尼布楚条约》到《辛丑条约》，每条都是中国吃亏。”宣统三年（1911年），9岁的傅鹰在上海看到公园门口的牌子上赫然写着“中国人与狗不得入内”，深深刺痛了他的心。1919年，傅鹰考入燕京大学化学系。受五四运动和《新青年》等进步杂志的影响，他决心为中国的尊严发愤图强，立志走科学救国的道路。

1922年，傅鹰考取公费留学名额，赴美国密歇根大学深造。他常常只带一些面包和咖啡就钻进实验室，整日整夜地做实验，困了就在长椅上躺一会儿，有时两三天都不出来。在实验室外，傅鹰也努力汲取知识。1930年，同在密歇根大学学习的吴大猷发现，他所借阅的每一本书的借书卡上几乎都有傅鹰的签名，因而戏称自己“最早认识傅鹰先生是在密歇根大学图书馆的借书卡片上”。在导师巴特尔教授的悉心指导下，傅鹰刻苦钻研胶体化学，他的研究成果震动了美国化学界，成为吸附理论的重要组成部分。

1928年，傅鹰获得博士学位，但他拒绝了美国著名化学公司的高薪聘请，于1929年回到祖国。他先后在东北大学、北京协和医学院、青岛大学、重庆大学、厦门大学等校任教。其间，他与学成归国的大学同学、有机化学家张锦结为伉俪，两人被誉为“一对布衣教授”。

1944年底，因对国民党政府的腐败和反动深恶痛绝，傅鹰再度赴密歇根大学从事研究工作。这一时期是傅鹰科研生涯的黄金时期，他极大地推动了表面热力学这一化学热力学新分支的发展，研究成果也被写入相关教科书和专著。

当时傅鹰在国际化学界的声望越来越高，但他始终记挂着苦难中的祖国。1949年，中国人民解放军在渡江时勇于对企图进行干涉的英国军舰“紫石英”号开炮还击，这使傅鹰深受鼓舞，他看到了中国的希望！“我一生的希望就是有一天中国翻身。”带着这样的理想信念，傅鹰毅然放弃了美国优越的科研条件和优厚的生活待遇，于1950年8月登上“威尔逊总统号”邮轮，回到了阔别已久的祖国。

### 填补空白：创建中国第一个胶体化学教研室

傅鹰第二次回国时，正值新中国科学事业的拓荒时期。他下定了“不怕沾污双手和搅痛脑筋”的决心，为消灭祖国科学事业中的空白点奋力耕耘。傅鹰敏锐地指出：“在一个正在进行工业化的伟大国家中，胶体科学一定会起重要作用。”他认为，高分子、乳状液、凝胶、气胶、胶状电解质等胶体科学人才是工业建设中急迫需要的，“作为高等学校的教师，我们的神圣任务就是培养这些人才”。

1954年，傅鹰在北京大学创建了中国第一个胶体化学教研室。他通宵达旦地编写了急用的《胶体科学》讲义，亲自为进修教师和研究生上课并批改习题。一方面，他继续在他擅长的表面化学领域指导学生深耕；另一方面，他积极组织力量开拓探索国内尚属空白的多种胶体体系。在傅鹰的培养下，第一批胶体科学研究生毕业后进入山东大学、华东师范大学、复旦大学、南京大学等重点高校和研究单位工作，成为新中国胶体与表面化学研究的骨干力量，为胶体化学学科的奠基和发展作出了重要贡献。

傅鹰善于从生产实际中寻找科研课题，他认为，“研究的题目主要是祖国的需要和自然的现象给我们提出来的”。傅鹰希望导师在给研究生选题时“首先考虑国家建设中的需要”，有些“题目的经济价值比理论上大可发展的还大得多”。同时，他呼吁学生“将我们的兴趣和祖国的需要结合起来……在国家急需解决的无数问题之中选择一个最合乎我们的训练和兴趣的研究题目”。中国科学院院士、著名化学家唐有祺评价道：“傅先生才是一位大科学家。书教得好，科研做得精，有远见，有胆识。当初是他把胶体科学的各个领域都带动了起来。他是新中国胶体科学的主要奠基人。”

## 传道授业：“大匠能与人规矩，不能与人巧”

“我回国后，主要从事教学。我要用我学到的东西，培养更多的新人，让他们为祖国的科学事业作出比我更大的贡献！”在第二次回国后的近30年中，傅鹰始终坚守初心，他曾讲授普通化学、物理化学、胶体化学、化学热力学、化学动力学、统计力学和吸附作用等课程。有学生说：“在中国化学界很难找出第二位像傅先生这样学识渊博的学者了！”

傅鹰认为，承担基础课的教学任务是大学教授义不容辞的工作。他视讲课为艺术，既精选内容，又讲究方法。许多学生表示，听傅先生的课不仅是学习，而且是享受。在讲授晶体化学时，傅鹰多次与晶体化学专家唐有祺讨论，以进一步充实自己的讲稿。但实际上，傅鹰在晶体化学方面的造诣颇深，这些讨论是为了使学生有更大的收获，把课程讲得更好。傅鹰还自己刻印讲义，有时，学生上课时拿到的是傅鹰刚刚刻印好、带着油墨味的讲义。有学生说，几十年来，其他书籍都丢弃了，却唯独精心保留着傅先生的讲义。傅鹰在课上多使用讨论式、启发式的教学方法。他总讲些科学史上的小故事，以使大家了解科学知识生产的过程，因为“科学只能给我们知识，而历史却能给我们智慧”。

傅鹰重视实验，他常说：“化学是实验的科学，只有实验才是最高法庭。”他教导学生只有“系统地和彻底地做实验，并辅之以理论，才能发现真正重要的事实，解决在科学和经济中的重要问题”。同时，他也高度重视理论，他常说学化学的人要多学一些物理和数学。

傅鹰认为，教学之本在于教材，因此他花费了大量心血编写教材。他强调：“课本编者任务之一为激起读者深入钻研之愿望。若无不满之感，何必钻研，更何必深入钻研？因此若一书只述成就而略问题，使青年读后有大局已定，从此英雄用武无地之错觉，则即使逻辑严谨，条理清楚，编者似尚未尽责也。”因此，他格外重视在教材中介绍前沿课题和热点动向。

傅鹰曾寄语青年：“‘大匠能与人规矩，不能与人巧’，只有挽起袖子来，埋头苦干，处处留神观察所得的现象，才能有结果。”他重视培养学生的科学兴趣、科学思维、科学精神和独立工作的能力。他常说：“科学的进步是建立在精益求精的基础之上的。”他的课程结业考试多是开卷考试，目的是锻炼学生应对实战的能力。有学生说：“几十年过去了，许多具体内容也许已经遗忘，但傅先生教给我们的科学思维方法还深深刻印心头，并在当今自己的科研教学工作中发生作用。”

### 谦逊磊落：中国知识分子的光辉典范

“追求真理，光明磊落，赤诚爱国，学子楷模”——这是两院院士朱光亚对傅鹰的评价。除了先进系统的科学知识，傅鹰谦逊磊落的品格也是他留给科研界的最大财富。

傅鹰为人谦逊。第二次回国时要填学历表，他并未详细介绍自己的学术成就。直到1954年，一位前来讲学的苏联专家向接待人员打听“Fu Ying”，说自己读到过许多“Fu Ying”的论文，希望能够拜访“Fu Ying”。相关部门这才知道傅鹰在国际化学界的崇高声望。

傅鹰编写的教材从不轻易出版，他常常告诫大家：“写教材一不要为名，二不是逐利，唯为教学和他人参考之用，切记认真，马虎不得。”1963年，在《化学热力学导论》即将出版之时，他坚持要把“傅鹰著”改为“傅鹰编著”。他详细列出了参考文献，并指出：“若此书中偶有可取，主要应归功于上列诸家；若有错误，点金成铁之咎责在编者。”《大学普通化学》倾注了傅鹰数十年的心血，他边讲边写边改。而这一经过两次铅印、培养过数代学生的教材在他逝世后才得以正式出版。

傅鹰赤诚磊落，他不忘在党的领导下实现建设社会主义伟大国家的理想，对祖国的科学教育事业提出很多中肯的意见建议。傅鹰是较早提倡在高校中将教学和科研紧密结合的学者之一。1955年，傅鹰在《高等学校的化学研究——一个三部曲》一文中对高等学校的领导、教师和下一代学生提出了意见建议和殷切希望。唐有祺曾说：“作为一个学者，傅先生既是学有专深的物理化学家，而且还是一个兴趣广泛、知识渊博和阅历很深的教育家。我知道，他对我国如何办大学，特别是办好研究型大学是早有向往，而且也有过一些远见卓识的。”傅鹰在工作中实事求是，诚恳善意地直言献策，多次受到毛泽东、周恩来等党和国家领导人的肯定和关怀。他一生勤勤恳恳、兢兢业业，是中国知识分子的光辉典范。

（武晨箫）

# 谢义炳：坚守为民初心的气象学家

## 人物简介

谢义炳（1917年4月3日至1995年8月24日），湖南新田人，气象学家，中国现代大气科学奠基人之一。1935年考入清华大学，1943年获浙江大学硕士学位，1949年获美国芝加哥大学博士学位。1950年回到祖国，1980年当选为中国科学院学部委员（院士）。曾担任清华大学气象系副教授，北京大学地球物理系主任，中国气象学会副理事长、名誉理事长。1978年获全国科学大会奖，1982年当选为英国皇家气象学会荣誉会员，先后荣获国家科技进步奖二等奖、国家自然科学奖二等奖，1988年获芬兰帕尔门（E.Palmen）国际奖。

谢义炳是我国著名气象学家，也是推动我国气象现代化的功臣。他将爱国情怀融入艰苦奋斗，克服种种困难毅然回到祖国，用他的一生践行着“爱国、救国和报国”的理想信念。他以祖国的需要为研究的方向，发展有自身特色的中国气象事业，正如他常说的：“不要迷信国外权威，走自己的路，拿出中国自己的东西来！”

## 负笈海外，矢志报国

1944年，谢义炳考取美国战时提供的科技人员培训计划，公费赴美留学。尽管他在进入芝加哥大学学习时已拥有硕士学位，但由于国内外培养方式不同且气象学科发展存在差距，谢义炳就先跟着帕尔门读了一段时间硕士，直到1946年9月才成为罗斯贝的博士生。1949年，谢义炳以《北美冷涡的选例分析》论文取得气象学博士学位。20世纪40年代末的芝加哥大学是世界公认的国际气象中心，而罗斯贝和帕尔门均是世界顶级的气象学家。

新中国成立之后，受中美关系的影响，中国留学生回国之路遭到美国的干预和阻拦。美国国务院秉持着一种观念，认为无论是美国的盟友还是对手，都应留在美国境内。在他们看来，将敌人送回国内是愚蠢的，而将朋友交给敌人更是不可接受的。因此，在新中国成立至朝鲜战争爆发前的那段时期，美国主要采取"利诱"的策略来对待中国留学生，试图通过物质诱惑来降低他们回国的意愿，培养他们的亲美情感。然而，谢义炳不为所动，他坚决拒绝了美国的种种拉拢手段。他的理想信念坚如磐石，内心充满了强烈的民族自豪感和深沉的家国情怀。他远赴重洋，负笈求学，目的只有一个，那就是报效祖国。

当得知新中国成立时，谢义炳内心振奋不已。他亲身经历过军阀混战、列强侵犯的黑暗时期，因此更加渴望早日回到祖国，为新中国的气象建设贡献自己的力量。当时，谢义炳已留校进行博士后研究，在气象领域取得了显著成就。他在美国气象杂志上发表的关于切断低压和切变线的论文备受瞩目，被广大学者引用，成为该领域的杰出科学家。这时，谢义炳的夫人正在芝加哥大学攻读博士学位，尚未完成学业，这使"家""国"不能两全。面对复杂的时局、祖国的召唤及自己归国的迫切愿望，谢义炳毅然决定放弃工作，而他的夫人也决定放弃博士学位。在留美中国科学工作者协会的帮助下，这对夫妻克服了重重困难，提前回到了祖国。

## 数理融气象，研究开新篇

谢义炳的学生赵柏林曾这样评价恩师："谢先生起到的重要作用是将现代气象引入中国。当时，他亲笔画的示范性天气图就挂在气象系。"谢义炳回国时带了七八个箱子，带回了大批北半球历史天气图、全球气象资料的幻灯胶片、国内缺少的探空气球皮和填图笔尖。这也是除当时他任职的清华大学外，中国科学院地球物理和气象研究所、中国气象局的首批研究资料。在教学方面，谢义炳带头开设"天气学""气象统计学"等课程，邀请涂长望、赵九章等大批校外专家来校讲课，这些举措极大地提升了清华大学气象系的学术地位，也增强了对归国专家的吸引力。

谢义炳深受芝加哥学派气象学研究的影响，该学派重视基本物理原理，强调以数学物理公式为研究基石。相较而言，国内当时以观测和统计为主的气象研究方法已经落后了。谢义炳借院系调整的机会，提议将清华大学气象系与北京大学物理系结合起来，这一建议得到叶企孙和周培源的支持。经过改组，气象系转变为气象专业，并入物理系，以强化数理基础。谢义炳担任物理系副系主任，全面负责气象专业的建设。他积极邀请叶企孙开设"大气声光电学"，开创了大气物理学的先河。他还邀请中科院数学研究所的庄逢甘开设"流体力学"，并邀请苏联专家讲授"动力气象学"，这些举措不仅丰富了课程内容，也吸引了中国科学院、南京大学及中国气象局等众多人士前来听课，使北京大学气象专业的影响力迅速提升。1961年美国出版的《共产党中国科学》特别提及北京大学气象系："北京大学有一个极强的气象系，为谢义炳教授所领导，非常活跃。"这足以证明谢义炳在推动气象学研究和教育方面取得的卓越成就。

## 响应祖国召唤，明确研究方向

谢义炳的研究方向集中在“大气环流系统的研究”和“东亚降水天气系统与湿斜压天气动力学的研究”两个方面。前者是他留学期间就坚持的研究方向，后者则是他为了祖国的需要作出的选择。

鉴于我国是农业大国，谢义炳深知降水研究对国家的极端重要性。因此，他回国后不久便投身于中国夏季降水问题的研究中。尽管这是气象学领域的一个难题，但他几十年来坚持不懈，始终保持气象为民的初心。美国在这一领域多年来进展有限，美国国家气象中心主任舒曼曾好奇地询问他：“我只做我能做的，你怎么总搞这个难的？”他回答说：“我们一出事儿是影响几十万人的问题，这是关系生产和广大人民生命财产的问题，这是我们的需要，我们不做成吗？”谢义炳在研究中国降水问题时特别强调热带环流的重要性，在台风研究方面也提出台风形成的赤道辐合带上切变不稳定理论，丰富了台风形成的动力学理论。谢义炳在热带天气学和动力学领域的一系列研究成果荣获1978年全国科学大会奖。

1975年8月，河南发生特大暴雨，由于当时缺乏及时有效的预报能力，最终酿成了特大洪水灾害。谢义炳听闻后深感痛心，虽然他不是暴雨预报人员，但他认为作为一名气象工作者，应当承担起解决这一重大难题的责任。当气象研究所向他征询意见时，他果断表示：“气象部门提出的问题，我们气象专业的教师责无旁贷，我们马上组织人力进行科学研究，寻找答案，一定要解决特大暴雨预报的难题。”谢义炳率先组织成立暴雨研究组，还积极与其他单位合作，共同成立北方暴雨科研课题协作组。谢义炳又提出了湿斜压概念和“湿斜压天气动力学”系统理论，阐明降水过程中凝结潜热释放的反馈对大气运动的重要性，由此计算出的斜压不稳定波长与实际分析结果一致。在这一理论的指导下，北方降雨预报能力得到显著提升。谢义炳也因其成果在天气预报中取得重大经济效益，获得了1984年国家科技进步奖二等奖，理论方面的研究则获得1987年国家自然科学奖二等奖。谢义炳在“中国北方暴雨丛书”的序言中写道：“人民群众满意，领导满意，实际预报工作人员满意，是协作组人员的最大宽慰。实际预报人员说：‘现在，在暴雨来临前，我们不慌了！’是对协作组工作的高度赞扬。”

## 深耕中国天气，发展特色气象

谢义炳十分关注中国天气实际状况，并注重气象的创新性研究。他的学生李泽椿院士回忆道：“谢先生除了教学和科研，还关注应用方面。当时在中央气象台和气科院搞短期数值预报、中期数值预报的时候，谢先生教导我们要有创新的科学思维，遇到困难的时候要想办法克服。”谢义炳经常亲赴中央气象台、海洋局及水利部的气象台，深入参与实际天气分析与预报工作，将科研与国家的天气实际紧密结合。20世纪50年代，他几乎每天都会前往中央气象台参与天气预报会商，为联合预报中心的建设及我国数值预报体系的建立发挥了举足轻重的作用。

谢义炳从不重复和模仿前人的成果，坚持中国气象事业的发展必须独具特色，气象研究应紧密结合中国国情，并致力于建立“东方气象学派”。“我国的台风、暴雨，青藏高原的气象状况及其对大气环流的影响等，我们中国人自己不去研究，难道要外国人帮忙研究吗？”“如果一味跟在洋人后边，只求缩小差别，不是中国人应有的民族气质。”他不止一次提到，中国的学者不仅有能力，更有责任深入研究中国及亚洲中低纬度地区的天气系统及降水特征。中国海洋大学教授盛立芳赞叹道：“谢先生重视创新，提出不要盲目，要敢于突破，从我们的要求和实际出发创立东方气象学派，这是何等的气派。”

在谢义炳看来，中国气象事业的发展需建立在坚定的自信之上。他坚信，“只要是真正有特色的，也必定就是世界第一”。他以英国气象学家未能先于挪威气象学家创立气旋波理论为例，“他们的一只脚已跨入发现的殿堂，可惜又退回去了”“有时，耐心地将已扔入废纸箱的稿子重新拾起来，再提炼、修改、完善，也许就成功了”，以此激励中国的气象学者保持自信，勇往直前。

1987年，在庆祝谢义炳从事气象工作50周年的大会上，他满怀豪情地致辞：“自鸦片战争算起，我们用200年的时间，走完了西方600年的路程。以社会主义的优越性，带动人们走向共产主义的光辉前程。至于我们本行，即大气科学技术，现阶段正参加‘世界杯’的‘复赛’，应当争取在下个世纪的前50年通过‘半决赛’和‘决赛’，夺取金牌，向建国100周年大庆献礼。”

## 目光长远，引领气象未来

谢义炳高度关注气象学相关学科的发展态势，认为中国气象科学工作者应摒弃保守态度，积极促进不同科学部门如生物学、农业科学、海洋学、水文学等的融合。他倾注了大量心血，大力扶持海洋学和大气环境科学的建设。国家海洋环境预报中心的吴辉碇追忆道：“谢先生在发展我国海洋事业特别是海洋数值预报方面起到不可磨灭的作用。20世纪80年代中叶，国家科学技术委员会制定的科研规划只有70项，内容已经确定。但在谢先生、叶笃正先生和巢纪平先生的努力下，变成71项，增加了海洋项目。这是海洋项目第一次成为国家重点项目。谢先生全程参与了相关工作，什么问题他都亲自过问。我记得一天深夜，他专门就有关问题到巢纪平先生家讨论。20世纪70年代末他就想到了发展海洋科学。他每周两次骑着自行车到当时的海洋预报总台去指导预报员。”

改革开放以来，谢义炳多次出国访问，积极进行对外科技交流。1979年，他相继参加在国外举办的第一次世界气候大会、世界气象教育大会，并在会上作了新中国气象教育和科学的报告，赢得了广泛赞誉，该报告更被选登在世界气象组织的刊物上。他对中日西北太平洋云辐射试验的成功给予了很大支持，推动了《中美科技合作协定》的签署，打开了气象国际合作之门，使众多青年科学家有机会赴美深造，推动了我国气象事业与世界接轨的进程。

1995年8月24日，谢义炳与世长辞。他将一生献给中国的气象事业，富有爱国情怀和科学情怀，永远不忘“为人民服务”的初心，是当之无愧的一代宗师！

（温馨）

# 1951 年

## 黄昆：成为世界领头的固体物理学家

### 人物简介

黄昆（1919年9月2日至2005年7月6日），浙江嘉兴人，著名固体物理、半导体物理学家，中国科学院院士。1941年毕业于燕京大学，1942年考取西南联合大学理论物理研究生，两年后获北京大学硕士学位，1945年赴英国布里斯托大学留学，1948年获英国布里斯托大学博士学位，1951年回国到北京大学任物理系教授。曾任中国科学院半导体研究所研究员、所长等职。曾获得1995年何梁何利基金科学与技术成就奖、1996年陈嘉庚数理科学奖、2001年度国家最高科学技术奖。

半导体学科随着半导体产业和信息产业的发展，其战略意义日益凸显。黄昆正是中国半导体学科的奠基人，是中国半导体学界的一代宗师。

## 物理系“剑客”名动欧洲

黄昆1919年出生在北京，1937年中学毕业后，他根据自己的兴趣报考了燕京大学物理系。当时的燕京大学物理系已成立十余年，教学氛围求实、宽松，尤其注重培养高层次物理人才。黄昆在大学期间涉猎广泛、自主学习，并醉心于研究刚刚创立的新学科——量子力学。他的毕业论文《海森堡和薛定谔量子力学理论的等价性》就是在自学的基础上完成的。

1941年，大学毕业的黄昆被推荐到西南联大物理系任助教，第二年考取了西南联大理论物理系的研究生，师从著名物理学家吴大猷。此时的西南联大环境异常艰苦，但聚集了多所大学的师资力量。以黄昆所在的西南联大物理系为例，集中了清华大学、北京大学、南开大学3所大学物理系的精英，名师云集、人才济济。同班同寝的黄昆、杨振宁、张守廉3人经常因为物理学等各种问题争论不休，被称为西南联大“三剑客”。提起这段经历，杨振宁说：“我一生中最重要的一年，不是在美国做研究，而是当时和黄昆同住一舍的时光……正是这些争论，使我找到了科研的感觉。”黄昆则称赞杨振宁是“天才”，“跟他讨论问题，我觉得在当时对我有很大好处……因为毕竟他的天赋更高一些”。

1945年，黄昆考取了“庚子赔款”公费生赴英国深造，跟随著名理论物理学家莫特教授攻读博士学位，研究方向是新兴的物理学分支——现代固体物理学。1947年春，黄昆完成了“稀固溶体的X光漫散射”研究，提出了固体中杂质缺陷导致X光漫射的理论，开创了X射线研究的新领域，后来这种现象在国际上以黄昆的姓氏命名为“黄漫散射”。同年，黄昆完成了《金银稀固溶体的溶解热和电阻率》的论文，开始在固体物理领域初露锋芒。

博士毕业前，黄昆到爱丁堡大学做交流学者。在这里他遇到了量子力学、晶格动力学的开创者，诺贝尔奖获得者马克斯·玻恩。玻恩注意到黄昆对物理学有深刻的洞察力与理解力，他对这位既懂德语又熟悉晶格动力学理论的年轻人赞赏不已。玻恩把自己的晶格动力学书稿框架交给了黄昆，希望与他合作完成。

黄昆对书稿作了大量增补，不仅以严谨的论述和非常清晰的物理图像对固体物理学的最基本领域进行了系统阐述，还以一系列创造性工作完善和发展了这门学科的理论。《晶格动力学理论》自1954年问世，一版再版，经久不衰，黄昆的贡献让《晶格动力学理论》成为该领域的第一部权威专著和标准参考文献。英国剑桥大学科学委员会主席艾利奥特说："我是在学习玻恩和黄昆合著的《晶格动力学理论》一书，受到教益和启发以后，才开始研究晶格动力学的。"美国麻省理工学院物理系主任则说："我把黄昆的书像圣经一样放在我的书桌上。"玻恩在该书的序言中写道："本书之最终形式和撰写应基本上归功于黄昆博士。"他曾两次在写给爱因斯坦的信中提到黄昆，他说："书稿内容现在已经完全超越了我的理论，我能懂得年轻的黄昆以我们两人的名义所写的东西，就很高兴了。"

在撰写《晶格动力学理论》的同时，黄昆在利物浦大学理论物理系任博士后研究员。这一时期的黄昆在科研活动中踊跃攀登，硕果累累。黄昆提出了"黄方程"和"声子极化激元"的概念，又与李爱扶共同提出多声子的辐射和无辐射跃迁的量子理论，被称为"黄－里斯理论"，这些开拓性成果推动了新分支学科的诞生，奠定了黄昆在固体物理学领域举足轻重的地位。

## "书生"能为祖国做什么

20世纪40年代末，黄昆在欧洲物理学界声名鹊起，而他更关注如何回国，以及“书生”能为祖国做什么。他曾设想在中国“组织一个真正独立的物理中心”，而且觉得这比个人获得诺贝尔奖更有价值，他始终把献身于国家科学事业比获得个人成就看得更重。在给杨振宁的信中黄昆写道：“看国内如今糟乱的情形，回去研究自然受影响，一介书生又显然不足以挽于政局”，“如果在国外拖延目的只在逃避，就似乎有违良心。我们衷心还是觉得，中国有我们和没有我们，makes a difference”。

玻恩在写给爱因斯坦的信中不但表达了对黄昆学术贡献的欣赏，还提到“他是一位热忱的共产主义者，当他听到毛泽东战胜蒋介石的消息时，就想回国参加正在进行的一切事情”。1951年，黄昆收到了恩师饶毓泰的来信，邀请他到北京大学物理系任教授一职。黄昆抛下英国的一切，暂别了女友，转道香港回国。

## “世界领头的固体物理学家”

黄昆回国后在北京大学物理系任教。1952年国内院系调整，北大物理系成为国内物理学重地，饶毓泰、叶企孙、周培源等物理学泰斗齐聚一堂，北大物理系的学生人数也大幅增加。黄昆全身心投入基础物理教学研究中，潜心培养中国新一代物理学人才。

在黄昆的倡议和坚持下，北大开设了固体物理课，并创建了中国第一个半导体物理专业。黄昆邀请国内与苏联的多位物理学家为学生讲授固体电子论、半导体物理等课程。在那个年代，固体物理、半导体物理学都没有现成的教科书，他就花费大量时间和精力编著了《固体物理学》《半导体物理学》（与谢希德合著）等教材。可以说，黄昆在北大物理系的教学与研究工作，开创了固体物理在中国的学科发展，为中国半导体科学技术的发展奠定了基础。

中国科学院院士王阳元上大学的第一节课便是黄昆先生教的“普

通物理”。他说：“他（黄昆）每讲一节1.5小时的课程，要花费10小时的时间备课，如此严谨的治学态度和对物理学深入剖析及其卓越的逻辑思维能力，以及一切从实际出发、求真求实的科学作风，一点一滴地影响着我的治学、做人与育人。”

黄昆的名字在国际物理界沉寂了多年，《稀固溶体的X光漫散射》发表20年后，黄昆的理论被德国科学家在实验室中证实；1972年第一届关于极化激元的国际学术会议召开时，黄昆20年前的论文被重新刊印，他的开创工作得到高度评价。在他多年前的学术成果不断得到国际学界的承认与褒奖时，他却默默奉献在执教第一线，为了中国的物理学教育不辞辛苦、全心奉献。他说：“回国后全力以赴搞教学工作，是客观形势发展的需要，是一个服从国家大局的问题。这也并非我事业上的牺牲，因为搞教学工作并没影响我发挥聪明才智，而是从另一方面增长了才干，实现了自身价值。”

1977年，邓小平亲自点名，让黄昆担任中国科学院半导体研究所所长。黄昆担任所长期间，调整半导体科研方向、重新组织科研队伍，还加强和建立了半导体物理研究队伍。同时，他也迎来了自己科研事业的“第二春”。黄昆针对国际上在多声子无辐射跃迁理论中出现的疑难问题，重新开展了研究。1979年，黄昆受邀访问意大利国际理论物理中心，这不仅是黄昆个人在国际学术舞台上的复出，也是中国物理学的复出。他建立的“统一理论”成为连续三届国际半导体物理会议上的“新宠”。

1985年黄昆与合作者朱邦芬院士推出了“黄－朱模型”，提出并发展了关于半导体超晶格光学振动的理论。他们又在“黄－朱模型”的基础上，提出了国际上第一个系统的多量子阱和超晶格中光学声子拉曼散射微观理论。这个新的冠以“黄”姓的理论模型出现后，很少有人知道这位“黄昆”就是与玻恩等大师泰斗同时代、共合作的那位

“黄昆”。国际著名的固体物理学家、德国马普学会固体物理研究所前所长卡多纳教授满是敬意地说：“他好比现代的凤凰涅槃，从灰烬中飞起，又成为世界领头的固体物理学家。”

### “我自己对自己影响最大”

锐意创新、严谨治学是黄昆一生的原则。他认为，对科研工作者来讲：“一是要学习知识，二是要创造知识……归根结底在于创造知识。”谈到创新，他说：“我文献看得比较少，因为那样容易被人牵着鼻子走，变成书本的奴隶。”“我喜欢与众不同，不喜欢随大流。如果跟着大家做，就没有什么意思。”正是这种治学风格，使黄昆在学术上屡屡攻城略地，一系列以他姓氏命名的“黄”氏理论就是例证。

和黄昆长期合作研究的朱邦芬院士回忆，黄昆每研究一个问题、每评阅一篇论文，总喜欢“从第一原理出发”，即先不看已有文献，而是先独立从最基本的概念开始厘清思路。这种自主学习研究的习惯是在他中学时养成的。黄昆回忆自己上中学时，伯父要求他做完课本上所有数学题，因忙于做题，便很少看书上的例题，“这一偶然情况有着深远影响，使我没有训练出‘照猫画虎’的习惯”。

当被问及“谁对您的一生影响最大”的问题时，他语出惊人：“我自己对自己影响最大。像我这样考虑问题，没有太大的天赋也能做出很好的工作。”

2001年，黄昆获得国家最高科学技术奖。一开始，当得知中国科学院要推荐自己时，黄昆就表示，早年曾经做过一些工作，但自己岁数大了，不应该再把这样的最高荣誉授予他，应该考虑其他更合适的人。为此，他还亲笔给中国科学院半导体所所长郑厚植写了意见，表达了他的想法。所里向黄昆作了解释，推荐他申报国家最高科学技术奖，不是个人行为，是组织决定，是中国科学院的决定。

“渡重洋，迎朝晖，心系祖国，傲视功名富贵如草芥；攀高峰，历磨难，志兴华夏，欣闻徒子徒孙尽栋梁。”这是北京大学物理系师生在黄昆70岁寿诞时赠送给他的一副对联，也正是黄昆矢志不渝为中国教育和科技事业作出无私奉献的真实写照。

（杨志宏）

# 李薰：善于“指兔子”的物理冶金学家

## 人物简介

李薰（1913年11月20日至1983年3月20日），出生于湖南邵阳，著名物理冶金学家，我国冶金科技事业的开拓者和奠基人。1936年毕业于湖南大学矿冶工程系。1937年赴英国谢菲尔德大学冶金学院深造，先后于1940年、1951年获得哲学博士学位和冶金学博士学位，任该院研究部负责人。1951年冲破重重阻挠回国，领导创建中国科学院金属研究所，历任中国科学院金属研究所所长、中国科学院沈阳分院院长等职，于1955年选聘为中国科学院学部委员（院士）。1981年，调至北京担任中国科学院副院长兼技术科学部主任。他长期从事严格保密的国防尖端科学研究，在航空航天金属材料研究方面作出了卓越贡献。

李薰是我国著名物理冶金学家，是世界公认的钢中氢研究领域的创始人。他归国创建中国科学院金属研究所（以下简称金属所），是中国冶金科技事业的开拓者和奠基人。“指兔子、打兔子、捡兔子”——李薰用形象的比喻把科研工作分为三类：“指兔子”是确定科研方向；“打兔子”是直接参与科研工作；“捡兔子”是做辅助工作，大家团结合作才能取得成果。而他就是一位善于为祖国科技事业“指兔子”的科学家。

## 海外成名，开创钢中氢研究领域

1913年11月20日，李薰出生于湖南省邵阳县仁风乡一个颇有名气的书香门第，自小受到良好的中华优秀传统文化教育。1932年，李薰被保送进入湖南大学矿冶工程系读本科，连续4年获湖南省教育厅奖学金和湖南大学免学费奖。由于成绩优异，同学们都叫他“爆脑壳”，意思是“绝顶聪明的头脑”。1937年，李薰考取公费留学名额，于8月启程远赴英国谢菲尔德大学冶金学院深造。此时正值七七事变爆发一月有余，李薰人生旅途上的重要一步与中华民族命运的历史转折交织在一起，他更加感受到自己肩负的国家和民族使命之重。

谢菲尔德这座城市素有“英国钢都”之称，谢菲尔德大学冶金学院在当时的科技界享有盛誉。李薰回忆，在读博期间，他“从来没有在晚上12点以前睡过觉，也从来没有在早晨5点以后起过床”。凭借优异的学业成绩和出色的研究工作，李薰获得了谢菲尔德大学颁发给研究生的最高荣誉“白朗敦奖”，并用不到3年的时间获得了哲学博士学位。

受“二战”影响，李薰毕业后无法马上回国，于是留校继续从事科研工作并指导研究生。1938年，一架英国皇家空军战机在演习中坠落，机毁人亡。这次事故的原因是飞机引擎主轴内部出现了头发丝般粗细的裂纹，称为“发裂”。经过研究，李薰提出钢中氢可能是造成飞机发裂的原因，并通过实验揭示了钢中氢脆的科学奥秘及去氢规律。这一成就轰动了西方科技界，李薰成为该领域公认的创始人，同时也解决了英国军工部门所需优质合金钢生产制造中的技术难题，帮助英国在“二战”中取得了决定性胜利。

1951年3月，凭借钢中氢等突出研究成果，谢菲尔德大学授予李薰冶金学博士学位。这种高级科学博士学位通常颁发给公认在相关领域作出杰出贡献的学者。自谢菲尔德大学设立冶金学博士学位以来，在1923—1951年，李薰是获得该学位的第二人，也是第一位亚洲人。好友王大珩在给李薰的祝贺信中写道："这真是不容易得来的荣誉，它将为中国冶金界树立起一面旗帜。"

英国优越的生活工作条件并没有磨灭李薰心中根深蒂固的爱国情。他有时会哼唱起《苏武牧羊》这首歌，想起灾难深重的祖国，竟流出了眼泪。英国同行多次劝李薰在英国安家落籍，但他明确回答："我永远是中国人。"在李薰心中，念念不忘的是以己之长报效祖国。

1950年8月和11月，李薰先后收到时任中国科学院计划局局长钱三强、中国科学院院长郭沫若的来信，邀请他回国为新中国筹建中国科学院冶金研究所。他欣然应允，毅然放弃了经过多年奋斗取得的学术地位和优厚待遇，向谢菲尔德大学提出辞职。但由于英国当局阻挠，直到1951年6月，李薰才取道香港踏上归国之路。

## 白手起家，擘画创建中国科学院金属研究所

中国科学院金属研究所是新中国成立后第一个以现代科学理论为基础建立的专业金属研究所，也是中国科学院系统内第一个"从无到有"建立起来的研究所。李薰多次在关键时刻"指兔子"，为金属研究所的发展指明方向。同事常说，"李所长最突出的特点就是看得远"。

在筹建过程中，李薰对所名和选址提出了建议，均被采纳。一方面，由于当时上海已有以"冶金"为名的中国科学院冶金陶瓷研究所，且金属研究比冶金研究的覆盖范围更广，李薰建议将原定的"冶金研究所"改为"金属研究所"；另一方面，金属所的选址有北京和沈阳两个方案。李薰赴沈阳实地考察后，决定选址沈阳，理由是沈阳地处

多个钢厂的中心地带，便于直接了解冶金企业生产的实际情况，更有利于为我国钢铁产业的发展作出贡献。1951年深冬，李薰带领同事和学生来到沈阳南湖，望着脚下这片被白雪覆盖着的茫茫郊野，他充满信心地说：“我们的事业就从这里开始。”沈阳的建所工作开始后，李薰这位刚从英国归来的“洋教授”，又是南方人，跟大家一起吃简易食堂、住集体宿舍，从未提出过半点特殊要求。有人问他：“过得惯吗？”他答道：“我们在办自己的事，生活再苦心也甜。”

1953年，金属研究所正式成立，李薰被任命为首任所长。李薰认为，人民拿出这么多钱来建立这个研究所，应当给国家建设解决实际问题。他常说：“不要当‘波斯猫’，供人玩赏不捉耗子。我们要给国家‘捉耗子’。”李薰敏锐判定，提升冶金技术水平是当务之急。建所初期，金属研究所工作重点是改进钢铁质量，支援各大钢厂建设。

1958年，为适应国家战略需求，李薰决定将金属所的主要研究方向调整为国防尖端新型材料研发，组织开展了高温合金、难熔金属、表面涂层、原子能材料等方面的研究。他为我国第一颗原子弹、第一颗重返地面人造卫星、第一架超音速喷气飞机、第一艘核潜艇，提供关键材料，开拓尖端技术，作出了不可磨灭的贡献。参与高温合金研究工作的胡壮麒院士说：“李薰好就好在抓对了方向。方向要指对，这一点非常重要，这就是‘指兔子’……没有李薰，就没有高温合金。”在核燃料元件研发中，李薰带领团队从事铀冶金工作，日夜不停苦干了10年，但出于保密的原因，公开发表的只有一篇两页纸的论文。一代青年才俊，众多无名英雄，支撑起中国的脊梁。在回忆“两弹一星”的研制工作时，中国科学院党组原书记张劲夫将李薰誉为“沈阳金属研究所最强的科学家”。

在李薰创建和领导金属所的30年中，金属所的研究成果多次赶超国际先进水平、填补国内空白，3次获得国家科技进步奖特等奖（覆盖奖），1项国家技术发明奖一等奖和1项国家科技进步奖一等奖。1981年，英国金属学会代表团在我国参观考察后称："在中国冶金方面的研究工作，各地参差不齐，而其高点可能是在沈阳的中国科学院金属研究所。"

## 言传身教，培养可下"五洋捉鳖"的科技人才

李薰强调科研工作的前沿性和原创性，他经常勉励青年科研人员，"搞科研工作不要满足于'瓮中捉鳖'，要去'五洋捉鳖'"。他认为，人是科学技术活动中最活跃的因素，"一个研究所所起的作用不取决于人的多少，而取决于人员的技术水平"。为此，他特别重视中青年科技人才的培养。

金属研究所筹建时期，分配到所的大学生普遍缺乏金属专业理论和生产实践知识。李薰制定了边建所边工作边培养边学习的方针。在中国科学院院部大楼的地下室，李薰和所内外专家亲自执鞭任教，为青年人补习专业课程，办起了"走廊大学"。

同时，李薰向各大钢厂派遣炼钢小分队，与炼钢工人一起发现和解决钢铁冶炼中出现的各种技术问题，这一做法一直持续到1958年金属所将主要研究力量转向新型材料研发。李薰也经常到钢厂了解生产一线情况。1952年，李薰参观鞍钢，向工作人员讲述钢材的高质量取决于每道工序的高质量。在鞍钢炼铁厂工作的周传典曾接待过李熏，他回忆道："当时我是一名技术员，李薰同志已是中外闻名的学者，他平易近人，与我交谈，教诲良多。"这种深入生产一线的科研活动，解决了许多钢铁生产中的难题，提升了产品质量，也为金属研究所训练了一大批富有实践经验的科技人才。

20世纪60年代，金属研究所利用暑假时间先后举办了金属电子论、位错理论等学习班，所有学员必须参加考试并公布成绩。张榜那天，人们惊讶地发现李薰的名字也在榜上，且名列前茅。原来，有的学员

以工作繁忙为由，向李薰提出不公布成绩。对此，李薰并没有提出批评，而是以身作则、率先垂范，与大家一起参加考试并公布成绩。这一做法极大地激励了学员。在李薰的带动下，金属研究所的图书馆总是座无虚席，西大楼常常彻夜灯火通明。一位刚入所的大学生感叹道：“一进所就感到有压力，不拼命学不行啊！”

金属学与金属物理是一门实验科学。李薰强调：“实验技术对于我们搞应用科学的人来说尤其重要。”在英国时，李薰自己设计制造了一套真空定氢仪，成为英国最早的定氢仪原型。张沛霖院士在谢菲尔德大学跟随李薰学习，他回忆道：“自己努力学会掌握实验技术，是李薰在英国实验室养成的习惯。我是在李薰这种刻苦钻研精神的感召下，学会了焊接技术的。一般在实验室里，凡是李薰会的，我们大家都跟着学，李薰对我们潜移默化的影响是很大的。”在金属研究所，李薰非常重视提高青年科研人员的实验技术，除了必需的金相、热处理操作外，他还要求大家掌握车、钳、铣、刨、吹玻璃等基本技能。

李薰的言传身教为金属所培养了一批优秀的青年科技人才，在20世纪六七十年代的多项攻关任务中起到了重要作用。他提倡严谨、严肃、严格的“三严”精神，在金属研究所内形成了一个“学术自由、勇于创新的和谐小社会”。

## 鞠躬尽瘁，规划国家科技发展蓝图

李薰学识渊博、视野宽广，极具战略眼光。他不仅引领金属所的发展方向，也常常为祖国科技事业“指兔子”。

1956年，新中国组织制定第一个全国科技规划，李薰担任冶金学科方向的召集人，并参加综合组工作。实际上，1955年，李薰就对冶金学科的长远规划进行了深入思考。他认为，长远规划必须结合我国国情、提出与国家生产建设有关的重大问题，特别是“今后应该考虑的一些专业性或综合性的问题”。李薰提出，应当重点研究与发展适合我国资源特点的合金钢系统、开展钛基（及锆基）合金等新材料研究。这些意见建议最终都被纳入《1956—1967年科学技术发展远景规划》中，对我国冶金领域的科研布局和长远发展产生了深刻影响。此后，李薰参加各种规划的制定，为冶金学科、航空材料的发展贡献自己的才能和智慧。

1981年，李薰被推选为中国科学院副院长兼技术科学部主任。他锐意改革、励精图治，大力推进技术科学的发展，强调不能完全依靠引进外国的技术和设备，而是要“真正独立自主地发展我国的经济和科学技术”。他倡议组织学部委员对中国科学院各研究所进行评议，为后续推进体制改革起到了促进作用。他敏锐发现科技工作中的创新思想和人才，积极开拓新的学科领域，例如，支持海洋机器人研究，关心我国计算机和大规模集成电路发展等。

1983年3月20日，李薰为探索科学研究面向经济建设的新途径，在前往攀枝花钢厂考察行经昆明时，不幸溘然长逝，终年70岁，他为祖国科技事业战斗到生命的最后一息。直到今天，同事和学生常常会想起那个夏夜绿荫下蹲在路旁与工人对弈、工余在单身宿舍与青年科技人员谈心的老所长。他代表着一种信仰、一种精神、一种作风，激励着一代又一代科研人员。

（武晨箫）

# 徐光宪：提取高纯度稀土达到 99.99%

## 人物简介

徐光宪（1920年11月7日至2015月4月28日）出生于浙江绍兴。1944年毕业于上海交通大学化学系。1951年获美国哥伦比亚大学博士学位。历任北京大学原子能系（后改为技术物理系）副主任、稀土化学研究中心主任、国家自然科学基金委员会化学科学部主任、中国化学学会理事长、中国稀土学会副理事长等职。1980年当选中国科学院学部委员（院士）。徐光宪院士基于对稀土化学键、配位化学和物质结构等基本规律的深刻认识，发现了稀土溶剂萃取体系具有“恒定混合萃取比”基本规律，20世纪70年代建立了具有普适性的串级萃取理论。该理论已广泛应用于我国稀土分离工业，彻底改变了稀土分离工艺从研制到应用的试验放大模式，实现了设计参数到工业生产的“一步放大”，引导了我国稀土分离科技和产业的全面革新，使我国实现了从稀土资源大国到生产和应用大国的飞跃，为稀土功能材料和器件的发展提供了物质保证，大大地提高了我国稀土产业的国际竞争力。先后获得国家自然科学奖二等奖（1987年）和三等奖（1987年），国家科技进步奖二等奖（1998年）和三等奖（1991年）、何梁何利基金科学与技术进步奖（1994年）、全国高等学校优秀教材特等奖（1988年），何梁何利基金科学与技术成就奖（2005年），国家最高科学技术奖（2008年度），以及多项省部级科技奖励。

“谁掌握了稀土，谁就全天候掌握了战场。”作为工业“维生素”，稀土是隐形战机、超导、核工业等高精尖领域必备的原料，提炼和加工难度极大、珍贵稀少。我国之所以拥有全世界最成熟的稀土工业体系，主要源于徐光宪的贡献。

## 漫漫回国路，拳拳赤子心

1920年，徐光宪出生在绍兴，他的父亲是一名律师，但对数学和围棋十分感兴趣。父亲从小就喜欢让徐光宪做一些类似“鸡兔同笼”的数学题，训练他的数学思维。父亲还会教徐光宪下棋，锻炼他的逻辑思维。父亲过世后，母亲对徐光宪的影响凸显出来，她常教导徐光宪“家有良田千顷，不如一技在身”，要勤奋，要努力。徐光宪成为科学家，离不开父母对他的教导，父亲带领他进入数理化的领域，而母亲使他懂得勤奋是通往成功的必要条件。

1940年，徐光宪考入上海交通大学化学系，在这里他认识了同班同学高小霞，也就是以后与他同甘共苦共同奋斗的妻子。1949年9月，徐光宪用一年时间获得哥伦比亚大学理学硕士学位后，开始师从贝克曼教授攻读博士学位，研究方向是量子化学。在哥伦比亚大学学习期间，徐光宪接连当选美国 Phi Lambda Upsilon 荣誉化学会会员和 Sigma Xi 荣誉科学会会员，拿到被称为“开启科学大门”的金钥匙。

徐光宪最初出国留学就存了学成报国之心，在美国留学期间徐光宪与妻子高小霞一直心系祖国。新中国成立的消息传到美国，在哥伦比亚大学就读博士的徐光宪带着妻子高小霞和学友一起，召开了庆祝中华人民共和国成立大会。他们背一大袋面包、香肠和饮料，到纽约中央公园举行聚会，没有旗帜的他们立下一块“胜利酒家”的牌子用来庆祝新中国的成立。朝鲜战争爆发后，徐光宪和妻子高小霞放弃了国外的优越条件，同时放弃的还有妻子高小霞马上就要获得的博士学位。

1951年初，美国提出法案，想要阻止中国留学生回国，但法案生效需要大概半年时间，徐光宪和高小霞决定趁此空当回国。当时回国的签证已经很难办理了，夫妻二人就以家中母亲身体抱恙，需回国探亲，一个月后还会返回美国为借口，获得了签证。他们回国所坐的邮轮，正是美国政府“禁止中国留美学生归国”法案正式生效前，驶往中国的倒数第三艘邮轮。

## 立身一清如水，为国一片丹心

1951年9月，徐光宪到北京大学后，继续从事量子化学研究，但是当时国内的实验条件与在国外学习期间相比，差别很大，想要在量子化学领域进行前沿研究，非常困难，于是，徐光宪就开始考虑转换到溶液络合物化学方向。这是徐光宪科研方向的第一次转向——从量子化学到络合物化学。1957年8月，北京大学撤销物理研究室，成立放射化学教研室（对外称“物质结构教研室”），钱三强到北大调阅档案，建议任命徐光宪为放射化学教研室主任。徐光宪认为国家需要是第一位的，他服从组织分配，从配位化学转到放射化学专业方向。业界有这样的说法：“谁掌握了稀土，谁就全天候掌握了战场。”我国虽拥有世界上最大的稀土资源储备量，但直到20世纪70年代，还不具备提取高纯度稀土资源的能力，只能通过向国外出口廉价的稀土原料“换取”进口的高纯度稀土产品。为了走自力更生的道路，打破外国人在稀土领域的垄断，1972年，徐光宪所在的北京大学化学系接到了一个军工任务，即高纯度地分离稀土元素中性质最为相近的镨和钕。徐光宪说：“（镨和钕）这两种元素比孪生兄弟还要像，分离难度极大。但中国作为世界最大的稀土所有国，长期只能出口稀土精矿和混合稀土等初级产品，我们心里不舒服。所以，再难也要上。”为了解决科研难题，徐光宪阅读了大量文献，每周工作80个小时，在美国宣告失败的维拉体系中获得启发，创造出一套新的串级萃取理论，并打破世界纪录，将纯度提高到99.99%。他和同事还率先办起“全国串级萃取讲习班”，使新的理论和方法广泛用于实际生产，大大提高了中国稀土工业的竞争力。

1977年3月，钱三强又来到北京大学，他觉得国际形势发生改变需要徐光宪再次发挥自己的长处，于是徐光宪回到了量子化学专业。重回量子化学专业的徐光宪，利用计算机自行编写程序，开发出了中国第一个量子化学从头计算程序，改进了量子化学计算方法，提出了原子价及其共价的新定义和量子化学定义，以及分子结构的判定规则，改进了休克尔分子轨道理论并提出正弦型同系线性规律，在稀土配合物的电子结构和化学键领域作出独特贡献。此外，他还在量子化学领域培养了研究人才，积极推动中国化学研究的国际交流与合作。

对于科学研究，徐光宪认为：“能够坚持同一个方向，那成就就能够大一点，老是变换方向，学业上的成就还是会受影响。不过那时候国家需要我转变方向，我还是服从国家需要。”

## “稀土紧紧连着我和我的祖国”

徐光宪轰动世界的事业巅峰，与“稀土工业”密不可分。为扭转我国稀土工业的落后状况，1972年，徐光宪转向稀土分离方法的理论和实验研究。近40年中，他带领科研团队潜心钻研、不畏挫折，最终创立了具有普适性的“串级萃取理论”，并引导稀土分离技术的全面革新，将我国稀土萃取分离工艺提高至国际先进水平，实现了从稀土“资源大国”到“生产大国”的飞跃。“串级萃取理论”的广泛应用提升了我国在国际稀土分离科技和产业竞争中的地位，从而改变了世界稀土产业和市场格局。这被国际稀土界惊呼为“中国冲击”。徐光宪荣获2008年度国家最高科学技术奖，成为中国化学、化工界首位获此殊荣的科学家。

徐光宪一生情系稀土研究。除稀土分离基础研究领域与稀土配位化学，以及稀土生物化学、稀土功能材料外，他对稀土研究的其他领域也相当关注并倾心扶持。他密切关注与稀土资源相关的环境保护与资源可持续利用问题。为此，徐光宪亲赴内蒙古白云鄂博和四川攀枝花冕宁矿区考察，并两次向中央提交有关白云鄂博稀土和钍资源可持续高效清洁利用方面的书面建议。2005年9月29日，徐光宪和师昌绪等15名院士联名发出了“关于保护白云鄂博矿钍和稀土资源，避免黄河和包头受放射性污染的紧急呼吁”，提出白云鄂博主矿和东矿稀土和钍矿资源利用严重不足，并且未被利用的钍对包头地区和黄河造成放射性污染等问题。建议国家应该限制白云鄂博主矿和东矿的开采量，用尾矿坝提供稀土需要，进一步提高选矿回收率，收购钍作为战略能源储备等建议。国家对徐光宪等院士的建议十分重视，国家发改委、国土资源部、国家环保总局等部门组成调查组，对白云鄂博矿综合利用进行调研，国土资源部还下令限制稀土产量，挽回了一部分廉价出口稀土的损失。

因祖国需要，他毅然回到祖国；因祖国需要，他四改研究方向；因祖国需要，他两次上书国家。穷其一生，徐光宪从未忘记矢志报国的初心，为国家的稀土事业贡献了毕生的心血。

（王妍）

# 颜鸣皋：我国航空材料界的拓荒者

## 人物简介

颜鸣皋（1920年6月12日至2014年12月24日），浙江慈溪人，材料科学家、金属物理学专家，中国科学院院士。1942年毕业于重庆中央大学机械系。1947年获美国耶鲁大学冶金科学硕士学位，1949年获工学博士学位。1951年回国，在北京工业学院（现北京理工大学）冶金系任教授。1957年调入北京航空材料研究所，历任研究室主任、总工程师、技术副所长、科技委主任、高级技术顾问等职。曾担任全国科联秘书处处长、中国金属学会副秘书长、常务理事，材料学会理事长，中国航空学会常务理事、学术委员会主任委员等。1999年被国际疲劳大会授予“国际疲劳大会终生荣誉会员奖”，2001年获何梁何利基金科学与技术进步奖，1991年当选为中国科学院院士（学部委员）。颜鸣皋是我国航空钛合金研究工作的开创者之一，组建了中国第一个钛合金研究室，他在金属织构理论、航空钛合金研究、航空高温合金应用基础研究和航空金属材料疲劳与断裂研究等领域作出了卓越贡献，取得了一系列系统性、创造性的成果。他亲自指导培养研究生和博士后，为航空材料领域培养出一批杰出人才。

第一次见到颜鸣皋院士是在2010年冬，我们到武警总医院看望他。颜院士那时已病重在床，却硬要扶着助行器站起来，热情而庄重地跟我们每个人握手。已经90岁高龄的他脸庞瘦削，但精神矍铄，与我们畅谈了一个多小时仍然兴致勃勃，护士只好“强行”打断并请他去休息。身边工作人员介绍道，颜院士依然密切关注着世界航空材料学研究发展和国家战略政策，他的病房时常成为专题学术讨论的场所，甚至成为他和专家领导研讨的“会议室”。

## 辗转多地一心向学

1920年6月12日，颜鸣皋出生于河北省定兴县。由于父亲在火车站工作，他们一家经常要跟随父亲的工作搬家，这种动荡的生活一直持续到6岁，他才被送回宁波慈城老家接受启蒙教育。颜鸣皋自幼聪慧，读书也十分刻苦，五年级时，他就跳级考取了武昌博文中学。博文中学是一所英国人开办的教会学校，很多课程采用英文授课，这里的学习为颜鸣皋打下了坚实的基础。由于战乱，颜鸣皋后又辗转至北京、武汉等多地求学，最终于1938年考取了重庆中央大学机械工程系。

当时，中央大学的宿舍是搭建的竹棚，四面透风，一到冬天，学生常常被冻得难以入眠，还要时常躲避日寇的飞机轰炸。在这样艰苦的环境下，颜鸣皋以优异的成绩从中央大学毕业，取得了工学学士学位。毕业后，他怀着一颗火热的心进入中央工业试验所工作，参与了万能试验机的设计制造，并对楠竹开展了一系列力学试验，从此踏上了材料应用研究之路。

## 赴美进修崭露头角

1945年，颜鸣皋被选中公派赴美进修精密机械制造，在美国普惠航空发动机公司任实习工程师，从此与航空结缘。为了多学知识，他利用休息时间前往耶鲁大学冶金系旁听，并于1946年春正式申请进入耶鲁大学攻读金属物理学。仅用一年时间，颜鸣皋就获得了冶金科学硕士学位。同年，他发表论文《金属加工织构的研究》，第一次同时对三种常见晶系的滑移系与加工织构进行了推算。这项研究被当时的学界视为织构专著中较完整和成功的织构形成理论之一，受到了国际冶金界的关注。1948年，他又在铝单晶横断弯曲试验研究工作中取得新的进展，提出著名的“显微弯曲假说”，解释了金属在拉伸、压缩和轧制下的一系列塑性变形现象。同时，在铜织构研究中，他创造性地把X射线掠射法用于织构测定，对微量杂质磷在固溶和化合物状态时对再结晶织构的影响，提出了独到的见解。1949年春，颜鸣皋被破格选为美国“希格玛赛”科学荣誉学会荣誉会员。同年7月，他以“铝单晶体的横断弯曲研究”为题，完成了自己的博士论文，获得耶鲁大学工学博士学位。

博士毕业后，颜鸣皋随即被聘为纽约大学工学院副研究员，负责钛合金实验室的筹建工作。钛合金是20世纪40年代发展起来的一种重要的结构金属，在航空航天等领域具有广泛的应用前景。其间，他受美国陆军部的委托，开展钛－碳、钛－氮平衡相图的研究，对钛合金的性能及工业化生产进行研究攻关。他首次提出了关于铜合金和钛合金材料的拉伸、压缩与轧制织构形成的理论机制，填补了该领域的空白。

## 一心归国不屈抗争

尽管在国外享受着优厚的待遇，但颜鸣皋一直心系祖国。“我的祖国一穷二白，需要我们这些人回去，报效国家，这是一个知识分子的良心和责任。”颜鸣皋这样向纽约大学工学院研究部主任尼尔森教授解释自己的选择。

1949年6月，颜鸣皋参加了“留美科协”在美国匹兹堡召开的全美代表大会。1950年初，他被推选为协会监事和冶金小组组长，开展动员留美同学回国参加新中国建设的活动。同时，他还负责与国内联系，收集国内来信，并向在美留学生传递《留美科协通讯》。

为了国家能更好地发展冶金和材料研究，颜鸣皋组织冶金小组成员集体翻译了《金属物理引论》，制定了统一的冶金学名词，后来成为我国第一部《冶金学名词》的重要基础资料之一。

1950年，颜鸣皋早早就预定了10月上旬回国的船票。但在9月底，他突然被美国联邦调查局的人员带走，以“非法留居”的罪名关押到纽约的埃利斯岛，并被强行退掉船票。他的名字旁边还加了“Red”一词，意思是赤色分子。颜鸣皋没有屈服，他强烈抗争，并扬言要绝食。经过学校和友人的帮助与营救，他才得以走出牢房。1951年2月，历经曲折，颜鸣皋和100多名中国留学生登上了“克利夫兰总统号”，辗转回到了祖国母亲的怀抱。

## 炼钛合金填补空白

归国后，颜鸣皋积极投身国防科技建设，受聘于北京工业学院（现北京理工大学）冶金系，任教授兼金属材料教研组组长。1954年改任机械工程二系（弹药系）系主任，创建了我国武器弹药专业。1956年，颜鸣皋参与编制了我国历史上第一部科学技术发展规划《1956—1967年科学技术发展远景规划》。他倡议的钛合金研究被列为572项科技攻关中的72个重点攻关项目之一。

颜鸣皋带着党的重托，来到刚刚组建的第二机械工业部北京航空材料研究所（现中航工业北京航空材料研究院），主持筹建我国第一个钛合金研究室。研究室面临无材料、无设备、无人才等重重困难，成员大多是刚走出校门的大学生，他们完全没有钛合金的概念，有的都没有听说过这个名词。颜鸣皋不得不组织大家“恶补”基础知识，“打好地基”才能正式开展工作。从亲自授课到一点点收集资料，从和大家围坐一起集思广益到亲自动手具体设计，颜鸣皋带领这批青年技术人员在一穷二白的条件下艰苦奋斗，经过无数个不眠之夜的实验，经过无数次“实践—失败—再实践”的过程，他们终于熔炼出我国第一块3千克钛合金铸锭，这块银光闪闪的“宝贝”结束了我国研制不出钛合金的历史。此后，颜鸣皋又带领团队自行研制了25千克真空自耗炉，并开展了一系列钛合金材料的试制加工工作，为我国航空钛合金材料的研制和应用奠定了坚实的基础。一大批科研人员在颜鸣皋的培养下崭露头角，其中就包括后来的中国钛合金研究与应用开创者之一曹春晓院士。

1957年10月，颜鸣皋光荣加入中国共产党，他以自己的实际行动和报国情怀兑现了自己的入党誓言。

## 攻坚克难再创新高

20世纪70年代初，我军正在服役的国产“歼6”飞机多次出现起落架开裂问题，严重威胁到飞行训练安全，为此找到北京航空材料研究所，请正在病休的颜鸣皋参与查找原因。颜鸣皋带领团队对断口形貌进行了系统研究，提出一套简便快速准确的裂纹检测方法。为了对付内孔裂纹，他们还研制出了内孔喷丸强化板带，通过试飞和损伤容限评估，证明了补焊方法的可行性、安全性和实用性，有效解决了开裂造成的安全问题。

这是颜鸣皋科研道路上的一个新航标，他盯住了当时的世界前沿尖端课题——航空材料疲劳与断裂。颜鸣皋敏锐捕捉到断裂力学和新型检测技术在世界航空界的迅猛发展，而我国的研究尚处于空白。他立即组织固体力学与物理冶金相关人员采用宏观力学与微观分析相结合的方法对金属材料的疲劳裂纹扩展展开研究。这些重要的研究成果，为我国新机种选材、服役机种故障分析和延寿作出了重要贡献。颜鸣皋还应用断裂力学分析与错位模型，首次推导出预测疲劳裂纹扩展门槛值的理论计算方程。1978年，由其撰写的《金属疲劳断裂微观机制》正式发表，成为我国第一篇有独立见解、兼顾分析和系统阐述的有关疲劳与断裂微观机制的论文报告。他不仅是我国疲劳与断裂研究的先行者，而且像一名经验丰富的医生，为我国的战鹰疗治损伤、保驾护航。

颜鸣皋一生成果丰硕、贡献卓越。他曾主编和翻译出版过《航空材料学》《镍基高温合金的强化》《金属的疲劳与断裂》等多部专著和译著，先后发表论文200余篇。他还主持编撰《中国航空材料手册（第一版、第二版）》等专业图书和多种力学性能手册，为航空材料生产、科研和教学提供了大量有价值的数据资料。1991年4月，颜鸣皋荣获航空航天部颁发的最高奖励“航空金奖”；1999年，他被授予“国际疲劳大会终生荣誉会员奖”；2001年，他获得何梁何利基金科学与技术进步奖；2009年，他荣获全国侨界“十杰”称号。

## 培养栋梁淡泊名利

颜鸣皋一生获奖无数，但他常挂在嘴上的是这样一句话，“人若无求情自高，人有追求寿亦长”。在他看来，科研最为体现一个人作风和品格，只有无私无畏，勇于献身，才能求得真知。

颜鸣皋把振兴祖国航空工业的希望寄托在年轻人身上，他倾注心血培养青年科技人才。1985年，65岁的他在北京航空材料研究所创立了材料学博士点和博士后工作站。他亲自指导培养了15名硕士、22名博士和9名博士后，这些学生大都成长为各专业领域的技术骨干和学科带头人。

2003年，颜鸣皋将浙江慈城400余平方米的祖居捐赠给了国家。2006年，这座祖宅经修缮后被命名为“慈城院士陈列馆”，里面陈列了包括颜鸣皋院士在内10名院士的生平事迹，也成为慈城青少年教育活动中心。

2014年12月24日，颜鸣皋与世长辞。择一事、终一生，作为中国航空材料界的拓荒者、中国航空钛合金研究的开拓者，颜鸣皋把毕生精力献给了祖国的航空事业。从金属织构理论到航空钛合金研究、从航空高温合金应用到航空金属材料疲劳与断裂研究，他以卓越的学识和高尚的品德，将自己的一生书写在祖国的大地上！

（高文静）

# 夏培肃：甘当人梯的“中国计算机之母”

### 人物简介

夏培肃（1923年7月28日至2014年8月27日），四川江津人（今重庆江津），著名计算机专家和教育家，我国计算机研究的先驱和计算机事业的重要奠基人之一。1945年毕业于国立中央大学电机工程系无线电专业，1945年至1947年为国立交通大学重庆分校电信研究所硕士研究生，1947年赴英国爱丁堡大学电机系攻读博士学位，1950年获博士学位并留校做博士后。1951年回国，供职于清华大学电机系电讯网络研究室，1956年调入中国科学院计算技术研究所。1991年当选为中国科学院学部委员（院士），2011年获首届中国计算机学会（CCF）终身成就奖。

作为我国计算机研究的先驱，夏培肃为我国计算机事业的创建、开拓和发展作出了卓越贡献。她在20世纪50年代成功研制我国第一台自行设计的通用电子数字计算机——107机，从60年代开始在高速计算机的研发方面作出系统的创造性成果，解决了数字信号在大型高速计算机中传输的关键问题。

## 珠联璧合，立下工业救国志

1923年，夏培肃出生于重庆一个教育世家。她从两三岁开始接触古典诗词，从各类经典书籍中感受仁人志士的精神风貌，见识中华文化的博大精深，爱国主义的种子便在她幼小的心灵中扎下了根。抗日战争期间，目睹民不聊生的动荡局势，夏培肃心中无比愤慨，再加之她从小就展露出数学天赋，理科成绩优异，便下定决心报考工科院校，期望日后实现工业救国。

高中毕业时，夏培肃以第一名的成绩考入国立中央大学电机工程系，她在这里发现了自己的特长和兴趣，并结识了留校任教的杨立铭。杨立铭1919年生于江苏溧水县，在日军的轰炸声中随家人一路长途跋涉到四川。他同样早早立下志愿，要学工程，以工业报国。两颗年轻的心在救国理想中走到了一起。他们先后通过留学生考试，相聚在爱丁堡大学。1948年，杨立铭获得理论物理学博士学位，1950年，夏培肃获得电机系博士学位，两人在这一年结为伉俪。当时，夏培肃夫妇已在多项科学研究上取得重要成果，但他们同时也感受到了西方人对中国人深深的歧视，比如留学生每年要按照各类犯人的管理要求去警察局登记，地理书上对中国人的刻画还是男人抽鸦片，女人裹小脚，穷得没钱点灯，穿衣靠西方国家施舍……多年以后，杨立铭回忆："当时我们已有较好的工作待遇，但作为中国人，我们想一定要回祖国参加建设。何况当时解放不久，百废待兴，迫切需要专业人才。至于回国后的工作条件、生活条件我们没有特殊要求，只认为我们已具备了必要的专业基础和科研经验，可以在任何地方独立开展工作。现在正是我们报效祖国的时候。"兴趣相近、知识相通、志向相符，生活与工作的完美结合成就了他们相知相伴的一生。1991年，杨立铭、夏培肃夫妇同时当选为中国科学院院士，科技双星，传为佳话。

## 幸遇大师，成就命运转折点

1950年，华罗庚一封《致中国全体留美学生的公开信》引起强烈反响，海外学子受其感召，纷纷回到祖国母亲的怀抱。夏培肃夫妇也在其列。但夏培肃未曾想到，她竟会被华罗庚直接选中，加入中国第一个计算机科研小组。“一个人在一生中，常常会有一些改变命运的重要转折点。对于我来说，这个重要的转折点出现在1952年秋天的一个晚上、当我第一次谒见华罗庚教授时。”回忆起这段经历时，夏培肃恍如昨日，“他问我们的学历和经历，愿不愿意搞计算机？我当然很愿意，因为我在英国的时候，已经对计算机有所了解了，知道是一门很有前景的学科，所以我们国家要搞的话，我特别愿意搞。所以我当时就表示愿意到华先生手下研制电子计算机，工作就是这么开始的”。正是这个夜晚的决定，让29岁的她走上了开拓中国计算机技术之路，从此把自己的生命与中国计算机事业紧紧地联系在了一起。

科研小组成立之初仅有3人，团队在极其艰难的情况下开始工作，从零开始建立自己的实验室。经过半年的调研和初步的实验，科研小组提出了研制中国第一台通用电子数字计算机的设想和技术路线。由于院所调整和人员变动，到了1958年，最初的3人小组只有夏培肃一人坚持下来。1959年，计算机教研组改名为107计算机研究组，由夏培肃负责。就在研制107计算机期间，中苏关系降到冰点，苏联终止了对中国所有的技术援助，国际上都认为中国的计算机事业发展将止步于此。然而事实并非如此，仅仅一年后，我国第一台自行设计的通用电子数字计算机——107机光荣诞生。夏培肃说：“我们做107计算机是全力以赴。从总体设计、图纸设计，到调试方案都是我设计的。”1960年4月，107计算机连续无差错工作了20小时30分钟，最后是人工停的机。根据美国公布的资料，冯·诺依曼设计的EDVAC计算机到1960年才能达到每天超过20小时的生产性运行，平均无差错工作时间为8小时。至于当时仿制苏联的103计算机，其稳定工作时间更是远远低于107计算机。107计算机共有六个机柜，计算机房占地面积60平方米。以现在的眼光来看，它是如此笨重，但在当时，它却是中国计算机领域的骄傲。107计算机的成功用事实证明了中国人有能力、有志气设计和研制出自己的计算机。

### 严谨治学，探索自主创新路

计算机的更新换代不可能一蹴而就，每次性能的提高都要进行不计其数的试错。在计算机的研制工作中，夏培肃从来不会盲目跟随，而是始终保持怀疑精神，大胆假设、小心求证，最终将实践作为检验真理的唯一标准。

20世纪50年代，电子管在计算机的使用中暴露出很多问题，夏培肃被组织赋予了开展计算机新型器件的预研工作。刚开始，课题组把希望放在微波分谐波技术上。然而，在实际运用中，课题组发现用微波元件有难以克服的诸多困难。深思熟虑之后，夏培肃向领导如实汇报了情况，于1965年上半年结束了微波计算机的课题。在研制双稳态微波器件时，夏培肃注意到日本学者于1958年发明的隧道二极管。隧道二极管的主要优点是能高速工作，这对于一心想做高速计算机的夏培肃来说，无疑是极富吸引力的。于是她亲自去南京的一个半导体所对接了器件的来源，又开设了一门相关课程帮助课题组成员了解该电路的工作原理。但随着研究的深入，夏培肃发现隧道二极管的方案也不可行，不得不再次终止。此后，夏培肃提出晶体管可能是计算机的主流器件。

夏培肃一生强调自主创新在科研工作中的重要性。她负责设计研制的高速阵列处理机使石油勘探中的常规地震资料处理速度提高10倍以上，用低成本实现运算速度高于美国当时对中国禁运同类产品的运算速度。她还提出最大时间差流水线设计原则，将向量处理机的运算速度提升至当时国内向量处理机的5倍。1985年，因夏培肃在计算技术方面的贡献，英国赫瑞－瓦特大学在隆重纪念该校以蒸汽机发明者瓦特命名100周年的大会上，授予她名誉科学博士学位称号。获此殊荣的还有1977年诺贝尔化学奖获得者普里戈金等3人。当夏培肃将此事告诉华罗庚时，华罗庚说：“这不仅是个人的荣誉问题，是英国人对中国人的友好表示，更重要的是因为中国开始强盛起来了。”这件事让夏培肃深受触动，只有国家强盛了，才会有个人的荣誉。而一个人如果对自己的祖国有所贡献，在国际上也会受到尊重。

从20世纪80年代到90年代，夏培肃先后负责研制完成5个各具特色的计算机系统。20世纪90年代中期，她担任国家攀登计划B“高性能计算机中的若干关键问题的基础性研究”的首席科学家，提出高速互联网络的思路，可以互联数以万计甚至更多的处理机。夏培肃还多次以书面形式向有关部门建议开展高性能处理器芯片的设计，建议国家大力支持通用CPU芯片及其产业的发展，否则将永远受制于人。90年代后期，已经年逾古稀的夏培肃在杨立铭的指导下，耗时近一年写出一篇量子计算的综述，在量子计算领域为计算机科技人员与物理学家架起了沟通的桥梁。

## 甘为人梯，勇攀计算科学峰

1956年至1962年，清华大学、中国科学技术大学等高校联合承办了4届计算机训练班。作为“电子数字计算机原理”课程的主讲老师，夏培肃着手编写了我国第一套计算机原理方面的原创教材。她在翻译相关术语时反复推敲，力求把每个专业名词精准表达，如英文bit和

memory，中国台湾学者译为“元”和“记忆体”，夏培肃则译为“位”和“存储器”，这些经典意译一直沿用至今。训练班的许多学员后来都成为我国计算机界的领军人物。中国科学技术大学的计算机专业也是夏培肃一手创立的。她还创办了在中国计算机领域最具影响力的《计算机学报》和对国外发行的 *Journal of Computer Science and Technology*（JCST，计算机科学技术学报），为培养我国最早的一批计算机专业人才作出了重要贡献。

“我觉得中国的计算机要达到世界领先水平，一定要经过好多代人的努力，不是一个人两个人就可以完成的，要一个集体，一个梯队，而且是一个人梯。就是让年轻的站在上一代人的肩上，一层层往上搭，人梯才能通天。我觉得我自己即使不能达到世界最高的顶峰，可是我希望我的学生能够，我给他们做人梯，我给他们铺路，让他们踩着我过去。”为了实现心中的这个理想，夏培肃终生奋战在科研和教育一线，先后培养了60多名研究生，其中1人当选为中国工程院院士，2人获全国优秀博士学位论文奖，3人获中国青年科技奖。在夏培肃的精心指导下，她的学生接过了老师手中的“接力棒”，把中国计算机研制工作带上了新的高峰。李国杰院士领导的曙光系列高性能计算机的研制为打破国外垄断、促进我国高端计算机产业发展作出了重要贡献；胡伟武领导的“龙芯”系列芯片的研制为提升我国信息产业的核心技术、保护国家信息安全作出了重要贡献。2002年9月28日，中国第一枚通用 CPU“龙芯一号”成功发布。为了纪念夏培肃从事计算机事业50周年，研制团队在芯片的每一层都刻上了“夏50”的字样。这些成绩是对夏培肃一直倡导自主创新、掌握中国自己核心技术命脉的最好回报。

2014年，夏培肃走完了自己默默奉献、自强不息的一生。同年，中国计算机学会设立了夏培肃奖，鼓励在计算机领域作出杰出贡献的女性科研工作者。人生虽已落幕，但夏培肃的名字已经永远镌刻在中国计算机事业发展的丰碑上，永远激励着后人“做得更多一些，做得更好一些”。

（蔡青竹）

# 罗时钧：我国空气动力学学科奠基人

## 人物简介

罗时钧（1923年4月1日至2023年1月10日），江西南昌人，我国著名的空气动力学家、航空教育家。1945年毕业于重庆中央大学航空工程系，1947年公派赴美留学，1948年毕业于美国明尼苏达大学航空工程系，获硕士学位，同年9月以优异成绩进入美国加州理工学院航空系继续深造，1950年获博士学位。罗时钧曾任原航空工业部科学技术委员会委员、国家科委理论与应用力学学科组组员、中国科学院技术科学部工程力学分组成员、西北工业大学副校长。作为我国空气动力学学科奠基人，罗时钧长期从事飞机部件空气动力学、跨声速空气动力学、大迎角空气动力学、计算流体力学等领域的教学科研工作，在这些领域创造了多个"第一"：我国第一部空气动力学讲义、我国第一架新型超声速飞机的气动力计算方案等。

少年时期亲历的日机轰炸事件，刺痛了他的民族自尊心，也点燃了他的航空救国梦。从本科、硕士到博士，他心无旁骛地在航空领域深耕苦读，最终学成归国，投身新中国建设，为我国航空事业从无到

有、从有到强作出了巨大贡献。这样初心不改、使命不忘的他，就是我国空气动力学学科的奠基人——罗时钧。

## 少有大志，航空救国

1923年4月1日，罗时钧出生于江西南昌的一个书香家庭。在优良家风的熏染下，罗时钧自幼便勤学好问、聪颖过人。在罗时钧少年时期，抗日战争爆发，祖国大地上四处弥漫着战火的硝烟。当时，他亲身经历了日机轰炸南昌，目睹毫无反抗之力的百姓被迫流离失所，这极大刺伤了他的民族自尊心，也在他心里埋下了一颗救国强国的种子。他后来回忆说："当时日本轰炸南昌给我留下了深刻的印象，我想要救国，要航空救国。"

1941年，罗时钧考入重庆中央大学，为了实现年少时的航空救国梦，他毅然选择就读航空工程专业。因为在校学习期间表现出色，1945年本科毕业后便得以留校工作。1947年9月，罗时钧迎来了人生的一大机遇，他获得了公派前往美国明尼苏达大学航空工程系留学的机会。在明尼苏达大学留学期间，他刻苦求学，仅用一年就获得了硕士学位。1948年9月，他又凭借优异成绩进入美国加州理工学院航空系攻读博士学位，师从当时在美任教的钱学森，成为钱学森的第一个博士生。博士期间，罗时钧刻苦钻研、查漏补缺，主修空气动力学，辅修数学。他积极向导师钱学森看齐，最终提前完成了博士论文，于1950年夏获得航空与数学博士学位。

当时，正值新中国成立不久，百废待兴，在钱学森的鼓励下，罗时钧迫切希望早日归国，积极投身新中国建设。

## 回国路难，报国志坚

1950年8月28日，"威尔逊总统号"邮轮正缓缓驶离美国旧金山港，这艘搭载着数百名乘客的远洋邮轮，即将经过22天的航程，到达太平洋的另一端——中国香港。在船上的100多名中国乘客里，大部分是学成归国的在美留学生，他们每个人都为突破美国的重重阻挠使尽浑身解数，最终才获得登船回国的机会，其中就有归心似箭的罗时钧，那一年他27岁。

可归国之路远没有预想的一帆风顺，1950年9月12日，当邮轮抵达日本横滨港时，一则紧急通知在广播中响起，要求罗时钧、赵忠尧、沈善炯等人随带行李，从三等舱换到头等舱，然而等待他们的却是美国中央情报局的官员。只因此前，渴望归国的钱学森被扣上莫须有的企图携带“机密资料”的罪名，非法关押在美国特米诺岛，而罗时钧3人正和钱学森一样，来自加州理工学院。欲加之罪，何患无辞。尽管没有翻出任何有价值的“机密资料”，罗时钧3人还是无端地被扣押在日本东京的巢鸭监狱。美国中央情报局的官员威胁说，摆在他们面前的只有这样几个选择：要么回美国，要么去台湾，否则只能在日本坐牢！即使面对这样赤裸裸的威逼，罗时钧等也丝毫没有动摇归国之心。他们理直气壮地回绝道：“中国是我的祖国，我为什么不能回去？”身陷囹圄之际，罗时钧依然用行动诠释了自己对祖国的一片赤诚之心，也捍卫了年少时的梦想。

1951年初，遭受了数月牢狱之灾的罗时钧3人，在中国政府、科技界和国际友好人士的不断抗议交涉下，才得以无罪释放，返回祖国。

### 潜心科研，砥砺深耕

回国伊始，还来不及好好调整，罗时钧便迅速投入科研事业中，在中国科学院数学研究所从事力学研究。1952年秋，罗时钧积极响应党组织号召，受聘到还在筹建中的中国人民解放军军事工程学院（以下简称“哈军工”）任教，从此便与哈军工结下了不解之缘。

1954年春开始，在学校的极力支持下，罗时钧与岳劼毅、马明德、庄逢甘等着手风洞建设方面的工作，这便是日后哈军工里程碑式成就——风洞群建设的肇始，也是中国航空航天事业发展的基石。1958年，当时中国正在对第一架新型超声速飞机进行研发设计，罗时钧主动请缨，提出了小展弦比机翼—宽机身组合体的翼身气动干扰计算方案。因为当时条件有限，他便指导学生用手摇计算机完成了艰巨的计算工作。

1970年，哈军工分建搬迁，航空工程系并入西北工业大学（以下简称“西工大”），罗时钧也转任为西工大教授、空气动力学研究室主任，并在1978—1983年受聘为副校长。西工大时期的罗时钧一如既往地潜心科研，不断攻克新难题、取得新成就。1976年，他在国内率先解决了大迎角非线性气动力计算的收敛性问题，此后不断优化算法，1988年又将迎角加大至60°，并在国际上首次得到大迎角非对称气动力计算结果，实现了计算方法上的重大突破。20世纪70年代，罗时钧还将我国的跨声速空气动力研究向前推进了一大步，对飞行器的质量提升、周期缩短、成本降低作出了重大贡献，使我国在该研究领域接近世界先进水准。1980年，罗时钧又从空气动力学学科建设的高度出发，认为我国空气动力学领域在“自修正风洞”研究方面还存在理论盲点，而这有着重要的科研价值和实际意义。于是，他便带领空气动力学研究室的成员深入研究，最终在这一领域取得了丰硕成就，赢得了国内外一片赞誉。

## 教书育人，奖掖后学

伴随罗时钧大半辈子科研生涯的，还有他的教书育人事业。初到哈军工任教的罗时钧，积极响应学校初创期对基础课教员的迫切需要，欣然承担了空气动力学课程的教授任务。罗时钧授课从来不照本宣科，也不高谈阔论，而是从实际出发、细处着手，深刻剖析概念实质及其内在关联，让学生能够深刻理解并加以运用。罗时钧就是用这样灵活透彻的教学方法，把枯燥无味的理论讲活，激发了学生的学习热情。在积攒了丰富的教学经验后，罗时钧便结合自身的专业理论素养，于1955—1956年亲自编写了我国第一部空气动力学讲义，填补了此领域中文教材的空白。此后，他仍笔耕不辍，相继编写了多部空气动力学专业教材，为该领域专业人才的教育培养作出了重要贡献。

在西工大任教期间，罗时钧还频繁收到来自国外高校和研究所的盛情邀请，前去访学交流。借助于此，他努力搭建起西工大和德国、瑞典等国外高校及研究所的合作通道，输送了一大批年轻学者和科研骨干出国深造。多年来，罗时钧认真教学、精心育人，门下的硕士和博士济济一堂。他勤勤恳恳、兢兢业业，在生病输液时也“闲不住”，还要批改学生论文，在病床前听取学生汇报、指导学生科研。1993年，罗时钧从西工大退休后，受聘为美国加州大学尔湾分校研究员。岁暮之年，罗时钧虽远在他乡，但仍心系着大洋彼岸的学校和师生，经常通过网络对学生进行远程指导和帮助。除了传授知识，罗时钧更注重学生思想品质提升，积极培育学生的家国情怀，从而为国家培养了一大批德才兼备的空气动力学后继之才。罗时钧曾说过，我就这么一点知识，不留给学生、不留给国家，难道还带到棺材里去？罗时钧就是这样身体力行的，将自己的一切都奉献给了祖国的航空教育事业！

2023年1月10日，这位在空气动力学领域默默耕耘了一辈子的“世纪科学家”就此陨落，罗时钧的一生是潜心科研、勇攀高峰的一生，是育人授业、甘为人梯的一生，更是矢志报国、无私奉献的一生！

（潘建红　陈少龙）

# 杨立铭：原子核理论前沿领域的耕耘者

## 人物简介

杨立铭（1919年2月5日至2003年1月12日），江苏溧水人，著名物理学家，我国原子核理论研究的开拓者和奠基人之一。1942年毕业于重庆中央大学机械系，1946年进入英国爱丁堡大学，师从诺贝尔奖获得者玻恩教授。1948年取得理论物理学博士学位并留校任研究助理。1951年回国，历任清华大学副教授，北京大学副教授、教授、博士生导师。1986—1991年任中国核物理学会理事长。1991年当选为中国科学院学部委员（院士）。

杨立铭是我国当代著名物理学家，为我国核物理学理论的形成与发展作出了重要贡献。在英国留学期间，曾在量子化规则、流体统计理论及原子核幻数的统计解释等方面成绩斐然。回国后集中研究原子核理论，在原子核理论前沿领域取得系列重要理论成果，受到国际同行的重视和赞赏。

### 立志向，科坛伉俪共筑梦

1991年11月，中国科学院增补210位院士。在新当选的院士中，有一对夫妻格外引人注目，他们就是北京大学物理系教授杨立铭和中国科学院计算技术研究所研究员夏培肃。

1919年2月5日，杨立铭出生于江苏省溧水县一个清贫的知识分子家庭。高中时期，他的家乡不幸被日本侵略者占领，家人不得不背井离乡，逃往大西南。在四川求学时，杨立铭所在的中学又遭日本飞机轰炸，老师不幸在爆炸中丧生。这段经历让杨立铭深感痛苦与震撼，他意识到日本之所以敢如此肆无忌惮地欺凌中国，是因为他们拥有强大的工业实力。面对国家的屈辱和民族的苦难，杨立铭在心中默默立下誓言，要学习工程，以工业拯救国家。1938年，凭借优异的成绩，杨立铭获得了重庆中央大学的保送资格，他毫不犹豫地选择了机械系，踏上了工业救国的道路。

然而，杨立铭的爱好不是工程而是数理。进入大学后，他逐渐领悟到国家的强盛是多元人才共同努力的结果。年轻时，选择最能发挥自身优势的方向去奋斗至关重要。审视自身条件与兴趣，杨立铭发现物理学才是他真正的热爱与擅长所在。大学毕业后，在昆明中央机械厂工作的一年经历，让杨立铭更加明确改学数理的决心。他随后返回母校任机械系助教，同时旁听和自学数学和物理课程。在这个过程中，杨立铭结识了志同道合的夏培肃，两人均怀揣工业报国的梦想，相互激励、共同前行。

1944年，杨立铭通过了留学生考试，于1945年公派至英国学习。1947年，夏培肃也乘风破浪，来到了现代科学的发源地英国。同在爱丁堡大学求学和工作，杨立铭和夏培肃终于结束了牛郎织女的生活，于1950年结为伉俪。1951年冬，两人受中国近代力学奠基人和理论物理奠基人周培源邀请返回祖国，从此将毕生的热情和精力全部贡献给了国家，并在40年后同时当选中国科学院院士，传为科坛佳话。

直到暮年，杨立铭夫妇仍为祖国事业殚精竭虑，以只争朝夕的精神在科学天地中不懈探索。20世纪90年代后期，为了帮助计算机科研人员破解量子计算机的谜团，接近耄耋之年的杨立铭花了近一年的时间指导夏培肃完成了一篇量子计算的综述文章，在国内计算机界被广泛引用，产生了很好的反响。

## “一个最有天赋、最勤奋并认真尽责的人”

1945年，26岁的杨立铭以学习工程的名义考取了公费留英，只身前往英国曼彻斯特的一家大工厂实习。他运用自身扎实的知识积累，帮工厂解决了一个困扰多年的设计难题，获得了厂方的青睐。杨立铭不失时机地提出，他不要别的回报，只希望在英国攻读物理学博士学位。对于这个请求，厂方欣然应允。1946年，杨立铭见到了当代物理学巨匠、量子力学创始人之一——玻恩教授。杨立铭之子杨跃民曾在书信中回忆了杨立铭第一次面见玻恩教授的场景：“我父亲当年到英国留学，希望拜玻恩为师，当时玻恩给了我父亲一个问题，让他解决，我父亲很快就做出来了，玻恩觉得出乎意料便收他做了学生。”就这样，杨立铭凭借自己的决心和能力获得了玻恩的青睐，进入了全新的原子世界。

在爱丁堡大学，杨立铭以超人的毅力，在很短的时间内打下了全面、坚实的理论基础，于1948年底顺利获得了爱丁堡大学的理论物理学博士学位，并继续留在玻恩身边担任研究助理。在此期间，杨立铭开始在国际理论物理学界崭露头角，许多研究成果得到了国际同行的认可。他从运动方程出发，首次导出动量在坐标表象中最普遍的表达式和量子条件，被多名外国科学家借鉴运用；他在量子场论研究中导出的狄拉克矩阵求迹的普遍公式，也被部分专著作为定理收录；他在玻恩教授的启发下，成功解释了当时刚发现的原子核中的幻数，引起国际学界重视；他把 Born-Green 液体理论推广到混合液体，并在统计描述下对流体内单个分子进行追踪，导出了扩散系数。

玻恩高度评价了他的这位中国弟子。他在20世纪50年代初向包括玻尔、海森堡、费米、魏格纳、约当、菲尔特在内的几十位著名物理学家，以及数家重要期刊推介杨立铭的研究成果。为了让杨立铭的成果得到应有的认可，玻恩花费大量精力与其他物理学家进行交流、辩论。玻恩对杨立铭学术成就的评价之高甚至超过他亲手指导出来的最得意的博士门生之一——戈佩特·迈耶。杨立铭攻读博士学位期间发表的重要文章，几乎都是在玻恩的帮助下完成的。玻恩为杨立铭据理申辩所付出的心血，不亚于他自己写几篇文章。当杨立铭决定回国后，玻恩同样表达了充分的理解和支持，并写信给他的中国大弟子彭桓武和周培源先生进行推荐。在给周培源的信中，玻恩将杨立铭描述为“一个最有天赋、最勤奋并认真尽责的人”。

玻恩教授的言传身教和大师风范让杨立铭深受感动。杨跃民回忆，杨立铭与夏培肃在爱丁堡喜结连理时，玻恩曾送一块台布作为结婚礼物。杨立铭在世时一直珍藏着这份满载着回忆与怀念的礼物。

## “从此开始了我们生命中新的一页”

1949年10月，新中国成立，身在异国他乡的杨立铭夫妇心情十分激动，彻夜难眠，归心似箭。1950年冬，周培源赴英访问，并到爱丁堡大学拜访了玻恩教授，向杨立铭、夏培肃夫妇发出了回国工作的盛情邀请。多年以后，杨立铭仍能清楚地记起当年的心情：“当时我们已有较好的工作待遇，但作为中国人，我们想一定要回祖国参加建设。何况当时解放不久，百废待兴，迫切需要专业人才。至于回国后的工作条件、生活条件我们没有特殊要求，只认为我们已具备了必要的专业基础和科研经验，可以在任何地方独立开展工作。现在正是我们报效祖国的时候。于是我们于1951年秋登上了回国的客轮，从此开始了我们生命中新的一页。”

回国后，杨立铭先到清华大学物理系工作，1952年院系调整后到北京大学物理系。用杨立铭自己的话说，他回国后的科研工作与之前有了很大的不同。如果把在英国时期的工作比作“游击战”，那么回国后的工作就是“攻坚战”。杨立铭专注于原子核理论方面，特别是核多体理论与核集体运动。并且他的工作都是与国际上核物理的新发展相呼应的。20世纪50年代末期，国际上出现了Brueckner理论，它是核多体理论的重要发展。杨立铭通过对核内多次散射的分析导出了这一理论。20世纪60年代，超导体的“对关联”理论在原子核中的应用促进了原子核理论的又一次重要发展。杨立铭在1964年提出了处理变形核中核子对相互作用的新方法。这个方法在有关计算中得到了大量的应用。从20世纪70年代起，杨立铭开展了原子核集体运动的微观研究。为了深化对原子核低激发区运动规律的认识，杨立铭提出了系统的IBM微观理论。后来，他又对该理论进行了扩展，成功处理了满壳核附近原子核的闯入态。该理论于20世纪80年代发表后，受到国际同行的高度重视和赞赏。

由于杨立铭在原子核集体态研究方面的出色成绩，1982年，他应邀作为主讲人赴意大利讲授IBM微观理论；1983年，在国际同行的建议下在苏州主持了原子核集体态的国际会议；1985年，应邀赴耶鲁大学做访问学者；1986年，被聘为西德慕尼黑工业大学的客座教授；1987年，东京大学主动提出与北京大学的核理论研究组签订合作协定。杨立铭也因此项工作获得了1985年国家教委科技进步奖一等奖和1987年国家自然科学奖三等奖。

## “回国前的愿望果真实现了”

回国后的前几年，为了满足国家原子能事业的需要，杨立铭把绝大部分时间花在了培养青年教师和研究生上。他在教学工作中尽心尽力，先后讲授了原子物理学、量子力学、群论和原子核物理等课程。还在20世纪50年代末，和于敏院士合作举办全国范围的核物理讲习班。他们合著的《原子核理论讲义》是我国最早的原子核理论教科书，已成为一部经典教材。

杨立铭培养了大批理论物理和原子核理论的高水平人才，其中博士、硕士研究生30余名，分布在全国各地，成为各单位的业务骨干。杨立铭在带领年轻人开展研究工作时，总是充分发扬学术民主，以平等的身份开展学术讨论，鼓励年轻人虚心学习别人的长处，充分发挥自己的聪明才智。晚年的杨立铭曾感慨："当我发现我国核物理界的很多骨干都是我的学生，这对我是莫大的安慰，回国前的愿望果真实现了。"

杨立铭在学术领域默默耕耘，为人谦虚、低调，他晋升教授和当选为院士的时间都相对较晚，然而，他深厚的学术造诣和卓越的研究成果在国际物理学界享有较高的声誉。杨跃民回忆，杨立铭是亚太地区被授权有资格推荐诺贝尔物理学奖候选人的学者之一，曾积极履行相关职责。杨立铭院士的一生，是对核物理研究不懈追求和无私奉献的缩影。在一次与学生的聚会中，他笑称自己仿佛是神话中受到天神惩罚的人，必须永不停歇地奔跑。这种坚韧不拔、永不停息的精神，正是他科研生涯的真实写照。然而，杨立铭院士的人生并非一帆风顺。由于一心扑在工作上，他和夫人年轻时因疏忽而痛失爱子，这成为他们心中永远的痛。但即便如此，他们依然坚守在科研岗位上，为人类的科学事业贡献力量。

2003年1月12日，杨立铭因病逝世，但他的崇高品质和敬业精神永远活在人们心中。他的故事激励着后来的科研工作者，为人类的科学事业继续努力奋斗。

（蔡青竹）

# 1952年

## 曹天钦：让日本专家称之为“伟大”的生化学家

### 人物简介

曹天钦（1920年12月5日至1995年1月8日），河北束鹿（今河北辛集）人，中共党员，生物化学家，中国现代蛋白质研究的奠基人。1944年从燕京大学化学系毕业，获理学学士学位；1946年入英国剑桥大学深造，1951年获博士学位，并被选为剑桥大学维尔基斯学院院士；1952年归国后在中国科学院生理生化研究所任副研究员，先后担任上海生物化学研究所副所长、中国科学院生物学部主任、上海分院院长、中国科学技术协会副主席等职务；1980年和1983年分别当选中国科学院学部委员（院士）及瑞典皇家工程科学院外籍院士；1984—1988年，当选为国际科学联合会（ICSU）理事会理事、执行局委员。曹天钦十分重视生物学发展过程中新技术的应用，开发了蛋白质结构分析技术，为后续人工合成胰岛素的研究工作奠定了基础。曹天钦为中国生命科学的研究规划和发展作出了重要贡献。

日本著名生物化学家江桥节郎教授为纪念曹天钦教授，在发表的题为《中国伟大的生化学家曹天钦博士——“原肌球蛋白”先生》一文中提道，“作为曹天钦的朋友是我本人引以为荣的。在谈到肌肉生物化学家的曹先生时，我必须阐明他在肌肉生物化学历史中所占有的地位”。这是对曹天钦在生物化学领域所作贡献的高度概括，更反映出他在世界范围内的强大影响力。

## 不辞艰险出夔门，救国图强一片心

1920年底的寒冬，曹天钦出生在北平的一个普通知识分子家庭。曹天钦的中学时期在多次更换学校中度过，虽几经波折，但最终以优异的成绩完成了中学学业。不仅如此，他在学习之余，还利用课余时间积极参与抗日募捐活动，尽己所能践行报国之志。1938年，曹天钦考入燕京大学化学系，在校学习期间多次获得学校奖学金。1941年，国内局势越发动荡不安，他和一些心怀爱国之志、意图报效祖国的同学离开北平经多地辗转到达陕西宝鸡，在当地参与了由路易·艾黎成立和指导的中国工业合作运动。在此期间，曹天钦担任过工业分析组技士，运用自己所学知识，对陕甘各地的矿石进行分析，专业能力得到了充分发挥，“科学报国”的愿望也得到了初步施展。但曹天钦并没有满足于现状，1943年燕京大学在成都复校后，为进一步实现“科学报国”的远大抱负，曹天钦最终选择返回燕京大学完成学业。

1944年夏，曹天钦获燕京大学理学学士学位。后经友人推荐，作为翻译陪同李约瑟在我国西南和西北地区考察，走访了贵阳、昆明、西安等地，用脚步丈量华夏大地，在朝夕相处中与李约瑟结下了深厚的友谊。陪同考察期间，曹天钦领略了祖国的壮美山河，也见识了战争下的民间疾苦，越发坚定了“科学救国”“工业救国”的信念。李约瑟也极为欣赏曹天钦的才华与能力，并于1946年“牵线搭桥”介绍曹天钦获得英国文化委员会奖学金后赴剑桥留学。曹天钦聪明刻苦，勤奋好学，仅用两年时间便获得剑桥大学学士学位。后跟随著名生物化学家斐利研究蛋白质化学，获博士学位，同时获得该校维尔基斯学院院士称号。曹天钦不仅是东方人中最先取得维尔基斯学院奖学金的研究生，也是该院历史上第一位华人院士，既展示了中国人孜孜不倦的优秀品质，也树立了中国人力学笃行的良好形象。

朝鲜战争爆发后，美国调整留学政策，明令在美留学的中国理工科学生一律不准回国。为报效祖国，曹天钦毅然放弃赴美计划，转而等待未婚妻谢希德在美国取得学位后，绕道英国先行举办婚礼，再共同归国。1952年8月，曹天钦与夫人一同踏上了归国的旅途，经过两个月的海上航行，终于在新中国的第四个国庆之日抵达上海。归国之日举国欢腾的氛围让两人倍感振奋，万里跋涉的疲惫也一扫而空，随后便立即投入紧张的科研工作中。

## 砥砺研思几经年，科研报国志未鲜

在剑桥学习期间，曹天钦共计发表论文6篇，其中，他与导师斐利合著的《原肌球蛋白颗粒的大小、形状和聚集》一经发表就在业界产生很大影响。同一时期，曹天钦不仅专注于生物化学方面的研究，还注重对中国历史与文化的推广。曹天钦在李约瑟撰写《中国科学技术史》时负责辅导其中文，同时承担起中国道家经典著作《道藏》中炼丹部分的化学依据分析工作，为李约瑟《中国科学技术史》的炼丹术和化学卷检索资料，并以此为基础在英国一份化学史学报上发表了名为《三十六水法》的论文。此外，曹天钦将整理《中国科学技术史》过程中所归纳出来的古代炼丹术相关内容翻译成中文发表，向全世界介绍中国古代炼丹术的魅力和化学依据，让全世界看到中国古代炼丹术的历史性贡献。

归国后，曹天钦面对的是一穷二白的艰苦环境。为填补新中国蛋白质领域的研究空白，曹天钦有时甚至需要彻夜工作，凡事都亲力亲为，虽然艰苦，但他却乐在其中。一项实验从前期的资料搜集开始，他就带着助手一起去图书馆查阅资料。没有实验器材，就自己动手制作实验所需器材，当时国内的唯一一台电子显微镜被他当成了宝贝。

在硬件条件如此窘迫的情况下，曹天钦的研究成果却熠熠生辉。1953年，曹天钦独自发表的《肌球蛋白的分子裂解》一文享誉全球，得到国际学界的一致认可。1958年，曹天钦首开先河，组织领导开展人工合成胰岛素研究。1963年，曹天钦利用中国刚进口的第一台高分辨率电子显微镜完成了人生中另一项举足轻重的研究——原肌球蛋白类晶体电子显微研究，这比世界上开展的相似研究早了3年时间。综观曹天钦在原肌球蛋白领域的研究，江桥节郎赞叹其为“不折不扣的‘原肌球蛋白’先生”。后续曹天钦继续跟进人工合成胰岛素研究，在1966年第二次评审人工合成牛胰岛素的会议上，他又提出新视角，建议开展胰岛素X光晶体衍射的研究。

曹天钦真正将国家发展需求融入了生命，“为国科研”——国家需要什么，我就研究什么。曹天钦根据国家发展的需求，拓宽自己的研究视野，将自己的研究领域拓展到植物病毒领域，具体针对水稻等关乎国计民生的植物开展研究，帮助植物抵抗生长收获过程中的生物病毒，在此基础上开创了我国植物病毒生化和分子生物学研究新领域。李载平院士回忆曹天钦时表示，感谢这位睿智坚强的科学先驱以战略思考的角度推动中国分子生物学的研究、鼓励学科交叉和新技术应用发展。曹天钦用融于骨血的爱国主义情怀补齐国家生物化学研究短板，用实际行动切实践行了青年时代“科学报国”的理想。

## 鹤发银丝映日月，丹心热血沃新花

曹天钦不仅专注自身学术研究能力的提升，还重视人才的培养，他曾提出“能不能把握住‘第四次产业革命’提供的机会，关键在于能不能培养出素质较高的一代青年”这一人才培养理念。戚正武院士接受采访时说道，“曹先生不仅带着学生一起动手做实验器材、合成特殊试剂，还手把手教导我制备半渗透膜代替高价的超离心机测定蛋白质分子量”。曹天钦致力于全面且精心地培养科学“接班人”，他的学生和助手有的继续专注学术，在科研前线潜心研究；有的在完成科研任务外还承担了行政职务；还有的成长为国内外颇具影响力的科学家，其中就有鼎鼎有名的生物化学与分子生物学家张友尚院士及中国基因工程分子生物学先驱李载平院士。虽然曹天钦的学生在不同的领域各自奋斗、发光发热，但相同的是他们纷纷表示自己取得今日的成果离不开曹天钦全方位的教育与培养。另外，曹天钦将自身独到的眼光放至整个学界，1981年5月，包括曹天钦在内的89位学部委员联合建议增设面向全国的自然科学基金，为推动我国自然科学发展、培养科技创新人才起到了推动作用。

曹天钦为国奉献、操劳一生，于1995年1月走完了自己潜心科研、奉献国家的一生。中国微分几何学派创始人苏步青评价，曹天钦教授潜心科研半世纪，为国家建树良多，党与人民永远感激他所作出的巨大贡献。

（潘建红　陈晓倩）

# 1953年

## 李正名：实现绿色农药“从0到1”的突破者

### 人物简介

李正名（1931年1月2日至2021年10月4日），出生于上海，祖籍江苏苏州，我国著名的有机化学和农药化学家。1953年获美国埃斯金大学化学专业学士学位；1956年获南开大学化学专业硕士学位；1980—1982年作为访问学者，前往美国国家农业研究中心进修。1995年当选为中国工程院院士。李正名曾任南开大学元素有机化学研究所所长、元素有机化学国家重点实验室主任、化学学院副院长、农药国家工程研究中心主任等职。他是我国绿色农药的主要倡导者，带领团队成功创制了单嘧磺隆和单嘧磺酯。这两个具有我国自主知识产权的超高效绿色除草剂的诞生，使我国成为世界上第七个能够独立创制新农药的国家。李正名曾先后获得全国科技大会奖（1978年）、国家自然科学奖二等奖（1987年）、国家科技进步奖一等奖（1993年）、国家技术发明奖二等奖（2007年）等70多项奖励和荣誉称号。

2019年1月17日，习近平总书记来到南开大学元素有机化学国家重点实验室视察。这是一个承载中国农药领域辉煌历史的实验室。在这里，李正名带领团队研发出单嘧磺隆和单嘧磺酯，实现了中国农药自主创制“从0到1”的突破。

## 归国报效：奋发勤学赤子心

李正名出身于书香门第，祖父是我国近代科技教育先驱、中国现代钢铁工业奠基人李维格。李正名十分钦佩祖父“拯中原于涂炭，登亿兆于康庄”的坚定信念及其一生为改变旧中国而付出的努力。在他看来，今日之中国各种条件已经更加优越，实现理想抱负的平台无比广阔，为了继承先辈遗志，无论遇到任何困难都必须逆流而上。李正名的伯父李复几、李中庸，父亲李中道，母亲陈女英均有出国留学后归国报效祖国的经历，爱国血脉历代传承，为李正名树立了很好的榜样。李正名家风严谨，父亲教导他要好好读书、端正品性，学会尊重和帮助他人，将来为国家和社会作贡献。受家庭环境熏陶，李正名学业表现十分优异，高中毕业后考取了美国私立大学联合奖学金，于1949年开始在美国埃斯金大学留学并选择了从小就感兴趣的化学专业。

20世纪50年代初，美国麦卡锡主义盛行，对于周围一些人的反华言论，李正名常奋起反驳，他的学习、生活均受到严重影响，他想要中断学业回国。但当时美国移民局不准中国理工科留学生回国，还通过了一项可以让中国留学生做难民、政府负责其生活费的议案，这让有志气的他更坚定了回国的决心。为了挽留他，李正名所在学校的系主任表示后续会推荐他去南卡罗来纳州立大学研究生院继续深造，在那里他将获得全额奖学金。但李正名不为所动，毅然放弃了在国外求学的机会，几经辗转，终于于1953年回到了祖国。面对祖国经济与科技同国外发达国家间的巨大差距，李正名并不觉得中断留学回国是一种损失、一个错误，反而十分庆幸自己所学的专业能与祖国的科教事业紧密结合起来，这种朴素的希望和真挚的爱国情怀成为他日后努力工作、献身科学事业的不竭动力。

1953年8月，22岁的李正名满怀憧憬来到南开大学，先是在化学界泰斗、南开大学原校长杨石先身边担任科研助手，后又拜杨先生为师攻读化学系有机化学专业研究生。他于1956年毕业，成为南开大学001号研究生毕业生证书获得者，并留校任教。

## 沐雨栉风：筚路蓝缕启山林

1956年，周恩来同志强调，要“对农药多关心一点”。杨石先带领李正名等加紧开展农药工艺技术突破，在有机磷农药研制等方面取得重要进展。1958年8月13日，毛泽东同志来到南开大学化学系生产车间视察，十分关心农药生产的原材料和成本问题。他对南开大学师生以开拓进取的精神在农药领域躬身实践给予高度评价，寄予殷切期望。当时，李正名也在学生队伍中，毛泽东同志的话深深激励着他。那时我国农药工业刚刚起步，农药类型和产量紧缺，且由于农药在当时尚属战略物资，进口农药不仅受到诸多阻碍还价格高昂。为了将自己的研究方向同国家需求相结合，为了切切实实做对农业发展有益的事，李正名由元素有机化学研究逐步转向绿色农药化学研究。

1962年10月，我国高校中第一个化学研究所——南开大学元素有机化学研究所成立，但实验条件窘迫，农药研究举步维艰。当时实验室内经常散发着各种难闻的化学药品气味，还因为对化学品毒性认识不足疏于防护而发生了一些中毒事件，必备的化学试剂和分析仪器也十分紧缺。“没有条件创造条件也要上。”李正名向科研进军的决心一刻也没有减弱。1978年，他参与的“磷32、磷47新杀虫剂”研制项目荣获全国科技大会奖。

1980年，李正名被选派到美国国家农业研究中心访问两年。在这种规模庞大的国家级研究机构学习后，李正名对如何做农药研究有了更为深入的理解。1982年访问结束，有亲友介绍他在国外做博士后，但这时他接到老师的召唤，于是立即回国，原来杨石先是想要他接任元素有机化学研究所所长。李正名原本只想纯粹地做科研和教育，认为行政上烦琐的事务会分散精力，但后来感动于老师即便身兼数职仍坚守教学一线，年过八旬仍全神贯注于学校各项工作，经过再三思量决定担起这个重任。自此，他在这个岗位上坚守了十几年。

经过多年的发展，在全国科研人员的不懈努力下，我国农药研制已经取得不少成绩，但还一直没能创制出属于自己的新农药。有一次，李正名受邀参与国际纯粹与应用化学联合会的活动，并在会后访问了国外公司，一名公司总裁讥讽中国只会抄袭他们的产品。这刺耳的声音让李正名心中的斗志之火熊熊燃烧，他下定决心要创制中国自己的农药，而且要做就要做得比他们更好。

新药创制必须从源头上下功夫。李正名瞄准对环境友好的绿色农药带领团队攻关基础理论。经过缜密分析，他敏锐地发现外籍专家关于磺酰脲关系理论的研究存在疏漏，在反复实验和计算的基础上完善和发展了磺酰脲关系理论，校正了国际上公认的磺酰脲构效关系的四条规则。在此基础上，他和团队合成了近1000个新型磺酰脲分子，成功创制了具有我国自主知识产权的超高效绿色除草剂单嘧磺隆和单嘧磺酯，它们不仅可以轻松除防主要杂草，还对生态环境友好、毒性微弱、价格低廉，是农民买得起的“绿色农药”。

1995年，李正名当选中国工程院院士，成为南开大学首位中国工程院院士。“真的，搞农药，风险高、时间长、投资大。”李正名感叹。单嘧磺隆和单嘧磺酯成功创制的背后是李正名等南开大学农药人用卓越的智慧和辛勤的汗水换来的。2007年和2013年，单嘧磺隆和单嘧磺酯陆续通过农业部新农药正式登记的审批，其间经历了十余年的努力，递交了数十项的试验资料，进行了上百次的毒理环境生态评价。而能够走到这一步，李正名团队凭借的是顽强的意志力和坚定的信念。农药创制工作成功率仅为八万分之一，但李正名说，“如果大家都不做，就永远不会有中国自己的原始创新，就永远受制于人”。

## 桃李成蹊：春风化雨恩师情

李正名非常尊敬老师杨石先，并亲切地称他为“杨老”，他办公室的黑板上一直悬挂着老师的照片。2015年，李正名向南开大学“杨石先奖学金”捐出其获得的“天津市科技重大成就奖”全额奖金50万元，他要以另一种方式来感恩老师对自己的培育。的确，多年来他也一直是这样做的，那就是学着去当一名“导师”，像杨老对自己一样，爱护有加又严格要求地去培养自己的每位学生。

李正名的博士生华学文说，李先生主张“科研要具有实用性，要服务于国家社会发展。科研经费不许浪费，因为那是国家的钱，来自人民”。与此同时，他不建议学生死读书，而是要全方面发展。他鼓励学生去做义工、当志愿者，通过社会实践提升自己的综合素质，他还会给学生分配管理化学试剂或打扫实验室的任务，培养学生团队精神与为他人服务的意识。

“与人为善、水低为海，无论是做老师还是做科研，都要先学会做人。”李正名不仅这样教导学生，还身体力行感染学生，他生活俭朴，穿着朴素。交通工具是自行车，吃的是大白菜等，黄毛衣、蓝衬衫、毛线帽子是他的“经典”造型。他不注重自己的生活品质却把学生的事放在心中最重要的位置。学生过节时收到的第一个祝福是他发的，迎新生时的小礼物是他精心准备的，学生论文上色彩鲜艳的标注是他反复琢磨后添加的。在学生心目中，他是良师益友，是受人尊敬的“先生”。如今，已经有很多从他门下毕业的研究生成为科技界、教育界冉冉升起的新星。

2021年10月4日，李正名与世长辞，享年90岁。他深耕新农药创制60余载，把汗水洒在祖国大地上。“你是中国人吗？你爱中国吗？你愿意中国好吗？”著名教育家、南开大学创办人之一张伯苓发出了质朴厚重的“爱国三问”，而李正名的一生正是对老校长三问最好的回答。

（潘建红　韩竺蔓）

# 1954年

## 李恒德：在材料领域耕耘的“骆驼”

### 人物简介

李恒德（1921年6月30日至2019年5月28日），河南洛阳人，材料科学家，中国工程院首批院士。1942年毕业于西北工学院获学士学位，1947年毕业于美国卡内基理工学院获硕士学位，1953年毕业于美国宾夕法尼亚大学获博士学位。1954年底回国，后一直任教于清华大学，先后任金相及热处理教研室主任、核材料教研室主任、工程物理系主任、材料研究所所长等职。1986—1994年，兼任国家自然科学基金委员会材料与工程科学部主任；1991—1999年，任中国材料研究学会理事长。1994年当选为中国工程院院士，1998年获何梁何利基金科学与技术进步奖。李恒德是新中国核材料科学的开拓者、金属离子束表面改性研究的先驱者、中国生物仿生材料的推行者。他在国际上最早进行铍单晶塑性形变研究并阐明了铍的脆性机制和本质；他在清华大学创立了我国第一个核材料专业，为国家核事业培养了一大批关键人才；他在中国核反应堆用铸管、核燃料微芯试制，以及带电粒子束辐照效应等研究领域取得了丰硕成果，为中国材料科学的发展作出了卓越贡献。

20世纪60年代，寂静的戈壁滩炸响了令世界震惊的春雷，中国拥有了自己的核盾牌。而我国核材料的成功研制，离不开一位科学家，他就是著名材料科学家、留美中国科学工作者协会的创立者之一李恒德。李恒德的一生始终与祖国同呼吸、共命运，特别是为号召一大批留美科学家归国发挥了重要作用。重读他的文章《不屈的斗争自豪的胜利》，仍能强烈感受到老一辈科学家滚烫的爱国之情和无悔的青春奉献，令人动容。

## 立志改变祖国面貌

1921年6月30日，李恒德出生于河南洛阳一个贫寒的小职员家庭。在同龄孩子还在嬉戏玩耍的时候，5岁的他就入读洛阳城区第一小学，成为班上年龄最小的学生。九一八事变爆发后，李恒德在老师的带领下乘火车到邻近的新安县参加街头演讲，宣传抗日和抵制日货。从那时起，他心中就埋下了爱国的种子。

1935年9月，14岁的李恒德考入河南省立开封高级中学。高一时，他深受化学老师狄景曹先生的影响，立志报考北洋工学院。抗日战争全面爆发后，学校被迫迁移，为躲避侵华日军的轰炸，李恒德先后辗转武汉、长沙参加全国大学统一招生考试，最终以优异成绩考入西北工学院。当时的西北工学院由北平大学工学院、东北大学工学院、北洋工学院和私立焦作工学院合并而成，已迁至陕西城固县古路坝的一个小山窝里。

在国家危难深重之时，李恒德从长沙到陕西的求学之路也愈加崎岖坎坷。为防止日本夺取和利用长沙，国民党政府在仓皇溃退之际决定烧毁长沙城。当时全国的交通已中断，17岁的李恒德只好乘煤船、换卡车辗转到达湖北襄樊，又步行到河南淅川，再骑自行车经荆紫关、商洛、蓝田，翻越秦岭到达西安，又经宝鸡到汉中，最后转往古路坝。

这番长途跋涉，让李恒德目睹了国民党政府的腐败无能，看到了中国农村的贫瘠落后，看到了家乡河南正遭受的“水旱蝗汤”灾难和人们的苦难生活。特殊的时代、特殊的环境，造就了李恒德刻在骨子里的爱国之情，他发愤学习，立志改变祖国的落后面貌。

李恒德就读的西北工学院虽是全国顶尖的工科学校，但是条件极为艰苦，学校不通水和电，全部校舍仅为一座天主教堂，最近的县城也在15千米外。艰苦的环境磨炼出他吃苦耐劳、勤奋好学的品质。1942年毕业时，全班成绩第一的李恒德被挑选到当时全国最大的钢铁企业——重庆大渡口钢铁公司工作。2年后，他又被安排到川贵交界的飞机制造厂工作。

抗战胜利前夕，停止了8年的留学生考试恢复了。1944年，李恒德考取了“英美奖学金”的公费留学生。但由于战事的影响，直到1946年3月，他才搭乘美军运输舰“凤凰号”从上海启航前往美国，开始了异国求学的艰难历程。在这艘船上，还有日后的“两弹元勋”邓稼先、中国晶体化学奠基人唐有祺等，青年学子满怀梦想，希望学到最先进的科学技术以建设落后的祖国。

## 青春做伴好还乡

1946年6月，李恒德开始在位于匹兹堡的美国卡内基理工学院学习，攻读物理冶金专业。匹兹堡是钢铁名城，那里会聚了全美最知名的一批冶金学家。成绩优异的李恒德仅用一年时间就拿到硕士学位，并被推荐到宾夕法尼亚大学攻读博士，开展当时最前沿的锆或铍的晶体变形研究。深受导师赏识的他，还被推荐加入了美国海军研究局主导的铍研究项目。经过深入研究，李恒德在国际上最早阐明了铍的滑移、孪生和脆断机制，为人类认识铍的变形机制作出了原始性贡献，使铍日后成为航天航空、电子、核能等领域不可替代的战略金属材料。

早在1942年7月，李恒德就由同学介绍加入了中国共产党。虽身处异乡，李恒德始终牢记共产党员的职责，一边做研究，一边关心着国内时政、积极参与各种爱国活动。到美国后，他读的第一本书就是斯诺的《红星照耀中国》。同时，他也结识了侯祥麟、薛葆鼎、陈冠荣等一批有共同理想信念的人，大家定期在一起读书、谈心得、聊时事。

1947年，李恒德开始联系另一位留学生丁瓒，商议成立一个留美科学工作者的进步组织。第二年，人民解放军在解放战争中节节胜利，热血沸腾的留学生也积极行动起来，芝加哥的美中科协、李恒德牵头组织的美东科协相继成立。1949年6月18日，有重要影响力的留美中国科学工作者协会（以下简称留美科协）在匹兹堡正式成立，协会以"响应解放，准备回国"为宗旨，号召大家积极准备归国，为新中国贡献自己的力量。

不久后的10月1日，新中国成立的喜讯传来，李恒德和朋友们在美国的公寓里高唱着《东方红》，举杯遥祝，热泪盈眶。之后的两年，李恒德放弃宝贵的科研时间，花费大量精力主办留美科协的刊物《留美科协通讯》，每月1000多份油印杂志从他手中发往全美各地。作为中国留学生联系的桥梁和纽带，《留美科协通讯》从新华社和国内各种报刊信件中选编并撰写稿件，目的是让大家更多地了解国内的大好形势和留学生回国后的动态，号召大家尽早回到祖国的怀抱。那是一段可以看到希望的日子，是沸腾的岁月，一批批优秀人才踏上归国的邮轮，真可谓"漫卷诗书喜欲狂""青春作伴好还乡"。

## 困苦难阻归国路

朝鲜战争爆发后，美国麦卡锡主义横行，在美学习前沿科技的中国留学生纷纷受到严密监视，甚至拘押。1950年冬，在李恒德即将完成学业、计划回国之时，美国移民局找上了他。移民局先是对他进行搜查和恐吓，接着就是禁止离境、疲劳审讯、没收护照、踢出课题组、停发薪金、威逼利诱、监视行踪。移民局工作人员甚至威胁他说：“也许你能有一千条路可以逃出美国，我劝你一条也不要试！”李恒德的朋友颜鸣皋、黄葆同也先后被美国政府拘留、驱逐出境，这是他在美国最孤独、最难忍受、最痛苦的一段日子。

要完成学业！要维持生计！更要争取回国！“即使关进监牢，我也必须同美国斗一斗！”从1952年起，李恒德与师昌绪、张兴钤、范新弼等20多名中国留学生一道，团结起来与美国政府进行抗争。他们通过各种渠道寻求新中国的支持和帮助，也争取美国进步力量的同情和声援，要求美国政府撤销对中国留学生的无理扣留。他们辗转给周恩来总理写信，给美国总统艾森豪威尔、国会、新闻媒体、民主人士发公开信，控诉美国政府的种种罪行。

胜利的一天终于到来。经过日内瓦会议的谈判，在国内外舆论压力下，美国政府终于准许中国留学生回国。但是移民局仍不死心，两度找到李恒德，企图用高薪和优渥的工作生活条件诱惑他，劝他留在美国。李恒德断然拒绝：“不！我只想早点回到中国！”拿到获释令的那一刻，他的手在发抖，他被内心的胜利喜悦和激动所湮没。被扣留3年多来，他身后有强大祖国和同胞的支持。

1954年11月29日，邮轮缓缓驶离旧金山，李恒德等一批中国留学生历尽千难万阻，终于踏上了归国之旅。20多天后，他踏上了阔别多年、日思夜想的故土，开始投入新中国火热的建设大潮。

## 开拓新中国材料科学

回国后，李恒德被分配到清华大学工作。当时学校还没有材料学专业，李恒德就在机械系建立金属材料专业，并担任教研室主任。1956年，为了培养原子能方面的人才，清华大学成立了工程物理系，李恒德负责筹建我国第一个核材料专业。

当时，中国在核材料研究方面一穷二白，一切都要从零开始。组建教师队伍、购买设备、制订教学计划和课程安排……在李恒德的努力下，新生的核材料专业一步步成长起来。李恒德认为，要办好一个专业，关键是教师队伍。他从当时的机械系三年级挑选了8名学生和1名半脱产的辅导员组成队伍，除亲自讲授专业课外，还聘请兄弟院校专家来讲课。他一边教学、一边处理行政工作，没有请过一天假。

李恒德十分注重创新。他在国内最早开始研究核燃料材料及带电粒子束辐照效应；他带领团队研究制定铀的晶粒度标准；他利用凝胶沉淀法最早在国内研制出二氧化铀的燃料微球；他带领全班同学进驻西北有色金属加工厂，提出并主持了我国锆合金管材的氢氧化物分布研究，为我国锆管生产过程中的质量控制和避免反应堆内因氢化物分布不利而发生断裂事故作出了重要贡献。

李恒德带领团队攻克了一个又一个技术难关，努力服务于国家建设的迫切需要。但是为了国家利益，他从未就这些研究成果公开发表过一篇论文，他的真实工作一直鲜为人知。作为我国最早从事核材料研究的科学家，虽然他的成就举足轻重，但他甘做一名默默奉献的开拓者和奠基者。

### 老骥伏枥令国际同行刮目相看

改革开放的春风吹过神州大地，李恒德在科研领域也焕发出新的活力。他抓住核技术和材料研究结合的新方向，毅然向金属离子束材料改性的新领域进军。

当时，这一研究在国际上刚刚起步，尚无先例可循。李恒德带领团队从离子束材料改性入手，经过一系列试验，证实利用载能离子束，对金属表面进行改性，可以有效增加金属的抗磨损和抗腐蚀能力。

1980年，在第二届国际离子束材料改性会议上，李恒德发表了他的研究成果，这是他回国25年来公开发表的第一篇论文，也标志着我国开始在这一研究领域崭露头角。接下来，李恒德带领团队再接再厉，先后在离子束的界面混合、金属氮化物的形成和相变的分形研究上大显身手，使我国在这一领域跻身世界先进行列，令国际同行刮目相看。

从物理到化学再到生物、从核材料到离子束再到仿生生物材料，李恒德进行着多项跨学科研究。1989年，李恒德瞄准天然生物矿物和仿生材料研究，研制出一系列异质纳米多层膜，并对多层膜硬度和韧性进行了系统研究。

李恒德从1986年起连续担任两届国家自然科学基金委员会材料与工程科学部主任，他还参与组建了中国材料科学研究学会，倡导设立国际材联亚洲系列会议，为推动我国材料科学的发展作出了重大贡献。1994年，李恒德当选为中国工程院首批院士，他又积极建言成立材料咨询委员会，为国家建设献计献策。

几十年里，李恒德指导和培养了一大批优秀人才，桃李满天下。从1961年清华入学的第一届五年制研究生开始，大批专业人才源源不断地走上国际尖端的研究岗位。他们不仅具有扎实的专业知识和优秀的研究能力，更为可贵的是，他们在毕业时服从国家需要，毫无怨言地扎根在工作岗位，为国家的材料事业，尤其是核事业作出了重要贡献。

2019年5月28日，李恒德在北京去世，享年98岁。他将自己一生取得的成绩归功于党和国家的信任。在李恒德看来，生命的意义并不在于自己做了什么，而在于自己为国家做了些什么，正像他说过的那样：“当我能够把我的一点一滴努力献给自己的国家时，那才是我生活的真正意义和我最大的自豪。”

（高文静　石磊）

# 1954年

## 王德宝：我国核酸生化领域的开拓者

### 人物简介

王德宝（1918年5月7日至2002年11月1日），江苏泰兴人，1980年当选为中国科学院学部委员（院士），我国著名生物化学家，中国科学院生物化学与细胞生物学研究所研究员。1940年获国立中央大学生物化学专业学士学位，1948年获华盛顿大学医学院生化系硕士学位，1951年获美国西部保留地大学微生物系博士学位，1951—1954年在美国约翰·霍普金斯大学从事博士后研究，1954年归国后进入中国科学院上海生理生化研究所工作。王德宝是我国核酸生化领域的开拓者和奠基人，创建了我国首个核酸研究室，领导并参加了世界上首次人工合成具有生物活性的酵母丙氨酸转移核糖核酸的研究，成功合成了拥有生物活性的酵母丙氨酸转移核糖核酸，使我国人工合成生物大分子的研究处于世界领先地位。王德宝先后获国家自然科学奖一等奖、陈嘉庚科学奖生命科学奖、国家科学技术进步奖三等奖等奖项。

20世纪80年代，我国人工合成酵母丙氨酸转移核糖核酸的喜讯传遍了全国各地，这是我国核酸生化领域具有里程碑式意义的研究成果，同时也带动了多种核酸类药物的研发工作，开辟了我国核酸生化领域的新局面。这一研究的成功，离不开归国科学家王德宝及其团队的努力。王德宝的学生刘新垣院士回忆，先生严谨治学，从不做没有把握的事，虽获得了很多荣誉，但淡泊名利，从不为此骄傲。王德宝怀着对祖国科技事业最纯粹的热爱，将一生都奉献给祖国的核酸生化研究工作，是核酸生化界的楷模，也是后辈的榜样。

## （一）

1918年5月7日，王德宝出生于江苏泰兴的一个小镇，其父王嵩樵作为一名知识分子，对子女教育十分严格。王德宝4岁便跟随当地耆宿名儒吴铁珊先生读私塾，在吴先生的谆谆教导下，王德宝对知识的渴求愈加强烈。1929年，11岁的王德宝插班到镇上的新学堂——黄桥镇小学读五年级。一年后，他顺利考入南通崇敬中学。中学期间，王德宝表现出对生物化学领域浓厚的兴趣，如饥似渴地汲取先进知识，也在心中埋下了科技报国的远大抱负。

1936年，王德宝同时被国立中央大学和浙江大学录取，他选择了离家较近的国立中央大学学习生物化学专业。然而，平静的大学生活随着1937年侵华日军轰炸上海并迅速波及南京而发生了改变，国立中央大学被迫于同年11月西迁至重庆沙坪坝。王德宝克服万难随校西迁，继续潜心学业。1940年，22岁的王德宝顺利从国立中央大学毕业，并留校担任助教。此时正处抗战时期，生活、工作和科研条件十分恶劣，年轻的王德宝咬牙坚持，把科技报国作为坚定信念和不渝追求，一边教授课程，一边艰难地从事相关研究工作。1943年，他转入成都中央大学医学院的生化科，在郑集教授（中国生物化学开拓者之一）的带领下，展开了一系列关于植物蛋白质营养价值的研究工作，发表了多篇论文，并于两年后晋升为讲师。

1947年，王德宝参加公费留美的招生考试，这次考试仅有10个名额。他以优异成绩通过筛选，顺利获得留美资格。同年，他前往美国路易斯安那州立大学学习制糖专业。在校期间，他谨记“忧劳可以兴国，逸豫可以亡身”的人生格言，潜心钻研，并加入美国化学会路易斯安那州立大学分会，成为荣誉化学会员。翌年，他转入华盛顿大学医学院生化系，在诺贝尔生理学或医学奖得主卡尔·斐迪南·科里教授的带领下继续开展核酸生化领域的研究，完成论文《胞苷的酶促脱氨》，获硕士学位。后来美国政府停止给在美留学生发放经费，面对恶劣的条件，王德宝没有轻言放弃，而是继续埋头苦干。他明白，国家需要他，不能就此退缩。1949年，他前往美国西部保留地大学任助教，经过两年钻研，取得了不少研究成果，包括在戊糖乳杆菌中发现了能有效分解腺苷、胞苷和黄苷的核苷酶等，并顺利获得博士学位。

王德宝虽远涉重洋，却心怀报国之志。他十分珍惜来之不易的留学机会，潜心研究，争取早日归国、为国效力。从国内到国外的求学之路，王德宝始终初心不改、使命不移，探求科技真理的脚步从未停止，科技报国的精神火种在他心中不曾熄灭。

## （二）

获得博士学位后，王德宝对故乡的思念之情越发浓烈，报国之志也在心中愈加坚定。1951年9月，王德宝毅然决然地选择了归国工作，他坐了五天五夜的轮船，不料在行至檀香山后遭美国政府阻挠。王德宝就这样在檀香山滞留下来。为维持正常的生活和科研，他来到美国约翰·霍普金斯大学任职。在此期间，他发现了新的酶促法，直接从辅酶Ⅰ成功制备辅酶Ⅱ。他的发现解决了生产辅酶Ⅱ价格昂贵的问题，很快被世界各国药厂采用。

王德宝在1954年10月才重新踏上归途。他几经周折拿到签证，花了两个月时间，不畏艰辛，取道法国、英国和中国香港，于1954年底如愿返回日思夜想的故土，后被分配到中国科学院上海生理生化研究所工作。

面对当时国内百废待兴、一穷二白的情况，王德宝先是创建了核酸研究组，随后于1961年建立了我国第一个核酸研究室，开辟了我国在核酸生化领域的新天地。当时，研究所、研究室的条件都很差，王德宝怀着一颗赤诚报国的心，率领同人开展核酸的分离、纯化及结构、功能的研究工作。他还被任命为“酵母丙氨酸转移核糖核酸的人工全合成”研究学术组组长，带领研究队伍不计名利地埋头钻研，甘坐“冷板凳”。凭借着这份坚韧不拔的定力、革故鼎新的勇气，耗时13年，他们于1981年11月20日成功合成了具有完整生物活性、与天然分子结构相同的酵母丙氨酸转移核糖核酸。这项研究有助于进一步揭示核酸在生物体内的功能和作用，是我国在探索生命科学奥秘的征程上取得的一项重大成果，使我国在人工合成生物大分子的研究居于世界领先地位。同时，该研究获1984年中国科学院重大科技成果奖一等奖、第三届国家自然科学奖一等奖等荣誉。从1982年开始，王德宝及团队专注酵母丙氨酸转移核糖核酸结构与功能及其中修饰核苷酸的生物功能等方面的研究。他们通过改造酵母丙氨酸转移核糖核酸，合成了三种类似物，合成物中含有全部修饰核苷酸，也拥有全部生物活力。王德宝研究团队蜚声海内外，美国杂志发表的《中国近期的核酸研究》一文对他们的研究工作给予了高度评价：上海王氏小组在核糖核酸的研究方面达到了和西方科学界同样的水平。

王德宝学成归来，放下功名利禄之心，扎根一线做学问、搞研究，用自己的双手开辟了我国核酸生化事业的新局面，生动诠释了归国科学家的爱国精神与情怀。

（三）

满园桃李竞芳菲，累累硕果开先河。王德宝明白，在做好自己研究的同时，只有重视科技人才培养，让学界后浪辈出，我国的科技事业才能勇攀高峰。在他的带动下，涌现了一大批从事核酸生化研究的专业人才，为我国核酸生化领域的快速发展奠定了坚实基础。在教材方面，他主持编写了《核酸：结构、功能与合成》（上下册）等系列丛书，该系列丛书为生物化学、分子生物学等领域的研究者和高等院校师生的学习和研究提供了重要范本。在教学方面，他曾兼任复旦大学、上海科技大学教授，开设核酸专题课程，还为生化所研究生及新分配人员进行核酸相关知识的讲解，起到了很好的社会效应。在硕士、博士培育方面，他先后招收了8名博士生和16名硕士生，培养了众多核酸生化领域高层次人才，为我国研究生教育事业作出了重要贡献。在学术交流方面，晚年的王德宝经常到世界各地演讲，将先进的核酸生化知识传遍世界。1982—1984年，他在美国、英国等国外的大学、研究所作报告，获得国际学术界的普遍好评。王德宝一生醉心学术，致力于推动我国核酸生化领域教育事业的发展，开创了我国核酸生化领域教育的先河。

2002年11月1日，王德宝先生走完了辉煌的一生，他倾其所有书写了我国核酸生化领域的不朽神话。

（潘建红　刘昊）

# 李敏华：麻省理工学院首位工科女博士

## 人物简介

李敏华（1917年11月2日至2013年1月19日），出生于江苏吴县，固体力学专家。1940年毕业于西南联合大学。1945年和1948年先后在美国麻省理工学院获硕士学位和博士学位，是麻省理工学院第一位工科女博士。1954年回国，1980年当选为中国科学院学部委员（院士），1984年加入中国共产党。作为从事应用研究的科学家，李敏华一直根据国家需求奋斗在科研一线，60多岁还在开展中国航空航天方面的基础研究工作。李敏华是我国塑性力学的开拓者，毕生从事塑性力学和应力分析的研究，在塑性问题的解析方法、结构强度、疲劳失效机制等方面作出了重要贡献，为培养中国近代力学人才倾注了大量心血，为中国高等院校固体力学专业建立了一种全新的教学模式。

"理工救国"是李敏华年轻时立下的志向。看到国家和民族所经历的战争和苦难，她下定决心努力学习。在异常艰苦的环境里，李敏华辗转北京、长沙、昆明、波士顿等多地求学，并在学成后毅然回到祖国，成为我国杰出的固体力学专家。

## “一个小个子女孩打败了所有男孩子！”

1917年11月，李敏华出生在江苏省吴县一个普通知识分子家庭。她的母亲毕业于杭州女子师范中学，思想开明、反对封建，不仅支持李敏华姐妹求学，而且十分重视培养她们的学识和品德。1935年，李敏华考入清华大学化学系。七七事变后，她随学校迁到长沙并在国立长沙临时大学读了一个学期。次年，她又随学校从长沙迁至昆明，就读于三校合并而成的西南联合大学。经历了国难当头的流离失所，李敏华立志要以己所学报效祖国。1940年，李敏华大学毕业后留在西南联合大学航空工程学系任教。1944年，她与丈夫吴仲华共同赴美留学，就读于麻省理工学院。20世纪40年代的美国，对妇女还存在一些偏见，当时麻省理工学院机械系负责本科生教学的教授说：“我不能看到机械系有女博士生。”4年间，夫妇俩有了两个孩子，学习与家庭的负担都很重。但是，李敏华以常人难以想象的坚毅和刻苦完成了硕士、博士学业。读博期间，李敏华选修了热力学课程。她的老师肯能教授在一次考试总结时说：“这次考题很难，很多人不及格，第一名考95分，是吴夫人（吴仲华的夫人）。”30多年后的1979年，当中国学者访问麻省理工学院时，肯能教授提起此事还记忆犹新：“一个小个子女孩打败了所有男孩子！”

1948年，李敏华顺利获得博士学位，成为麻省理工学院第一位工科女博士。这一历史性的新闻登上了《波士顿先驱报》。该报在报道麻省理工学院毕业典礼时，特地提道：“中国的李敏华，几个孩子的母亲，证明妇女可与男子一样，获得博士学位。”

对于出国读研和工作的动机，李敏华在思想上一直是明确的：“去美国的目的就是要学成归来建设祖国！”朝鲜战争爆发后，吴仲华李敏华夫妇立即为回国做准备。但美国政府已经开始迫害并阻挠中国留学生回国。经过几年的抗争，吴仲华李敏华夫妇于1954年8月以旅游为名离开美国，绕道西欧、苏联，克服重重困难，终于回到祖国。

## 开创力学研究新领域

1955年，李敏华以极大的热情投入钱学森和钱伟长领导下的中国科学院力学研究所的创建工作，并担任力学所设立的四个研究组之一——塑性力学组的组长。

力学所的创建为李敏华搭建了一个更广阔的平台，她不断地扩展自己在塑性力学领域的研究工作。1958年，毛泽东同志发出“我们也要搞人造卫星”的号召，中国科学院把人造卫星研制任务定为年度头号重点任务，代号“581”。在这个重大项目中，力学所承担了卫星总体设计任务，并组建了第一设计院（上天设计院），李敏华被编入发动机部的涡轮泵组，负责“火箭涡轮泵中燃气轮机强度设计”工作。不到1个月的时间里，设计院要设计并绘制出T-3高能液体燃料运载火箭总图，所以研究人员不分白天黑夜地加班工作。李敏华虽然已经40多岁，还有两个十来岁的孩子，但从未提过任何要求，她和组内另一位女同志同吃、同住，天不亮就到操场集合训练，白天搞研究，过着军事化的生活。那时，两个孩子都留给丈夫一个人照顾，李敏华只有星期天才能回家看看。但是她没有任何怨言，全心全意地投入工作。

1959年12月，研究方向为高温轻结构的力学所十二室成立，李敏华被任命为业务副主任，她的研究和管理领域从单纯的塑性力学拓展到整个固体力学。短短五六年时间，在李敏华的带领下，十二室从零起步，逐步成长为百人量级、能征善战的大研究室，与爆炸力学和气动力学研究室一起构成了力学所学科领域的三个支柱，为国民经济和国防安全作出了重要贡献。

## 在科学的春天再挑重担

20世纪70年代，由于中国援外飞机出现航空发动机涡轮轴断轴故障，李敏华开始带领团队开展在扭矩作用下喇叭轴应力分析工作，解决国防紧急任务中的实际问题，并获得了1978年中国科学院重大科技成果奖。但李敏华并不满足于此，她进一步提出了变截面圆轴扭转问题的新解法，精确地算出轴在小凹槽处的高应变集中区的应变，提高了原用的差分法的适应性和灵活性，使新解法更具有普遍适用的价值。

在解决航空发动机涡轮轴断轴问题后，李敏华敏锐地意识到材料疲劳研究的重要性。她开始筹建疲劳实验室，积极倡导开展学科交叉研究，促进了疲劳研究的发展。她发起组织全国性疲劳学术会议，筑构跨学科交叉研究平台，促进了力学研究者与材料科学家、理论研究与试验研究、宏观研究与微观分析的结合发展。李敏华还带领团队开展了超载对低周疲劳寿命影响的研究工作。通过对铝合金圆孔薄板试件在一种疲劳载荷作用下的实验研究，得出超载60%，疲劳寿命会增加3—4倍的载荷范围，并观察到超载滑移线障碍主载滑移带的发展。

## 培养研究队伍的一个法宝

李敏华为培养中国近代力学人才倾注了大量心血。她深知，学科想要发展，队伍建设必不可少。组织文献报告会是李敏华培养、组建研究队伍的一个法宝。她精选出在相关学科领域有重要影响的外文文献和经典论著，与大家一起研读讨论，每个人分头准备、轮流报告。除了力学所塑性力学组全体成员，她还邀请北京钢铁学院和物理所的专家教授一同参会。对于年轻人而言，这是一项颇具挑战性的工作，他们要反复咀嚼、仔细推敲。在具体过程中，李敏华亲自教授年轻人如何查找跟踪阅读文献、如何做文献卡片、如何挑选重要文献及如何报告文献等。在每个年轻人报告之前，她都要组织预讲，提出改进意见。报告之后，她还要进行个别评述。每篇文献的翻译文稿，她都要亲自阅看修改。这是一个从“无疑”到“有疑”再到“无疑”的过程，是一个逐渐把书“读厚”再“读薄”的过程。这种做法，成为高效、系统、深入培养新人的好办法，既发挥了集体智慧，又实现了跨所校、跨学科的学习交流，对塑性力学研究队伍的形成起到了至关重要的作用。

1984年，年过六旬的李敏华加入了中国共产党，她在党旗下郑重宣誓：“为摆脱祖国受侵略而进行的建设贡献出自己的全部力量。”为了祖国和民族的复兴与富强，为了新中国近代力学事业的建设与发展，李敏华奉献了全部的知识、智慧和精力。她让中国塑性力学从无到有、走向世界，为我国航空航天事业作出了重要贡献。

（高文静）

# 蔡启瑞："一生最爱的只是一间实验室"

## 人物简介

蔡启瑞（1913年12月3日至2016年10月3日），出生于福建同安，中国科学院院士、著名化学家。1931年考入厦门大学化学系，1937年留校任教，1950年获美国俄亥俄州立大学博士学位，后专研铯氧化物晶体结构。1956年回国执教厦门大学，1958年创立国内高校首个催化教研室。1980年当选中国科学院学部委员（院士），曾任厦门大学副校长、第一届国务院学位委员会学科评议组成员等要职。多次获国家自然科学奖三等奖，获"资深院士"荣誉称号及何梁何利基金科学与技术进步奖。

他是我国催化科学研究与配位催化理论的开拓者和奠基人，一生致力于催化理论、酶与非酶催化固氮、碳一化学、轻质烷烃化学及结构化学研究。他较早提出络合活化催化作用的理论概念，系统阐述了过渡金属催化剂的作用，并总结了四种络合催化效应，这些贡献丰富和发展了络合催化理论，在国内外产生了重大影响。

## 情系桑梓，以国家战略需要为使命

蔡启瑞于1937年在厦门大学化学系毕业后留校，历经战乱随校迁长汀，执教8年。其间，他展现出了极高的化学天赋和热情，横跨有机、结构、物化、分析、无机等多个化学学科，深受学生信赖与同事赞誉。1947年，在时任厦门大学理学院院长兼化学系主任卢嘉锡的推荐下，蔡启瑞成为当时中国政府选派赴美留学的20名人员之一，前往俄亥俄州立大学专攻物理有机化学方向，仅用3年便获得了化学领域的哲学博士学位。

蔡启瑞原定学成后立即返回祖国，然而1950年朝鲜战争爆发，美国政府规定在美留学的理工科中国学生一律不准返回中华人民共和国，蔡启瑞不得不暂时滞留美国，但他始终心怀祖国。1950年厦门大学29周年校庆之际，蔡启瑞从大洋彼岸发回“祖国大地皆春，我怀念你啊，祖国”的电报。当时厦门大学也在为他的回校做筹划，卢嘉锡也向学校提出拟聘蔡启瑞为专任化学教师兼任化学研究所指导教授的建议。然而，这纸聘书一等就是6年，蔡启瑞在给好友的信件中写道“谅此巨鲸亦鼓不起洪浪”，为此，他坚持年年递交离境申请。终于，1954年中美签订日内瓦协议，经过谈判，我国政府用美国战俘换回了一批留美科学家，蔡启瑞便是其中之一。

1956年4月，蔡启瑞乘坐“戈登将军号”轮船辗转回到祖国，随身携带的只有各种实验数据和学术资料。在美期间，他已在物理有机与结构化学领域取得成就，回国后继续深耕离子晶体极化研究，并崭露头角。面对新中国成立初期化学工业和炼油工业十分落后，以及催化科学处于一片空白的现状，他响应国家号召，从头开始，跨界投身催化研究，创立国内高校首个催化教研室。在催化领域埋首十年，他成功研发并产业化了负载型氧化锌和氧化铌两种新型催化剂，为乙炔制橡胶单体技术的突破奠定了基础。

### 锐意创新，为复兴中华科技默默耕耘

1972年之后，蔡启瑞的研究方向开始集中在化学模拟生物固氮方向上。当时在周恩来同志的批复下，中国高校与研究所开始着手恢复“文化大革命”期间停滞的基础研究，蔡启瑞和中国科学院院士、化学大师唐敖庆及卢嘉锡一起组建了“超豪华”跨学科研究团队。理论化学家、结构化学家和催化化学家联袂攻克“化学模拟生物固氮”国际学术难题的故事，至今仍是科学界的一段佳话。化学模拟生物固氮，就是用化学方法，模拟大豆根瘤菌在常温常压下直接从空气中合成氨制取氮肥的过程。这需要先弄清楚自然界的固氮微生物是如何在常温常压下直接利用空气中的氮来转化成氨的，以便进一步根据其中的原理，改进氨合成催化剂，提高氮肥的生产效率。这不仅是当时国际上正力图攻克的科学难题，更是我国国家建设发展尤其是农业发展亟须解决的一个重大问题。经过深入研究，蔡启瑞详细阐明了酶促反应中ATP驱动电子传递的机理，在国际上较早提出了多核原子簇结构的固氮酶活性中心单立方烷模型（厦门模型）；同年，卢嘉锡提出了单网兜型模型（福州模型），后期经数次改进和演变融合为著名的“福建模型”。1987年，《在固氮酶作用下和铁催化剂作用下的固氮成氨的研究》被授予国家自然科学奖三等奖，并对蔡启瑞团队的化学模拟生物固氮研究给予了较高评价。

蔡启瑞不仅是化学家，更是能源化工发展的战略家，他针对我国煤炭丰富、油气相对匮乏的国情，倡导“油煤气并举，燃化塑结合”的能源化工路线，主张优化化石燃料利用，构建先进能源化工体系。1986年，他与彭少逸院士携手，跨单位组织科研，共同主持国家“碳一化学的基础研究”重大项目。该项目支撑现代煤化工、天然气化

工及二氧化碳化工，促进能源低碳化利用与资源化，是我国碳一化学研究的起点，对能源安全与经济可持续发展具有战略意义。碳一化学中的关键性科学问题是催化剂的作用机理和催化理论，蔡启瑞领导的团队对碳一物种 HCO、$CH_2$、$H_2C{=}C{=}O$ 和 $CH_3CO$ 的检测及 Rh 基催化剂上合成气制乙醇机理，被评价为中国碳一化学最重要的进展之一，被国内外同行广泛认可，该项目的重要成果《合成气制乙醇催化作用机理的研究》于1994年获教育部科技进步奖一等奖，1995年获国家自然科学奖三等奖。

"探赜索隐老而弥笃，立志创新志且益坚。"卢嘉锡如此评价蔡启瑞。蔡启瑞曾说，"一生最爱的只是一间实验室""只要我还能动，脑子还能思考，我就要站出来，去推动这些项目的研究"。91岁高龄时，他致信温家宝同志"启瑞虽年过91，但仍乐于用我的有限余热，为中青年同事们加油鼓劲"，力推建立醇醚酯化工清洁生产国家工程实验室，希望能为国家的能源化工特别是煤化工作作出贡献，充分彰显了蔡启瑞是一位一生心无旁骛、默默以复兴中华科技为己任的南强赤子。

## 诚毅至善，言传身教广育英才

"学如流水行云，德比松劲柏青。攀登跨越高峰，育才灿烂群星。"著名化学家唐敖庆这样称赞蔡启瑞的学问与师德。蔡启瑞一生朴实严谨、淡泊名利，总是把国家和集体利益放在第一位。1999年，蔡启瑞荣获何梁何利基金科学与技术进步奖及20万港元奖金后不久，便直奔学院提出要捐出奖金用于人才引进。考虑到蔡启瑞的生活拮据、家属患病等情况，时任厦门大学化学化工学院党委书记的林永生和同事商量后，决定悄悄以蔡先生的名义将这笔钱先存起来以备不时之需。直至蔡启瑞乔迁，学院才归还存折。2013年，他与家人商议后，再次通过学生捐赠奖金，支持学院人才培养与科研发展。学生陈洪斌回忆，

1983年蔡启瑞获联合国教科文组织资助出访，他节衣缩食，未购私物，却用节省的3000多美元为团队购得先进PC/XT微机。当时国内计算机不普及，蔡启瑞此举意在希望团队跟上世界的脚步。

蔡启瑞还广育英才、提携后学，培养了一大批出类拔萃的化学科研工作者，为中国催化事业的持续发展作出重要贡献。他常言“弟子不必不如师”“不要把集体的成绩归到我一个，不要把别人的成绩归到我”，并身体力行。学生王炜曾在《琐忆蔡启瑞先生二三事》中回忆，蔡启瑞有一次在实验室看完他的实验报告就敏锐地发现，这项研究属于首创性科学发明。在蔡启瑞的持续指导下，该研究于1992年获得了国家发明专利授权，但是蔡启瑞坚决不同意联合署名，反而助其修改完善论文，细致到标点符号的更正，后来该论文终获多平台发表。

2016年10月3日，104岁的蔡启瑞安详辞世。他的百年人生正是厦门大学校训——“自强不息，止于至善”的生动演绎和光辉典范。催化学科，他是奠基人；物化研究，他是引领者；工科发展，他是开拓者。蔡启瑞留下的丰富科研成果，为我国催化科学的进步与发展奠定了坚实的基础。

# 1955年

## 蒋丽金：为国争光的女光化学家

### 人物简介

蒋丽金（1919年4月15日至2008年6月9日），有机化学家，我国光化学研究的主要奠基人和开拓者之一。1919年4月15日出生于北京，祖籍浙江杭州。1944年毕业于辅仁大学化学系，获学士学位；1946年辅仁大学研究院化学系研究生毕业，获硕士学位。毕业后任北京大学医学院药化系助教。1951年在美国明尼苏达大学获博士学位。1951—1955年先后在美国堪萨斯大学药化系和麻省理工学院化学系做博士后研究，1955年底回国。20世纪50年代在美国曾从事可的松衍生物的合成及维生素D合成的部分工作。回国后从事中国大漆漆酚的研究，硼氮化合物的合成，特种胶片研制等方面的工作。1978年以后开展了光化学的研究，推动了光化学学科建设，在我国天然光敏色素——竹红菌素的结构与功能、光疗机制和藻类光合天线系统的结构与功能关系等研究中取得了显著的成就。

蒋丽金是我国光化学研究的主要奠基人和开拓者之一。她率领的团队多次完成了国家交办的重大任务，研究成果受到国际同行的高度重视和广泛赞誉。她不仅是一位伟大的化学家，更是一位爱国者。她为我国光化学学科的蓬勃发展、光化学研究的人才培养，付出了毕生心血。

## 宁折不弯　为国远航

1919年4月15日，蒋丽金出生于北京，她的父母都是知识分子，由于耳濡目染，蒋丽金从小就对书本充满了热爱，这为她未来从事科研工作奠定了坚实的基础。她很早就定下了自己人生的目标："那个时代女子很少从事职业，但我想成为一个拥有独立人格的人。或许当医生，就能够实现这个目标。"1935年，蒋丽金前往北平贝满女中求学。怀揣着对医学的理想和抱负，她刻苦学习了3年，顺利考入燕京大学医预系。1941年，她又考入北平协和医学院。正当蒋丽金准备把自己的一生奉献给医学事业时，战争的硝烟却打破了她的医学梦。

1941年12月7日，珍珠港事件爆发，协和医学院被迫关闭，北平不再是一个能够安心读书的地方，蒋丽金辗转进入上海圣约翰大学医学院继续学业。但出于身体原因，1942年，她不得不返回北平。当时她有两个选择：一个是去日本人办的北平医学院继续学医，另一个是去辅仁大学学习其他学科。蒋丽金虽然非常渴望继续学医，但出于对民族自尊心的强烈坚持，她不愿意去日本人办的大学，最终与曾经的梦想失之交臂。虽然学医的道路被堵住了，但蒋丽金没有放弃她的学业，她下定决心用另一种方式为国家作出贡献。于是，她转学到了辅仁大学化学系，将自己全部的精力投入化学学习，并于1944年获得学士学位后考入该校研究生院，两年后取得了硕士学位。通过自身的努力，她不断调整人生的航线，走上了有机化学的科研道路。1946年，蒋丽金成功获得了北京大学医学院的助教职位。然而，当时的北京大学医学院并没有足够的条件供她进行研究，她的研究一直没有取得进展。但蒋丽金并没有放弃，她决定去美国留学，以获得更好的学术资源和条件。然而，在当时通货膨胀急剧攀升的情况下，蒋丽金的家庭收入并不足以支持她前往美国深造。于是，在接下来的两年里，蒋丽金在辛勤工作的同时，不得不节衣缩食，将每月的工资用来购买面粉，并储存起来，然后再找机会将面粉换成外币，积攒留学费用。

1948年，蒋丽金收到了美国明尼苏达大学药学院的入学通知书，她靠着节衣缩食换来的外币，购得了去旧金山的船票，踏上了漂洋过海的旅程。然而，没过多久，由于国内战局混乱，蒋丽金甚至无法收到家里的汇款。尽管面临种种困难，蒋丽金却坚定地选择留在美国继续学习深造。她说："专业还没有学成，我怎么能回国呢？"虽然她带来的钱远远不足以支付一个学期的费用，但她从没想过要放弃。蒋丽金努力克服困难，学习之余抽出时间做零工，开始了一段半工半读的艰苦生活。尽管生活清贫，但这并没有阻止她在学术上前进的脚步。终于，1951年蒋丽金顺利毕业，获得了博士学位。毕业后，她曾在美国堪萨斯大学药化系和麻省理工学院化学系做博士后研究。在此期间，蒋丽金邂逅了同在堪萨斯大学的许国志（运筹学家和系统科学家，中国系统工程的主要创建人之一，中国工程院院士），两人于1954年8月喜结连理。

## 摒弃名利　携手归国

新中国成立后，蒋丽金身在异国他乡，但时常通过各种渠道了解祖国建设的最新进展，也一直怀揣着回国工作报效祖国的信念。她多次向美国政府提出回国申请，却屡屡未获批准。蒋丽金夫妇出国留学时，他们内心深处的信仰就是科学报国。时光荏苒，到了1953年，蒋丽金和许国志再次向美国移民局申请出境返国。然而，当时正值中美在朝鲜战场上兵戎相见，他们的出境申请被美国移民局长期扣压。尽管归国的道路充满艰辛，蒋丽金和许国志却始终没有放弃对科学的追求。蒋丽金选择了当时国际上一道难题——维生素D的研究工作，她不仅是从事该领域研究少有的女性，更在科研中取得了突破性成果。许国志则在大学一边教书一边从事正交函数的研究，他以敏捷的思维和创新的意识，展开了运筹学方面的探索和研究工作。他如鱼得水般投入工作中，事业有了成就，荣誉、地位和金钱都随之而来。

然而，他们魂牵梦绕、念念不忘的，始终是生养他们的祖国。他们深知，学术上的成功和物质生活的改善，仅仅属于个人，祖国的强大和繁荣才是更重要的人生追求。为了回归祖国的怀抱，他们甘愿付出一切。1954年中美两国在日内瓦开始了长达一年多的马拉松式谈判，直到1955年秋，美国政府放弃其阻挠中国留美学生回归祖国的行动。听到这一盼望已久的佳音，蒋丽金夫妇立刻购买了“克利夫兰总统号”邮轮的船票，他们买了当时能买到的最早的船票。他们没有讨论，更没有半分犹豫，收拾打点好行装，放弃了国外优渥的生活，于1955年9月15日，毅然登上“克利夫兰总统号”邮轮回国。邮轮载着多位中华民族的杰出儿女，经过十几天的漫长航行，穿越了浩瀚无垠的太平洋，缓缓地驶靠中国香港九龙半岛，经罗湖桥，蒋丽金和许国志踏上了朝思暮想的祖国热土。

## 国之所需　我之所求

1956年，蒋丽金进入中国科学院化学研究所，担任副研究员，开始了对大漆的研究。她深知大漆是中国涂料之王，是无可比拟的天然材料，却发现其研究在成分和成膜机理方面远远落后于日本等国家。这让她内心充满了遗憾，她决定专注这一课题的研究，经过艰苦的实验和无数次的尝试，蒋丽金取得了一系列重要的研究成果，成功地撰写出《天然漆（生漆）》这本专著。但蒋丽金并没有止步于此，她偶然发现了硼的化合物具有防辐射的能力。这一重要发现让她意识到硼氮化合物的合成课题具有重要的意义。于是，她毅然选择了这一具有挑战性的课题，并投入了大量的时间和精力。蒋丽金对硼、磷、氮有机化合物的合成，有机氟化物的合成及微量有机化合物的剖析等方面进行了深入的研究。

1965年，蒋丽金响应国家需求，参与了感光材料研究的攻坚任务，她负责剖析国外同类胶片中的有机助剂。她和团队经过一年多的艰苦努力，圆满完成了任务，为国产胶片的研制打下了坚实基础。1967年1月，蒋丽金所在的研究室承担并成功完成人造卫星甲乙胶片（160胶片）的实验室研制任务。这一成果于1975年12月和1976年11月两次成功装载到“尖兵一号”返回式卫星上。160胶片的研制成果先后获得全国科技大会奖（1978年）和国家科技进步奖特等奖（1986年）。完成160胶片研制任务后，蒋丽金又投身到彩色胶片的研制工作中。她专注合成和研究构成彩色胶片基础的成色剂。在她的领导下，1975年，中国科学院感光化学研究所率先在有机化合物结构鉴定中引入了核磁共振技术，为有机化学和后来光化学研究的发展起到积极的推动作用。自1978年起，蒋丽金先后担任中国化学会理事、常务理事等职务，并于1980年当选为中国科学院学部委员（院士），担任化学部常委。

蒋丽金率领团队投身于国家“八五”重大基础研究项目，还承担了多项国家基金研究项目，在生物光化学领域取得了一系列令人瞩目的科研成果。尤其是在竹红菌素的光疗机制、藻类光合天线系统的结构与功能关系等方面，为我国光化学学科的建立和光化学研究的跨越式发展作出了重要贡献。多年的研究和积累，使她主持的竹红菌素光化学、光物理和光生物研究处于国际领先地位。加拿大 Al-tachem

Pharma Ltd. 公司对其给予高度评价，认为中国科学院感光化学研究所是光化学和光生物领先研究单位，是竹红菌素光动力治疗肿瘤和病毒的顶级研究中心。这个研究所在光生物和竹红菌素研究方面一直保持着领先地位。同时，中国科学院感光化学研究所也成为国内凝聚态光化学研究最集中的地方，成为国际公认的几个著名光化学研究中心之一。

## 学高为师　德高为范

蒋丽金不但是卓越的光化学家，同时也是一位优秀的有机化学教育家，她长期担任中国科学技术大学兼职教授和中国科学院感光化学研究所博士生导师，为国家培养了众多的优秀科技人才。她是一位严谨而勤勉的导师，深知科学研究不容许一丝马虎。蒋丽金对学生要求严格，坚持实事求是的科学态度，并以身作则。每一次实验，她都认真审核实验数据，力求准确无误；每一篇研究论文，她都不厌其烦、仔细推敲，追求完美。为了满足多学科交叉研究的需求，她积极接纳不同专长的人才，虚心请教他人，包括向自己的学生学习。蒋丽金的学生赵井泉回忆：有一次，在实验结果的分析中，蒋先生和学生的意见有点儿不一致，这在我们眼中是“一件小事儿”，她却不忌烦劳请教专家，回来后坦诚和学生说：“这个事儿你是对的，我错了！”受她的影响，整个实验室也养成了严谨的科学研究风尚。

蒋丽金的人生哲学是“学习永无止境，奋斗永不停息”。她用自己的一生践行这一宗旨，不断追求科学的真理，不断努力为科技事业作出更多贡献。尽管在世人眼中她已功成名就，但她一直保持诚实为人、严谨治学的态度，白发不改赤子之心。年过七旬时，蒋丽金依然坚持在中国科学技术大学研究生院授课，并对备课极其认真。虽然年老体弱且饱受眼病困扰，但她依旧坚持审阅学生的论文，常常加班到深夜。

有时为了验证一个问题，她甚至要查阅大量的相关文献资料，每个细节都不放过。从20世纪80年代开始，为了给相对年轻的科技人员提供更多机会，蒋丽金主动辞去了中国科学院感光化学研究所学术委员会主任、学位委员会主任和高级专业技术职务评定委员会主任职务。她总是心系后辈，积极为年轻科研人员创造更多的发展空间。尽管在一般人看来，作为院士的她应该生活优越，但实际上，她对物质的需求非常低。她的家中，除了堆积如山的图书，奢华物品一样也没有。但她对别人却慷慨大方，当学生、同事有困难时，慷慨解囊、无私相助。蒋丽金严谨认真的作风和无私奉献的精神被她的学生铭记和传承。

（王维）

# 许国志：倡导“顶天立地”的系统工程主要创建人之一

## 人物简介

许国志（1919年4月20日至2001年12月15日）出生于江苏扬州，系统工程、运筹学专家，中国系统工程的主要创建人之一。1943年毕业于上海交通大学，1949年获美国堪萨斯大学硕士学位，1953年获美国堪萨斯大学数学博士学位。20世纪50年代负责起草我国第一个科技规划——“十二年科技规划”中有关运筹学发展的条目；筹建并领导了我国第一个运筹学研究室；组织第一批运筹学在运输、铁道运营和钢铁工业中的应用课题，写出了第一批有关运筹学的专著和文章。20世纪80年代开展系统工程在我国的研究，参与筹建了中国科学院系统科学研究所和国防科技大学系统工程与数学系；创建了中国系统工程学会及第一个系统工程的刊物——《系统工程的理论和实践》。对系统工程在我国经济发展、国防建设、决策分析等方面的应用起了倡导和促进作用。1995年当选为中国工程院院士。

许国志是中国系统工程学会的创建人之一，长期致力于运筹学、组合最优化和系统科学的科研与教学，取得了很多重要的研究成果，筹建了中国第一个运筹学研究室、系统科学研究所，培养了一大批运筹学和系统科学方面的专门人才，并推动了系统工程和运筹学在国民经济中的应用研究，是中国运筹学和系统工程研究的主要创建人之一。

## 工业救国理想破灭

1919年4月，许国志出生于江苏省扬州市，是当地著名盐商许蓉楫的长孙。祖父传统思想浓厚，特意请两位老秀才作为他的家庭教师，不愿意许国志去洋学堂上学。到中学时，许国志才进入扬州中学学习，接触到了西方科学。从这时起，他便对抽象枯燥却充满逻辑力量的数字和公式产生了浓厚的兴趣，渐渐树立了当科学家的理想。中学时期，国难当头，日本侵华意图昭然若揭，反日爱国学生运动一浪高过一浪。1935年冬，扬州中学学生举行罢课，许国志被选为罢课运动主席团成员，故在报考当地高中时，尽管许国志成绩优秀，该校却不予录取。他后来不得不辗转考入了南京中央大学实验中学继续学习。

1939年，许国志考入上海交通大学。当时，抗日战争已经全面爆发，上海处境艰难，交大在徐家汇的校址已被日本人占领，不得不迁入当时的法租界，太平洋战争爆发后，日本又占领了上海租界。在强烈的民族心驱使下，许国志不愿意在日本侵略者的统治下生活，决定赴重庆继续学业。许国志先是想从温州乘海船辗转入川，因日本人封锁不得不退回上海，他只得沿长江西上，一路忍饥挨饿，多次冒着生命危险通过日本人的封锁线，最终于1942年9月抵达重庆，成为最早到达重庆的上海交通大学复校生之一。1943年至1947年底，大学毕业后许国志先后在新通贸易公司、昆明中央机械厂和北平石景山发电厂工作。本想在抗战胜利后实现工业救国理想的他，面对国内的战火，壮志难酬。失望和无奈的许国志开始把目光聚焦到了太平洋的彼岸。

## 爱国夫妻争取第一时间回到祖国

1947年，许国志踏上赴美留学的轮船，开启了海外学习的生涯。于1953年获得美国堪萨斯大学博士学位后，他先后在芝加哥大学气象学系、马里兰大学流体力学及应用数学研究所工作。在堪萨斯大学就读期间，许国志还结识了同在这里做博士后研究的蒋丽金。由于共同的志向、相似的经历，两人很快喜结良缘。此时，新中国建设的宏伟蓝图也在向他们招手。没有任何犹豫，这对爱国夫妻决定，要争取第一时间回到祖国，为国效力。1955年9月15日，许国志夫妻放弃了海外优渥的待遇，冲破美国政府的层层阻拦，搭乘“克利夫兰总统号”轮船离开了旧金山海岸，怀着一腔报国之志，义无反顾地投入祖国怀抱。在轮船上，许国志起草了一份《向祖国致敬》的公开信，“向社会主义的光明前途迈进”。

归国途中许国志与钱学森同船，他们讨论起如何为祖国建设作出贡献，交谈中他们达成共识，源于第二次世界大战的国外新学科——运筹学在中国拥有广泛的应用前景，可在经济发展中发挥重要作用。“运筹学”这个名词就是由许国志翻译确定的。回国后，他便被分配到刚建立的中国科学院力学研究所，负责运筹组的筹建。然而，运筹学在中国毫无基础，创建伊始该从何处着手？许国志认为，要使运筹学得以在中国发展，就必须与中国实际相结合。于是，他一边在《科学通报》和《人民日报》上著文，系统介绍规划论、对策论、排队论等运筹学的主要分支；一边思考具体的研究课题。1956年1月，许国志负责筹建了中国第一个运筹学研究室，并担任室主任。同年，中共中央提出“向科学进军”的口号，我国制定了第一个科学发展的12年长期规划。作为该规划中的一个独立项目，许国志被指定为运筹学项目的起草人。该项目不仅为我国的运筹学发展绘制了美好蓝图，而且规划了详细的实施措施。“规划”制定后，送到苏联，请苏联专家提出意见，苏联专家对此项目的意见是“无条件赞成”。1958年，数学界掀起了“理论联系实际”“数学直接为国民经济服务”之风，“运筹学”“线性规划”就像一道闪电，激荡着无数人的心灵，让人惊呼数学居然能够直接为国民经济服务。中国运筹学会成立以后，许国志担任运筹学会第一届副理事长，随后一直担任运筹学会顾问，为运筹学的发展倾注了毕生心血。

## 致力于中国系统工程的创立与发展

除了运筹学，许国志还致力于中国系统工程学的创立与发展，他是中国系统工程学的创始人之一。1978年4月，许国志关于我国系统工程发展的设想得到钱学森的赞同，同年发表的由钱学森、许国志和王寿云撰写的文章《组织管理的技术——系统工程》，对推动我国系统工程的迅猛发展起到关键性作用。为使我国尽快开展系统工程的研究，许国志提出了5年内实现“四个一”的设想。在他与同行的共同努力下，不到3年就实现了这些设想：创立第一个研究所——中国科学院系统科学研究所，他任首届副所长并主持日常工作；建立第一个系——国防科技大学系统工程与数学系，他曾兼职副主任；组建第一个学会——中国系统工程学会，他任第一届副理事长兼秘书长，第二、第三届理事长；创办第一个刊物——《系统工程的理论和实践》，他担任主编。

许国志非常重视我国系统工程专业学科建设及新生力量培养，在他的指导和帮助下，全国有40多个理工科院校陆续设置系统工程系或系统工程研究所。为培养系统工程事业的高级人才，他积极努力推动国务院学位委员会将系统科学作为理学博士学位的一级学科，并担任该学科评审组召集人。他曾出任国内多个一级学会名誉理事、顾问，以及10余家学术刊物的主编、顾问，还亲自参加系统工程知识的普及和推广工作。1980年春，他和钱学森等在中央人民广播电台举办“系统工程系列普及讲座”。同年10月，他们又在中央电视台举办了45讲的“系统工程普及讲座”，受到大家的普遍欢迎。

他时常倡导中国的学者要“顶天立地”。“顶天”不是在国际重要期刊上发几篇文章，而是在解决中国重大问题中，发展出自己新的理论体系、新的方法体系、新的技术体系，在国际上形成自己的话语权；“立地”是要解决中国重大问题。

### 淡泊名利　甘为人梯

许国志是一位德高望重的科学家，也是一位平易近人的慈祥长者，深受大家的尊敬与爱戴。他本人虚怀若谷、淡泊名利，表现出崇高的人格魅力。国内外的年轻人只要找他，他都会尽最大可能帮助。很多人给他写信请教问题，他都不厌其烦，几乎“逢信必回”。面对有发展潜力的学生，即使素不相识，他也愿大力提携，甘为人梯，帮忙写推荐信等。但对于自己要求又是非常严格，他经常给自己只安排最普通的房间，而且不以领导自居。他对科研人员一视同仁，讨论科学问题时，他经常鼓励大家大胆提出疑问。在他看来，学生和老师应该是平等的，只有教学相长，科学才能进步。

他不求名利，甘为年轻人铺路。他在领导慎重挽留下仍多次主动提出退休，主动要求退出各级领导岗位。但他又不是完全撒手不管，而是悄悄地支持后辈的工作。曾有同事遇到一个棘手的问题向他请教，当时他没有直接说应该怎么办，而是反问了几个问题。听完这些问题，同事豁然开朗。

他为人非常谦和、毫无架子，培养学生亲力亲为。他晚年眼睛不好，几乎丧失了视力，学生完成的论文，他虽无法阅读，但都由同事或学生本人向他逐字报告。他提出意见后，再让学生修改完善，确保论文质量。许国志以科学家的战略眼光，精心培养了一批又一批专业人才，指导了几代科研人员的成长。他的学生遍布世界各地，其中许多人已经成为国际上颇有影响的学者，多人获得国家自然科学奖、国家科学技术进步奖、中国科学院自然科学奖、中国科学院科技进步奖。如今，许国志筹建的中国科学院管理、决策与信息系统开放实验室（现改名为中国科学院管理、决策与信息系统重点实验室）不断在管理科学、系统工程、经济与金融决策、知识科学的基础理论和方法研究中取得领先性的学术成果，跻身国际前列。

他的一生都在孜孜不倦地工作，辛勤耕耘在科研一线，甚至在生命垂危的最后阶段还念念不忘系统科学的发展。许国志的自序诗“一砚磨凹白发新，青衫犹带旧征尘。羞嗟得失余温献，懒计升沉敝帚珍。不信儒冠曾误我，恨无慧语可惊人。他生倘得从吾愿，甘为诗书再献身”，正是许国志献身祖国科技事业50余载的缩影——一生许国，无怨无悔。

（王维）

# 李正武：起航“人造太阳”梦想之舟

## 人物简介

李正武（1916年11月8日至2013年7月30日），曾用名李整武，出生于浙江东阳，中国科学院院士，中国著名核物理学家、核聚变与等离子体物理学家，中国核聚变能源开发领域的开拓者。1934年入读清华大学物理系；1938年毕业后先后在贵州省建设厅气象所、江苏医学院、复旦大学、上海交通大学任职；1951年在美国加州理工学院获物理学博士学位，毕业后留校在凯洛格辐射实验室任研究员；1955年归国后曾任北京401所（现中国原子能科学研究院）一部一室（核物理室）副主任、14室室主任，二机部585所（现核工业西南物理研究院）副所长、所长；1980年，当选为中国科学院学部委员（院士）；1987年，由他长期负责的“中国环流器一号”项目获得国家科学技术进步奖一等奖。

李正武长期投身核物理、等离子体物理和受控核聚变等相关工作，对爱因斯坦质量能量转换关系做出了当时最精确的直接实验测定，提出了带电粒子活化分析法，作为主要研制者之一研制了我国首台质子

静电加速器及我国首台电子静电加速器，领导研制了我国受控核聚变实验装置“中国环流器一号”，为核聚变事业的发展作出了卓越贡献，被誉为中国磁约束核聚变的奠基人。

## 倾情报国：留学归来投身国防科技事业

1916年11月8日，李正武出生在素有“婺之望县”“教育之乡”之称的浙江东阳。在清道光年间，李氏家族的李品芳父子被钦点进入翰林院，他们的故居李家祠堂被赐“父子翰林”横匾，成为东阳有名的“翰林府”；母亲卢松卿所属的卢氏家族也是诗礼传家，科第绵延。受父母两个家族深厚文化底蕴的浸润熏陶，李正武自幼聪颖好学，天赋过人，识字速度非常快且几乎过目不忘，他不到7岁就轻松地学完了小学课程，提前入读初中。

1934年9月，李正武入读清华大学物理系，在全国报考清华大学的3600多名考生中，他高居榜首，成为名副其实的“高考状元”。在校期间，他时时关注华北局势，积极投身于一二·九运动、一二·一六运动和中国共产党领导的南下宣传团等活动。毕业后的李正武来到贵州省建设厅气象所任测候员。1940年，为实现科学报国的理想，他辞去工作，受聘为江苏医学院助教。1945年，不到30岁的李正武成为上海交通大学副教授。但留学深造的强国梦依旧萦绕李正武心间，经过庚子赔款留美公费生的考试，1947年，李正武赴美国加州理工学院留学。1948年，与他同样怀揣科学强国梦的妻子孙湘成为美国南加州大学物理系博士研究生。留学期间，李正武以核物理为主科、生物物理为副科，师从诺贝尔奖获得者W.A. 福勒、M. 德尔布鲁克等导师，潜心开展“太阳热能研究”“生物物理学研究”“核物理研究”“辐射及同位素实验室建设”等研究工作。仅用4年时间，李正武便完成毕业论文“用质子磁谱研究核反应”并获物理学博士学位。

1952年，李正武被导师邀请担任凯洛格辐射实验室研究员，成为该实验室的主要负责人之一。李正武在轻原子核反应方面完成多项实验研究，对轻原子核及热核聚变反应做了多项精密实验和计算分析，独立发现用阿尔法粒子轰击原子核的库仑激发现象。这一系列研究工作，为后来的热核聚变研究打下了良好基础。

1955年，经周恩来总理在日内瓦与美方严正交涉，被羁留在美的多位中国留学生获准回国。李正武毅然放弃了在美职位与优越的生活条件，和夫人孙湘，携出生仅两个月的幼子，与钱学森等学者同船返回祖国，从此，他把毕生精力献给了祖国的国防科技事业。

## 倾力聚变：让中国的“人造太阳”冉冉升起

归国后的李正武被任命为中国科学院原子能研究所一部一室副主任。他率先倡议在我国开展受控核聚变与等离子体物理方面的研究，这一倡议被列入1956年制定的“12年科技规划”，这与国际社会关注核聚变研究几乎同步。1957年，李正武参与研制的中国首台加速器——质子静电加速器在北京研制成功，他提出带电粒子活化分析法并发表于《科学通报》与《物理学报》，为中国高能物理设备的进一步发展奠定了坚实基础。1958年起，李正武开始负责高能加速器的筹建工作，提出了我国高能加速器的早期方案。

模拟太阳产生能量的原理，在地球上建造可控并持续反应的核聚变装置——“人造太阳”，这是人类的能源梦想。自1960年底起，李正武转入受控磁约束核聚变研究领域，领导了绝热压缩小型磁镜装置的研究工作及小型仿星器装置的后期筹建工作；在东北503所，他倡议建造稳态“多用磁笼”装置，为后来开展“303装置工程”（稳态磁镜装置）打下良好基础。1964年5月，李正武参加了二机部组织的第三个五年计划的编制，主持了受控核聚变研究五年计划的编制。

1965年，李正武负责三线基地即原二机部585所的筹建工作。1969年底，年过半百的李正武和同事来到了四川乐山原二机部585所，即后来的核工业西南物理研究院，开启了中国第一代“人造太阳”装置——“中国环流器一号”装置（代号“451装置工程”）的研究和设计工作。他们在最简陋的条件下从事着最前沿的研究，当时仅有的核聚变装置参考资料，就是一张示意图和几个公式，连一台计算机也没有。当时的情形可谓“筚路蓝缕，以启山林”。李正武一家3口住在仅10多平方米的土坯房里，自己和泥巴搭炉灶、自己做煤球，公用的水龙头和厕所都离得很远，一到下雨天，泥深路滑，打水和上厕所非常困难。更困难的是要走5千米山路去县城买油盐柴米，自己再用背篓背回家。

要完成451装置的设计、计算、研制、安装、调试和物理实验这样庞大的、尖端的科学技术工程，研制工作十分艰巨繁重，最终的设计图纸叠起来有三层楼那么高。李正武不畏艰难，勇挑重担。1972年，他被正式任命为“451装置工程”总体组组长，不仅要对451装置进行总体设计，更需要与不同部门协调。白天，他和课题组的同志讨论各种理论、技术问题，晚上回到家就忙着查阅资料，还经常接待深夜登门拜访的科研人员。

李正武在我国首先提出“聚变—裂变共生堆”概念，这一设想后来被国家“863”计划采纳。李正武积极参与国际学术交流，了解国际社会受控核聚变研究动态，建议用计算机系统控制物理实验并采集处理诊断数据，加强开展波加热的研究。按照他的建议，计算机数据采集处理系统在小型托卡马克装置上率先应用并取得良好效果。

1982年12月，李正武从原二机部585所所长改任为西南物理研究所名誉所长。身在北京，心在四川，李正武年过花甲，却依旧关注“451装置工程”的建设进展。1984年，“中国环流器一号”（HL-1）的建成，是我国核聚变研究史上的重要里程碑，也是我国可控核聚变领域的第一座大科学工程装置，它为我国自主设计、建造、运行聚变装置培养了大批人才，积累了丰富经验。1986年11月，李正武率我国代表团参加了第11届等离子体物理与受控核聚变研究国际会议，并交流了报告《中国环流器一号托卡马克装置的初步实验结果》，体现了我国在国际受控核聚变研究领域的重要地位。1988年，他提出了“中国环流器二号”的概念设计框架，初步描绘了“中国环流器二号”计划的蓝图。

### 倾心育才：为国家培养一批学术带头人

李正武非常重视核聚变科研队伍建设和科研作风培养，提出“人才培养先于科研本身”的育人理念，为国家培养了一批学术带头人。他曾给中国原子能科学研究院原14室每位研究人员发了一个小螺丝刀，提醒年轻人要亲自动手，注重理论联系实践。他安排从事理论研究的同志参加实验和工程的具体工作，要求新来的大学毕业生轮流到各组参加短期工作，以期对整体工作有一个基本了解。在改革开放初期，科技人员的外语水平普遍不高，李正武亲自上课辅导，鼓励大家学好外语为科研工作服务。

严师出高徒。李正武对研究生进行超常的严格的学术训练，要求研究生既具备扎实的专业基础理论，也拥有很强的动手能力。不仅会使用实验探测诊断系统，还要懂得原理结构并进行改进创新；不仅会在中国的实验室里做实验，还要有能够参加国际合作与交流的外语水平。1962年，李正武开始招收第一届硕士研究生，直到83岁高龄仍指导培养研究生，对研究生的论文仍然从结构、文字各方面反复推敲，逐字逐句进行修改。“桐花万里丹山路，雏凤清于老凤声。”他指导的研究生逐渐成长为国家受控热核聚变和等离子体物理研究的骨干力量，如姚良骅、董家齐、杨进蔚、严龙文、潘宇东等物理实验专家、“中国环流器二号”A（HL–2A）实验物理首席专家、ITER 项目诊断系统设计专家，等等。

李正武虚怀若谷，从不以学术权威和领导自居。当学生就重要学术问题发生争论时，他只是认真地听，从不轻率发表意见，回家亲自动手计算、分析，然后才个别告知对错。凡是工作上有接触的同事或学生，大家都发自内心地尊称李正武为“先生”。“中国环流器一号”装置的成功启动运行，是我国受控核聚变研究领域的里程碑，被评为1985年中国十大科技成就之一，得到国内外媒体的广泛关注，他却谢绝记者的宣传采访：“‘中国环流器一号’的成功，是集体奋斗的结晶……如果要宣传某些个人的话，那就宣传以后在这项研究中作出卓越贡献的中青年科技人员吧！”同时，他也拒绝在同事和学生发表的论文或上报成果中署名，回国后所做的绝大多数工作都以所指导的年轻人名义发表，而这对于一代学术带头人的成长具有重要作用。甚至连他长期负责的“中国环流器一号”项目获得国家科学技术进步奖一等奖时，他本人名字也没有出现在获奖人员名单中。

李正武的一生，是倾情报国、倾力聚变、倾心育才的一生。他知晓国际科技前沿，立志于铸造大国重器，开创了我国磁约束核聚变研究领域，领导研制了一系列实验装置，尤其是指导“中国环流器一号”装置设计建设，解决了若干重大关键技术问题，在核聚变研究方面提出清晰的发展思路，为核聚变事业的发展作出了卓越贡献，是我国核聚变事业的战略科学家。

（黄涛　明艾宁）

# 胡聿贤：坚持奔赴地震现场第一线

## 人物简介

胡聿贤（1922年10月14日至2023年10月30日），中国科学院院士，我国地震工程学的开拓者和奠基者之一。1946年毕业于上海交通大学土木工程系；1948年至1952年，在美国密歇根大学土木工程系学习，获硕士和博士学位；1955年归国，1956年在中国科学院土木建筑研究所（现中国地震局工程力学研究所）工作，先后任副研究员、研究员、副所长、所长；1986年担任国家地震局地球物理研究所（现中国地震局地球物理研究所）研究员；1993年担任国家地震局工程地震研究中心主任；1995年和2007年被授予全国先进工作者称号；1996年获何梁何利基金科学与技术进步奖。

胡聿贤致力于地震学与工程学的结合，在我国开创了工程地震学。自20世纪60年代初，他率先领导研究了场地条件对地震和震害的影响，主要结论已应用于中国抗震规范。20世纪80年代，他提出的地震危险性分析综合概率法将国际通用概率法与中国先进的地震预报法相结合，已被中国最新地震区划图采用。胡聿贤在国内还首先将随机振动理论应用于地震工程，从烈度、距离或震级换算缺少地震记录地区设计地震动的方法已在我国重大工程的抗震设计中被广泛采用。

## 一寸丹心：冲破阻力学成归国

胡聿贤祖籍湖北武昌，1922年出生于北京，幼年随家迁移，最终定居湖北武汉。胡聿贤出身书香门第，父亲曾为翰林学士，清正廉洁。父亲告诫胡聿贤要严以律己，这使他养成了努力学习、勤于锻炼的好习惯。1940年胡聿贤考进国立中央大学（现南京大学）先修班，一年后选修该校土木工程专业。在校期间，由于凑不齐回家的费用，便留校住宿，并通过为他人补习功课解决“吃穿用度”问题。由于天资聪慧加上勤奋好学，胡聿贤成为学校最优秀的学子之一。而后由于南京沦陷，为继续接受教育，他穿越侵华日军封锁线辗转来到重庆，并于1946年毕业于国立交通大学。

毕业后，胡聿贤在武汉大学土木工程系担任助教。1947年6月1日，国民党反动派为镇压学生示威游行，在武汉大学制造了轰动全国的六一惨案。胡聿贤怀着满腔怒火在学校的墙报上写下了控诉国民党当局的文章，全文激情澎湃，表明了决不向国民党政府妥协的态度。此时的胡聿贤已然成长为有强烈的爱国主义精神、不畏强权的进步青年。

在求知欲及科学救国理念的驱使下，胡聿贤希望出国深造，通过学习西方先进的科学技术报效祖国。1948年8月，胡聿贤乘坐轮船远赴美国留学，在美国密歇根大学土木工程系相继取得硕士、博士学位。1952年胡聿贤博士毕业后，本欲回国，但由于美国司法部移民归化局发布明确禁止学习理、工、医、农的中国留学生离境的法令，胡聿贤只能暂时留在美国工作，但他始终没忘回国的信念，曾主动放弃一份待遇丰厚的结构设计组组长的工作，而低薪去了一家大型桥梁设计公司工作，以便为将来服务于祖国建设做准备。1955年，在美国逐渐放松和撤销对中国留学生的禁归令后，胡聿贤毅然放弃美国优越的生活，携妻带子回到了祖国的怀抱。当时与他们同船回国的还有钱学森、师昌绪等24位留美学者。

## 一线深耕：制定抗震设计规范

归国后，胡聿贤应中国科学院土木建筑研究所所长刘恢先邀请，前往位于哈尔滨的中国科学院土木建筑研究所从事结构理论研究工作。1960年，他开始从事地震工程研究。

“纸上得来终觉浅，绝知此事要躬行。”胡聿贤始终注重身体力行，在科研过程中亲临震区进行实地考察，对现场进行勘测及分析。在他看来，地震现场就是研究工程地质条件对震害和地震动影响的“天然实验室”。自1962年广东河源新丰江水库发生6.1级地震以来，我国境内大部分破坏性地震现场都留有他的足迹。无论是城郊还是边远地区，他都始终坚持奔赴现场获取第一手资料。

1970年1月，云南省通海县发生7.7级地震，年近半百的胡聿贤亲自前往现场勘察。此次地震发生地为山地丘陵地带，地形复杂，胡聿贤不惧地势险恶，手持木棍翻山越岭，展开了长达一年的调查统计和现场勘察，走遍了当地6个县1390多个村寨，调查线路长达上万千米。

胡聿贤发现，仅凭地震烈度指标评价地震现场破坏情况并不精确，于是他首次提出用“震害指数”来衡量建筑物的破损程度。他将地震灾害的破坏性情况作了更细致的划分，并考虑地震对房屋破坏的多方面因素，如场地条件、房屋结构类型、建筑质量等，使我国能够更为合理地评估地震灾害。胡聿贤提出应使用不同的反应谱反映场地条件的影响，这一建议被纳入我国抗震工程设计规范，领先发达国家十余年。

胡聿贤始终坚信科研必须源于实践并为生产建设服务，他先后参与广东河源新丰江大坝抗震加固方案论证、长江三峡大坝温度应力场初步分析、四川南部钢铁基地选址和工程抗震研究、渤海油田3个场址的地震危险性分析和地震动参数确定等重大项目，以及“核电厂厂址地震危险性分析和地震动参数确定”研究课题，并主持编写了我国第一本核电站抗震设计规范，为完成重点隐患排查，实现核电、水库大坝等国家重大建设工程地震灾害风险评估，降低地震灾害风险，作出了突出贡献。

在耄耋之年，胡聿贤仍坚持奔赴地震现场第一线，他说：“你们不要担心我的身体，如果不让我去现场，我的科研生命就要结束。”2008年汶川地震后，胡聿贤以86岁高龄出现在地震现场指导工作。他始终坚持脚踏实地，走遍地震区的每一寸土地，为开拓地震工程学百折不回，耗尽毕生心血，为人民的生命安全与国家的财产安全保驾护航。

## 一生求索：洞察前沿开疆拓土

胡聿贤知识渊博，学术思路开阔，善于洞察科学信息，勇于探索未知，始终走在地震工程学发展的前列。他率先在我国开展了地震力统计理论的研究，科学地评价了地震力理论中的两个学派，并首先应用平稳随机过程理论对复杂地震反应的振型组合问题进行研究，论证了平方和方根的振型组合方法的合理性，为解决我国地震工程中的实际问题开创了新路。

胡聿贤对新知识、新技术的发展尤其关注，凡是能用来扩展研究领域或提高工作效率的新知识和新技术，他都有意识地加以掌握和利用。1976年，中国科学院工程力学研究所引进了一台计算机，并组织了一个学习班。胡聿贤的年龄虽比其他学员大，但他不仅学习速度快，而且能学以致用，将所学技术应用于他当时正着力研究的土坝震害分析和结构振动反演计算方法课题中。在此后的工作中，为提高工作效率及跟上时代的步伐，古稀之年的胡聿贤“从零开始”，坚持用计算机办公，并在短时间内掌握了计算机办公基本技能。

20世纪70年代末，胡聿贤在我国最先研究了结构振动的输入反演计算方法，并于1979年至1980年作为客座研究员受邀赴美国加州大学地震工程研究中心开展合作研究，为促进我国与国际地震工程界的合作和学术交流作出巨大努力。胡聿贤提出的多种反演法在一系列处理动力学的反演问题方法上都有重要创新。

20世纪80年代，胡聿贤研究了地震动衰减规律，利用烈度转换得到无记录区域的地震动衰减规律，并率先提出了砂土液化对地震波的传播有衰减作用，以及将地理信息系统（GIS）用于震害预测。20世纪90年代，他开展了对城市系统地震易损性和抗震对策的研究，以系统工程理论为基础，综合考虑各要素间的相互作用，以科学评估城镇体系的震害程度，为震后恢复提出对策，这些研究均处于国际前沿。

从建筑物的损害程度出发，胡聿贤得出了地震作用下的设计参数，并给出了地震作用下各参数的概率分布。这些研究成果不仅可应用于建筑物的地震响应分析，估算强地震动、基岩地震动等参数，并可用于各种仪器输入信号的标定，研究水平达到了国际先进行列。

地震工程学主要用于如何确保工程，特别是重大工程的抗震安全。在他看来，就像地震预报一样，科学的不确定性是一个长久问题，科学研究也是在不确定性上的长久坚持。正是胡聿贤数十年如一日地坚守科研一线，不断在地震工程学领域开疆拓土，才有了我国地震工程学的多个“第一”。

### 一束阳光：照亮后辈学子之路

胡聿贤不仅为地震工程学的发展作出了突出贡献，而且培养了大批相关领域青年后备军，对学科的建设和发展发挥了重要作用。

胡聿贤十分注重中青年科研人员的培养，他亲自讲授“随机振动理论及其在抗震中的应用”“地震工程学”等课程，并编写教材，为该领域人才培养提供方向指引。他认为，“只有地震学家、地震地质学家和工程抗震学家以及工程师相互了解、共同研究，地震工程学才能更好发展”。因此，胡聿贤组织了地质、地震、工程三个方面的专家，共同培养工程地震领域的博士研究生。在这种培养方式下，他的学生张敏政等已成为该领域的学术带头人。

要勤于思考，乐于讨论，敢于争论，这是胡聿贤对学生的要求。多年来，胡聿贤一直坚持和他的学生一起办公，以便随时换取意见。他非常重视专业间的融合与渗透，会给新来的学生布置有针对性的专业书籍和期刊阅读任务，让学生能紧跟学术前沿和了解学科动态。胡聿贤的办公室充满浓郁的学术氛围，学生总是围绕土木建筑、结构工程、工程抗震、地球物理学、地质学、计算机软件等学科的前沿动态及论文中的核心问题展开讨论。正是这些畅所欲言、旁征博引的讨论，加深了学生对问题的认识并厘清了下一步研究工作的思路。

胡聿贤热爱地震科研事业并为之无私奉献的精神，严谨治学和实事求是的科学态度，特别是在学习、科研过程中展现出的拼搏精神始终鼓舞着中青年科技人员。在地震工程学领域，胡聿贤就像洒在大地上的一缕阳光，用自己的力量照亮了后辈地震工程学者的前行之路。

（黄涛　曾美）

# 肖伦：为我国放射性同位素事业奠基

## 人物简介

肖伦（1911年12月15日至2000年11月15日），原名萧伦，四川郫县人，中国科学院院士、中国核化学家和放射化学家。1939年毕业于清华大学化学系；1948年获美国伊利诺伊大学硕士学位；1951年发现三个新的放射性同位素，同年获美国伊利诺伊大学博士学位；1955年回国，在中国科学院物理研究所进行放射化学和放射同位素的研究；1956年在中国原子能科学研究院历任研究室主任、同位素部主任等职；1956—1957年任北京大学教授；1958—1983年在中国科学院与核工业部领导原子能研究工作；1980年当选为中国科学院学部委员（院士）；1997年获何梁何利基金科学与技术进步奖化学奖，同年当选美国纽约科学院院士。

肖伦是我国放射性同位素事业的奠基人、开拓者。在近半个世纪的科研生涯中，他始终活跃在科学前沿，坚守在放射性同位素与核科学应用前线，不仅指导和参与了中国首次原子弹试验、首次氢弹试验、首艘核潜艇下水等重大国防战略科研攻关任务，更在改革开放后，领

导开展了工业用放射源与体内、体外用放射性同位素药物的研究和生产，为中国核科学的进步与发展作出了卓越贡献。

## 矢志不渝，冲破重重阻碍圆归国梦

肖伦，自幼便沐浴在父亲萧举皋——清朝举人的书卷气息和母亲知书识礼的熏陶之下。然而，肖伦的人生轨迹并非一帆风顺。12岁那年，他从私塾考入成都大成中学，毕业时本想报考大学文科，但命运的转折点悄然降临——在关键的考试日，他因迟到几分钟而被担任监考的校长拒绝入场。面对这样的打击，肖伦并未气馁，第二年他选择了理科作为方向，以优异的成绩考入成都大学理科预科，并于1933年考入清华大学化学系。

在抗日战争胜利前夕，美国在日本广岛和长崎投下原子弹，震惊了全世界，也深深触动了肖伦的心灵。他深感中国必须有自己的原子弹，才能在国际舞台上挺直腰板，不再受他国欺侮。因此，肖伦下定决心，要为中国核工业的发展贡献自己的力量，他准备前往美国深造，学习原子能科学技术。1947年，肖伦抵达美国伊利诺伊大学，专攻放射化学。他以惊人的毅力和才华，仅一年时间就获得了硕士学位。1951年，他在实验室取得了突破性进展，通过22兆电子伏射线轰击富集的稳定性核素，成功发现了钨 -185m、钽 -183、钽 -185 三个新同位素。这一发现不仅为核化学领域带来了重大突破，也彰显了肖伦卓越的科研能力。然而，正当已获得化学博士学位的肖伦准备回国之际，美国麦卡锡主义泛滥，他为了避免政治迫害，不得不暂时转入伊利诺伊大学物理系继续从事核科学研究。尽管面临困境，肖伦并未气馁，他继续潜心研究，等待归国的时机。其间，肖伦利用当时世界上最大的加速器，以射线轰击水银，成功将“汞”原子核的质子打出，使其转变为“金原子”。这一实验使他成为我国第一个实现“点石成金”的

“炼金师”。因科研成绩优异、成果突出，肖伦荣获美国荣誉化学会会员称号及金钥匙，并被选为美国科学研究会会员，他的名字被载入《美国科学家》名人词典。

正当肖伦风华正茂、事业有成之时，新中国成立的喜讯传到了大洋彼岸。在美期间，他时刻惦念报效祖国。1955年10月，他毅然决然地舍弃了在美国的优越工作和生活条件，冲破美国政府的重重阻挠，与钱学森等杰出的科学家一同搭乘“克利夫兰总统号”客轮，经中国香港回到了祖国的怀抱。回国时，肖伦精心带了一套当时联合国出版的原子能和平利用的书籍，摞起来有1米多高。他当时很紧张，担心在出境时被刁难，但是海关人员只是翻了翻，看到“和平利用”字眼时，就顺利放行了。在归国的航船上，他以“寄语同舟须努力，功成建设着班衣”的诗句表达了多年以来的赤子之心和报国之志。回国后，肖伦毫不掩饰地表达了对新中国的热爱和对中国共产党的向往。他坚定地提出了入党的愿望，并在入党的支部大会上宣读了自己的志愿书。他的爱国信仰和坚定的入党信念深深打动了在场的全体党员。肖伦的归来，不仅为新中国的核工业发展注入了强大的动力，更以他的行动诠释了什么是真正的爱国精神和科学家的责任与担当。

## 勇担重任，铸就“两弹一艇”不朽荣光

回国后，核物理学家王淦昌找到肖伦，并向他说明了国内原子能事业发展的难处，希望他能到中国科学院物理研究所任职。肖伦怀揣“科学报国”的坚定信念，毫不犹豫地接受了这一重任。他迅速融入研究所，担任第五研究室副主任，并着手组建和领导同位素制备组。为了使同位素制备工艺赶上世界先进水平，1957年肖伦率7人小组远赴苏联参观考察同位素制备技术。考察回国后，他立即组织指导我国堆照同位素的制备工作。然而，在1958年初与苏联专家的座谈会上，苏联

专家质疑我国科研人员制备同位素的能力，反对我国进行热试验。肖伦沉稳应对，据理力争，最终成功打破了苏联专家的偏见，支持了国内试验人员继续进行热试验。1958年8月，在肖伦指导下，我国建成了第一座重水反应堆，并成功试制出33种堆照同位素。这一成就结束了我国不能生产人工放射性同位素的历史，标志着我国放射性同位素技术的发展迈入了新阶段。《人民日报》头版对此以《我国原子能科学的不少方面赶上世界水平　原子堆生产33种放射性同位素》为标题作了报道。这些成就的背后，是肖伦等科研人员孜孜不倦、日夜奋战的辛勤付出。中国工程院院士王乃彦回忆道："为了完成目标，我们曾在这里几天几夜不睡觉。"正是这种精神，铸就了我国同位素制备事业的辉煌未来。

1959年，在原子能研究所的大院里，一座生产同位素的工棚拔地而起，这在全球范围内堪称独树一帜。肖伦作为领导者，为这座工棚精心制定了严格的规章制度，从清洁细节到安全规范，每一项都确保落实到位。他以身作则，亲自参与日常清洁工作，如每天工作结束后亲自用墩布擦洗干净橡皮地面。在严格管理下，这座工棚在十多年的生产中未发生一起安全剂量事故，其卓越表现吸引了国内外上千人的参观，成为同位素所自力更生、艰苦奋斗精神的象征性建筑。1962年，肖伦再次肩负重任，承担代号"502"和"503"的两项绝密任务。

其中，"502"任务聚焦氢弹所需氚的制备和氚生产工艺的研究。面对时间紧迫、条件艰苦、资料匮乏等困难，肖伦带领大家不畏艰难，大胆摸索，开展了氚的制备、提取、浓缩和关键设备的研制工作。当氚的制备和生产工艺研制成功后，中国核工业总公司404厂迅速运用该工艺流程进行了大量生产，为我国氢弹燃料和热核燃料的生产奠定了坚实基础，为国防建设作出了重大贡献。在"503"任务中，肖伦面对的是测定原子弹临界质量所需的特种放射源研制工作。面对特种放射源的高毒性、国家严格的放射性水平要求及紧迫的时间限制，肖伦展现出卓越的管理与协调能力。他采取组长负责制，每半个月进行书面工作汇报，并召集全组进行学术讨论以形成最终决策。他还建立了“每天一总结，大组三天一汇报”的工作机制，并强调“提高警惕，以防万一”的安全方针，确保试验过程零事故。肖伦对工作的精细把控令人赞叹。他不仅对工作流程中的辐射分解、模拟中子源能谱等细节做了周详安排，连原始记录本都细致到每页数据需加盖号码，以防范数据误差。他这种将国家任务放在首位、尽职尽责、敢于创新、严谨求实的精神，深深感染了整个科研团队，确保了“503”任务的圆满完成。

自1968年起，肖伦又领导了为中国第一艘核潜艇反应堆研制启动用中子源和为东方红卫星研制热源的两项关键军工任务。要完成这两项任务，其中一个难点在于“时间紧”，核潜艇反应堆启动所用的中子源要求在1969年上半年研制出来，紧接着，国防科委又于下半年下达了限令，要求必须在1971年第一季度为中国第一颗人造地球卫星制备核电池用钋热源；另一个难点在于肖伦团队需要在高强度射线环境中持续工作，这种辐射环境对人体极具威胁，会导致蛋白质变性、细胞病变甚至死亡，且部分伤害一旦超过安全剂量便无法逆转。即便穿着全套防护服，团队成员仍需承受高辐射带来的健康风险。然而，他们为了祖国军事科技领域不受制于人，“明知山有虎，偏向虎山行”。最终，肖伦带领大家保质、保量、按时完成了以上任务，成功制造了核潜艇的“开关”和第一颗人造卫星的电池，为中国国防科研事业增添了浓墨重彩的一笔。1985年，作为“原子弹的突破及武器化”、“氢弹的突破及武器化”和“中国第一艘核潜艇的研究设计”三项国防科研项目的重要组成部分，同位素所与其他相关单位共同荣获“国防专用国家级科学技术进步奖”等三项特等奖，这是对他们辛勤付出和卓越贡献的最好肯定。

## 保军转民，引领同位素应用广泛发展

改革开放的春风为肖伦带来了崭新的机遇与挑战。他敏锐地把握“保军转民”的发展方向，将原本用于军工的核技术巧妙地转化到改善人民生活的民用经济中。在他的引领下，工业用各类放射源、体内体外医用放射性同位素药物等创新产品相继问世，使中国原子能科学研究院同位素研究所发展成为我国规模最大、专业门类较全的同位素科研、生产基地，并建成了国家同位素工程技术研究中心。

为了更广泛地推广同位素技术，促进国内外学术交流，1988年，已届77岁高龄的肖伦亲自创办了《同位素》期刊。担任主编的12年里，他始终坚守初心，不遗余力地宣传同位素技术的重要性，坚信这项技术除纯数学外，在各行各业都具有广泛的应用前景。他积极倡导并推动放射性同位素在理工农医等多个领域的应用，力求实现技术的普惠化。肖伦曾这样鼓舞大家：“我们这些同行们，应以振兴中华为己任，为发展国民经济和提高核科学技术的社会效益和经济效益作出应有的贡献。”这份对国家的深情厚谊、对科研事业的执着追求，成为激励后来者不断前行的动力。

老骥伏枥，志在千里。为了拓宽放射性同位素产品的适用范围，提升放射性同位素的医用价值，1997年，已经86岁的肖伦不辞辛劳与一批年轻科学家开始研究核药物的新方向，先后开展了多肽类肿瘤受体显像剂、治疗剂及中枢神经系统受体显像剂的研究，不仅为我国核医学发展作出了重大贡献，也为癌症病人及神经系统疾病患者提供了新的治疗机会。

王凡教授是肖伦培养的同位素技术专业首位博士，深受肖伦为同位素事业“鞠躬尽瘁、死而后已”的献身精神影响，王凡建立了北京大学医学同位素研究中心，还为女儿起名“陈希伦”，寓意为把肖伦先生开创的同位素事业发扬光大。她带领团队20年磨一剑，研制出全球首个整合素受体显像剂，使中国在核医学SPECT药物研制方面处于国际领先地位，为国家的科研事业再添辉煌。

### 为而不争，高风亮节永传后世

“事业惊天地，勋名贯古今。老夫未作到，且待后中青。”这是肖伦的自题诗，也是他的自勉与自谦。在“两弹一艇”的研制中，他功勋卓著，却从不居功自傲，坚守着《道德经》中的“三宝”原则：慈、俭、不敢为天下先。

肖伦以“慈”为怀、以“俭”为行、以“不敢为天下先”的谦逊态度对待功名利禄，在科研成果的署名上，他常退居其后，从不主动争抢荣誉。合影时，他总是站在最后一排，用行动诠释着“为而不争”的品格。他认为，只有在名利上保持谦逊，才能在科学研究中敢于创新，取得重大成果。

肖伦一生潜心科研，勤奋工作，将全部精力投入科学事业。他以精卫填海、愚公移山的精神自勉，用实际行动践行着科学救国的理想。正如他所说：“我这辈子想的就是要科学救国，总算是为国家做了一些事情，所以很欣慰。”

（黄涛　邹渐灿）

# 闵恩泽：中国炼油催化应用科学的奠基者

## 人物简介

闵恩泽（1924年2月8日至2016年3月7日），出生于四川成都，祖籍浙江吴兴，石油化工催化剂专家，中国科学院院士，中国工程院院士。1946年毕业于国立中央大学化学工程系，1948年和1951年先后在美国俄亥俄州立大学获硕士学位和博士学位。1955年回国，在石油化工科学研究院历任研究室主任、副总工程师、总工程师、副院长、首席总工程师等职。1980年当选为中国科学院学部委员（院士），1993年当选为第三世界科学院院士，1994年当选为中国工程院首批院士。2011年，国际小行星中心将国际编号为30991号小行星永久命名为“闵恩泽星”。

闵恩泽是我国著名石油化工催化剂专家，在石油炼制催化剂制造技术、催化新材料、新反应工程、绿色化学研究等领域取得诸多开创性重大成果，为中国石油化工技术赶超世界先进水平作出巨大贡献，被誉为“中国催化剂之父”。

## “我最骄傲的事是回到祖国”

闵恩泽，1924年出生于四川成都，名字寓意“承天地之恩，泽苍生黎民”。他自幼受中国传统文化和家族“忠厚传家久，诗书继世长”的影响，形成了坚定的品格和追求。

1937年，七七事变后，侵华日军战火燃及重庆、成都等地。在战乱中长大的闵恩泽，深感国家落后就会挨打，遂立志发愤学习。回顾往昔的艰难岁月时，他写道：“我经历了四川军阀多年的混战、8年的抗日战争和在上海3年的物价飞涨、民不聊生。这些遭遇都让我十分盼望国泰民安。”1948年3月，闵恩泽自费公派赴美国俄亥俄州立大学化学工程系留学。在暑假，他参观了肯塔基州的阿希兰德炼油厂，目睹原油经过流态化催化裂化装置，神奇地转化为清亮汽油，这一幕让他震惊且激动，心中涌起强烈期盼：中国何时才能有这样规模的炼油厂？

在美深造期间，闵恩泽与陆婉珍喜结连理，共同于1951年获得博士学位。毕业后，夫妇二人在美国都找到了稳定的工作，但安逸的生活难抵思乡爱国之情。随着新中国建设的好消息不断传来，报效国家的渴望也越发热切。然而，朝鲜战争爆发后，美国国会通过法案，禁止学习理工农医的中国留学生离开美国国境。他乡之客，关山难越，他们几次寻求回国的尝试都告失败。

1953年，闵恩泽夫妇归心似箭，写信求助于时任香港中国印染厂厂长的潘其迪，潘其迪费尽周折，为夫妇二人成功办理了香港居留证，靠着这张居留证，最终使美国移民局开具了允许轮船公司把票售予他们的证明。1955年9月，闵恩泽夫妇终于从旧金山乘坐邮轮启程，经过香港数日短暂逗留后，就与钱学森等一批留学生一道，乘火车从罗湖过境回到祖国怀抱。多年后，闵恩泽接受采访，被问起在半个多世纪科研生涯中什么事情最值得骄傲时，他坚定地回答：“我最骄傲的事是回到祖国！”

## “国家需要什么我就做什么”

回国后，闵恩泽迅速投身于石油工业部的石油炼制研究所，与催化剂结下不解之缘。

催化剂，素有炼油工艺的“芯片”之称，其生产技术在各国都属于高度保密级别。新中国成立初期，催化剂的研究和生产都处于空白，完全依赖苏联进口。面对这一严峻形势，闵恩泽临危受命，承担起了研制和生产炼油催化剂的重任。尽管他之前并未专攻催化剂领域，但他坚定地说：“国家需要什么我就做什么，我就学什么，我就请教什么，就组织研发什么。”正是这样的决心，让他从零开始，为我国的炼油工业打下了坚实基础。

当时，小球硅铝裂化催化剂对航空汽油的生产至关重要。然而，在20世纪50年代末，随着中苏关系的恶化，苏联撤走专家，并带走了原计划用于建设催化剂工厂的图纸。后来，苏联将次品卖给中国直至停止供应。面对进口库存越来越少、飞机就要停飞的困境，石油工业部决定自力更生，在兰州炼油厂建设中国自己的小球硅铝裂化催化剂厂。闵恩泽被任命为副总指挥，负责建设期间的所有技术难题。在极其简陋的实验室里，闵恩泽每天从早上8点开始工作，直到深夜1点多才结束，随后还要开碰头会，通常凌晨两三点才休息。1964年2月，工厂开始试运行，闵恩泽和同事们吃住在车间，仅用3个月时间就攻克了一系列技术难关。他常常冲在一线，面对干燥带掉带问题，他毫不犹豫地钻进高温烘烤的干燥室查看；当湿球干燥不均匀时，他连续一周守在干燥带旁废寝忘食地观察，终于在某个凌晨4点找到了问题的根源。1964年7月，在进口库存仅能维持两个月时，催化剂厂顺利投产，其产品质量远超苏联，价格仅为进口催化剂的一半。在这次被称为“兰炼会战”的高强度科技攻关后，闵恩泽因劳累过度罹患肺癌，不得不接受手术摘除右肺下部两片肺叶和一根肋骨。手术后的他身体不如从前，最爱的乒乓球不打了，有时爬楼也会喘。即便如此，他仍心许国家，无怨无悔。

“国家需要”是闵恩泽的奋斗动力。1960年，他向时任石油工业部部长余秋里立下“军令状”，要拿下当时被美国垄断的微球硅铝裂化催化剂的研制任务。从实验到建厂按常规周期至少也要8年，但在“国家需要”的驱动下，闵恩泽与团队仅用5年时间就完成了任务，连国外同行都觉得不可思议。与闵恩泽共事40多年的中国工程院院士李大东称赞道：“在闵先生心里有两点是至高无上、神圣无比的，那就是国家的自强、民族的自尊。正是这种志气——我们中国人不屈不挠的志气、骨气——促使他和一批科技人员，历时30年，为中国的石油化工开拓出了一片自主创新的天空，使中国人从此在世界石油化工领域扬眉吐气，抬头走路了。”

### “创新的过程就像唐僧西天取经”

闵恩泽的人生，犹如一部创新交响曲。自投身石油化工起，他就瞄准行业前沿，潜心研究，结合国情，不断创新。

1956年，在进行铂重整催化剂的中型试验时，闵恩泽发现国外使用的高纯度金属铝原料根本不符合我国国情。他亲自前往北京和山东的试剂厂、铝厂，调查国内原料和生产经验，经过两年试验，终于开发出一套高纯氧化铝载体的低成本制造方法。后续每一次技术难题的攻克，都是闵恩泽与同事们历经艰难困苦、砥砺前行的结果。他家就住实验室附近，每到临睡前，闵恩泽总会在窗前看下实验室的灯光，亮着说明一切顺利，熄灭意味着催化剂“死”了！在生产催化剂的过程中，闵恩泽亲历了一次爆炸事故。巨大的震动和飞溅的陶瓷碎片让他心有余悸，但他并未因此退缩，反而提出了更严格的操作规范要求。1960年，抚顺石油三厂建成了一座铂重整工业试验装置，可仅运行3天就因催化剂“失活”而停运，闵恩泽查阅文献及认真调研后发现，是由原油中的“砷”所致。为了攻克这一难题，他和团队研发了测“砷”仪器和含铜的脱砷剂。经过不懈努力，1965年，我国第一间铂重整催化剂车间终于建成。这一成就，见证了他和团队长达10年的坚守与付出。

晚年的闵恩泽在谈及科技创新时说，“创新的过程就像唐僧西天取经”“取经要经过九九八十一难，唐僧就很执着，碰到再多困难和挫折，也没有动摇他取经的决心，最后终于到了西天，取得真经”。正是这种孜孜以求的创新精神，推动着我国催化剂事业不断实现跨越。

20世纪80年代中期，我国的催化剂研发走上自主创新之路。闵恩泽深知，石油化工要发展必须有自己的“新式武器”“秘密武器”。他力主科技原创，不辞劳苦地筹建了基础研究部，带领团队在新催化材料领域和新反应工程领域取得了一系列重大成果。1995年，闵恩泽主持中国科学院“绿色化学与技术”院士咨询项目，开启了他在绿色化学领域的创新之旅。即便在74岁高龄，他依然勇于探索，首次涉足化纤单体己内酰胺的全新领域。

20世纪90年代初，中国石化斥巨资引进了三套己内酰胺生产装置，但由于高昂的制造成本，巴陵分公司和石家庄化纤公司陷入了严重亏损的困境。这时，已退居二线的闵恩泽再次临危受命，应邀参加中国石化技术服务小分队，致力于“挖潜增效”。己内酰胺的制造远比炼油要复杂，用闵恩泽的话说，进入这个领域是“稀里糊涂地就骑到老虎背上去了”。骑上虎背的他，带领团队为巴陵分公司开发了全新的生产工艺技术，并为石家庄化纤公司提出了多项技改项目和科研课题。经过努力，两套装置的生产能力由原来的每年5万吨分别提至每年14万吨、每年16万吨，产品质量国际领先，同时消除了引进技术带来的环境污染问题。装置起死回生，企业扭亏为盈，工人们感激地把闵恩泽称为“福星”。

2008年，闵恩泽荣获国家最高科学技术奖，被誉为中国炼油催化应用科学的奠基人、石油化工自主创新的先行者、绿色化学的开拓者。这些赞誉既是对他成就的肯定，更是对他从技术革新到局部创新，再到原始创新不懈努力的证明。

## “本身就是催化剂”

闵恩泽因在石油化工领域的卓越贡献而享有崇高声望，被同行亲切地称为“催化剂”。在感动中国2007年度人物颁奖晚会上，主持人问及这一比喻，他解释说：“那当然应该指跟我周围工作的人，这里面关键是要把他们催化在一起，要形成团队，形成活力，让他们各尽所能，发挥他们的才华！”

在同事和学生的眼里，闵恩泽是一位慈祥的领袖式科学家，不仅培养了大批年轻人才，还特别能凝聚团队。在他的感召下，许多出国人员都在学成后回国。晚年，他仍致力于著书讲学传授经验、奖励创新人才。他如“催化剂”一样，小颗粒大作为，点石成金，引领升华。

2016年3月7日，闵恩泽走完了为我国石油化工科研事业奉献的一生。正如他给天津大学学子的题词：“爱国、爱党、爱人民，奉献、勤奋、执着、创新，诚信、宽容、谦虚、热情！”这是他一生的真实写照，将永远激励后人不断前行。

（徐静）

# 陆婉珍：为石油化学分析默默奉献的女院士

## 人物简介

陆婉珍（1924年9月29日至2015年11月17日），生于天津，原籍上海，石油化学家。1946年毕业于重庆中央大学化工系。1949年获美国伊利诺伊大学化学硕士学位。1951年获美国俄亥俄州立大学化学博士学位。1955年归国，投身石油工业部，创建并领导北京石油炼制研究所（现中国石化石油化工科学研究院）。1978年成为首批博士生导师，并当选中国石油学会首届理事。1983年任石油化工科学研究院副总工程师。1991年当选中国科学院学部委员（院士）。

陆婉珍，中国石油化学分析领域的杰出科学家，在色谱与近红外光谱技术应用的探索中取得了显著成就。她的一生，是对科学无尽奥秘的不懈追寻，更是对国家富强的默默贡献。

## 赴美求学为石油化学分析打下基础

陆婉珍，1924年出生在一个充满学问与理想氛围的家庭。母亲马明照受过良好的高中师范教育。父亲陆绍云是一位留日归来的纺织工程师，经常鼓励陆婉珍探索真理、献身科学。在家中，父亲设立的小实验室成了陆婉珍童年最喜爱的地方。在这里，她第一次通过显微镜观察到纤维的结构；也是在这里，她学会了科学实验的基本方法。父亲的言传身教，让陆婉珍深刻理解了科学探索的重要性，也为她日后投身石油化学分析领域奠定了坚实的基础。

20世纪30年代，陆婉珍进入重庆南开中学学习，学校严谨学风与爱国主义教育对她产生了深远影响。1942年，她以优异成绩考入重庆中央大学化工系。在陆婉珍的学术生涯中，留学美国的经历成为她科研事业的重要转折点。1947年，随着战后国际交流的恢复，陆婉珍踏上了前往美国的求学之路。她先后在伊利诺伊大学、俄亥俄州立大学和西北大学深造，专注化学工程与分析化学的学习与研究。

在伊利诺伊大学，陆婉珍系统学习了化学工程的基础知识和技术，深入了解了高分子材料的合成与分析等前沿技术。在俄亥俄州立大学，她进一步拓宽了在分析化学领域的研究，对色谱技术有了深入的理解和应用。在西北大学，陆婉珍的学术生涯达到了新的高度。她有机会与化学领域的大师面对面交流，并参与了多个创新的科研项目。在导师的指导下，她开始专注应用核磁共振技术分析复杂化学物质的结构，这一领域的研究成为她科研生涯中的一大亮点。

留学结束后，陆婉珍在美国的玉米产品精制公司开始了她的职业生涯。她将在学术机构学到的理论知识应用于实际工作中，参与了多个旨在改善公司产品质量和生产效率的项目。尤其在玉米淀粉的提炼过程中，她利用分析技术成功地提高了产物的纯度和产量，为公司带来了显著的经济效益，并赢得了同行的认可与尊重。

### “回到祖国，才回到了家”

“梁园虽好，非久居之乡，归去来兮！”陆婉珍和她的丈夫闵恩泽，尽管当时在美国已经过上了相对优裕的生活，在科学研究方面也取得了显著成就，但他们心中始终牵挂着祖国，从未放弃回国的希望。当新中国成立的消息传到美国时，他们决定放弃在美国的一切，回到祖国。回忆那段时光，陆婉珍曾说道："我们从没想过不回来，这里没有该不该的问题，就像人每天都得回家一样，回到祖国，才回到了家，心里才踏实。"

由于美国政府的限制，陆婉珍与闵恩泽的归国之路异常艰难。他们一方面加紧钻研先进科学技术，收集各种技术资料；另一方面积极与其他留学生一同抗争，并联名致信时任美国总统艾森豪威尔，请求获准回国与家人团聚，但并未得到回应。1955年初，在其同事潘其迪的协助下，闵恩泽成功获得香港中国印染厂的聘书，从而获得了进入香港的机会和居留权。夫妇俩迅速打点行装，乘坐"威尔逊总统号"邮轮，从旧金山出发，历经波折，最终抵达了香港。

巧合的是，这家印染厂的创始人查济民是一位求贤若渴、爱才如命的实业家，对于这样难得的人才，他一再挽留他们留在香港工作。但陆婉珍告诉查济民："来香港就是为了回到祖国！"见陆婉珍和闵恩泽回国心已定，无意久留，查济民便毅然帮忙斡旋，于1955年10月安排陆婉珍夫妇与钱学森夫妇搭乘同一列火车回到了祖国的怀抱。当踏上祖国的土地时，他们的心情无比激动，陆婉珍回忆说："我们站在上海的土地上，心里充满了激动和踏实感。"经过8年的远行，他们终于回到了家乡，见到了久别的亲人，感受到了久违的亲情和温暖。

归国后，她被分配至石油工业部负责筹建北京石油炼制研究所（现中国石化石油化工科学研究院）。在短短几年时间内，她就领导建成了门类较为齐全、人员配套完整的分析研究室，并搭建起了较为完整的油品分析技术平台。同时引入了先进的气相色谱、液相色谱和核磁共振等分析仪器和技术。她凭借在美国学习和工作期间积累的丰富经验，极大地提升了石油产品的检测效率和精度，显著提升了我国在石油分析领域的技术水平，为我国石油工业的发展提供了坚实的技术支撑。

除此之外，陆婉珍还很注重科研成果的实际应用。在大庆炼油厂铂重整装置开工期间，陆婉珍凭借对气相色谱图的精准解读，敏锐地察觉到了生产装置中的潜在漏点，并指出二甲苯干点不合格的原因是产品中混有汽油，生产系统中有漏点。根据她的判断，生产人员很快便发现了漏油部位，疑难问题迎刃而解，为我国第一套催化重整工业装置的顺利投产发挥了关键作用。同时，她带领团队深耕炼油添加剂领域，创新研发出系列高效催化剂与添加剂，这些成果包括一系列高效的催化剂和添加剂，如提高辛烷值的抗爆剂、减少污染物排放的脱硫剂和脱氮剂等，在提升炼油厂生产效率的同时减少了环境污染，对推动绿色化工的发展起到了重要作用。

## 注重培养后学，传承科学的火炬

晚年的陆婉珍，依然活跃在科学研究的前沿。这一时期不仅是她科研成果的丰收期，更是她知识传承与社会贡献的黄金时代。

近红外光谱技术是一种高效、非破坏性的分析方法，广泛应用于农业、食品、化工、医药等多个领域，当时中国在该技术的应用和研究方面还处于起步阶段。陆婉珍敏锐地察觉到这一技术在石油化工中的巨大潜力，毅然决定针对石油样品的复杂性开发出适用于不同类型样品的近红外光谱分析方法，解决多种实际应用中的技术难题。

在她的推动下，我国石油化工行业逐渐建立起系统的近红外光谱技术平台，优化了光谱数据处理算法，提高了分析精度和效率，使近红外光谱技术能够更加准确地识别和量化石油成分。为了确保这一技术的广泛应用，陆婉珍多次组织全国性的技术研讨会，邀请业内专家学者共同探讨近红外光谱技术的应用前景和发展趋势，还编写了多部技术手册和培训教材，为技术人员提供了详尽的指导和支持，极大地推动了近红外光谱技术在国内的普及和应用。

教坛春晖，桃李成荫。陆婉珍晚年最为人称道的贡献之一，便是她对后继学者的悉心培养。她认为，一个科学家的成就不仅在于科研成果，更在于能培养出多少后学，传承科学的火炬。为此，她倾注了大量心血于教育事业，尤其是对研究生的精心培育。在她的悉心指导下，26位硕士、20位博士及5位博士后茁壮成长，许多学生成为各自领域的杰出人才，继续在科学的道路上探索和前行。

除科研成就之外，陆婉珍在社会活动上的贡献也同样突出。她积极参与科技普及与政策制定，将科研成果转化为社会进步的动力，并在多个科技项目中担任重要角色，为中国科技进步和经济发展提供了智力支持。她特别关注女性科学家的发展，推动女性在职业上取得突破，为打破性别壁垒作出贡献。

陆婉珍在色谱与近红外光谱技术等领域的突破，显著提升了国内的科研水平，为我国石化工业的发展铺设了坚实的基石。她不懈探索的足迹、深邃独到的思考，以及严谨批判、勇于创新的科研风范，无不激励着后来科研工作者，引领他们矢志追求科学真理、勇攀科技高峰。科学家的精神之光，犹如夜空星辰，穿越时空，照亮着后来者探索科技未知的征途。

（刑亚辉　褚小立）

# 1956年

## 汪德昭：中国水下长城的建筑师

### 人物简介

汪德昭（1905年12月20日至1998年12月28日），江苏灌云人，物理学家、大气电学家、水声学家，中国科学院院士。1929年毕业于北京师范大学物理系，1934年进入法国巴黎大学高等物理和化学工业学院学习，获法国国家科学博士学位。留法期间先后在多个世界顶级科研机构工作，作出多项开创性贡献。1956年归国后，先后任中国科学院原子能研究所研究员、器材局局长、电子学研究所副所长、声学研究所所长等。他开辟了我国国防水声学事业，制定了水声学的研究发展战略，领导实施水下预警体系，起草海岸水声预警体系的研究发展规划，完成了多种国防和民用水声先进设备的研制，为我国海军建设和声呐现代化作出了重要贡献。

我国拥有漫长的海岸线，北起鸭绿江口，南至北仑河口，全长约18000千米，管辖海域约300万平方千米。但是在近代史上，人们记忆中更多的却是沉痛的“有海无防”的苦难，直到20世纪50年代，不明国籍的潜艇仍然可以肆无忌惮地游弋于我国领海之上。对于新中国来说，发展自己的国防水声学，建立水下万里长城，无疑是一项重大而紧迫的任务。刚刚归国不久的汪德昭临危受命，秉持国家的需要就是科学家的使命，毅然转变自己的科研主攻方向，投身于国防水声学建设。他在苏联专家撤走的不利情况下，肩挑重任，白手起家，用几十年的时间，建立起水声学科的参天大树，助推中华民族海洋强国梦。

## 树立“科学救国”之志

汪德昭在北京师范大学附中就读时，适逢五四运动爆发。当时，他的大哥汪德耀是学校学生会副主席，主席是赵世炎。年仅14岁的汪德昭虽然未能亲身参与到学生会组织的游行等爱国运动中，却有机会经常在家中聆听哥哥与赵世炎针对时局和救国之路的探索。他们传播提倡的“科学”与“民主”思想，让汪德昭第一次接触到了马克思主义的真谛，并使他认识到中国之所以贫穷落后就是因为社会制度落后，科学不发达，要想中国富强，就应当兴办科教、学习外国先进技术。当时的种种感受，也奠定了他一生奋斗的方向和信念——为祖国奉献自己的一切。

1933年10月，怀揣“科学救国”理想的汪德昭乘上了驶往法国的轮船。随着距离向往已久的朗之万实验室越来越近，他的内心不禁掀起阵阵波澜。半个世纪后，汪德昭回忆说：“对我的人生道路产生过重大影响的人，第一个是赵世炎，第二个就是我的法国导师朗之万。”

汪德昭对朗之万的仰慕源自一次演讲。法国著名物理学家朗之万曾于1931年来到中国帮助改革和完善教育制度，其间还进行了各种声援中国人民的反侵略活动。汪德昭有幸聆听了朗之万的一次演讲，其中“一个真正的科学家不能把自己关在象牙塔中，他应该负有社会责任，并对人类进步尽自己的义务”深深打动了年轻的汪德昭，让他钦佩不已，并铭刻于心，成为他日后砥砺前行的精神动力。

## 被称为“地下大使”

万里迢迢来到法国的汪德昭，如愿以偿地成为朗之万的学生。在之后的20多年时间里，他先后在朗之万实验室、法国国家科学研究中心、法国国防第四研究组、居里夫人实验室等机构做研究工作。他巧妙地创造了一个可控的实验环境，和朗之万共同推导出大离子合成系数，解决了国际上争论多年的问题，荣获法国科学院“虞格”奖金。由这项成果建立的大小离子平衡态的新理论也被人们称为“朗之万－汪德昭－布理加理论”，成为大气电学经典理论。

第二次世界大战爆发后，汪德昭作为战时法国国防第四研究组中破例留下的唯一一名外国人，成功发明一种石英和金属粘接的新工艺，协助朗之万完成了主动声呐加大功率问题的研究，极大地提高了法国海军的反潜能力。汪德昭极强的动手能力在战时也体现得淋漓尽致，他研制出超微量天平和“居里－汪氏”型高灵敏度静电计，并帮助很多法国科学家修理科学仪器，为法国战时科学研究工作的维持和保障作出了卓越的贡献。近半个世纪后，法国空间和研究部部长于贝尔·居里安访华时，还特意提及此事，盛赞“汪是当时法国能做这项工作的唯一的人”。

除了科研工作上的诸多耀眼成果，汪德昭还积极参与并组织留法学生的爱国运动。在他的积极争取和动员下，巴黎中国学生会举行改选，顺利摆脱了由亲国民党人士把持的局面。在汪德昭的领导下，学生会大力开展爱国主义教育活动，通过创办报刊等方式传播有关新中国建设成就的消息，受到广大海外游子的热烈欢迎。他们还经常组织青年科技人才聚会，鼓励大家尽可能以所学报效国家。在他的帮助下，多位爱国学者成功回到新中国，在当时中法尚未建交的情况下，汪德昭也被人们亲切地称作“地下大使”。

新中国成立后，汪德昭立刻组织学生会的同学缝制了巴黎第一面五星红旗，这面红旗第一次亮相，是在募捐支援抗美援朝大会上。在这次由留法学生会组织的募捐活动中，汪德昭慷慨激昂的演讲打动了在场所有的侨胞和学子，仅4天时间便募得53万余法郎和许多金银珠宝等物件。

## 结束了我国“有海无防”的历史

1956年，党中央发出号召，欢迎海外科技工作者回来参加祖国的社会主义建设。当向科学技术进军的号角吹响时，本就想将毕生所学贡献给祖国的汪德昭，奋笔疾书写下了请求早日回国参加建设的请命信。不久后，汪德昭收到了同意他归国的信件，信中还转达了周恩来总理的嘱托：“凡是对人民作出贡献的人，人民永远不会忘记。”汪德昭备受鼓舞的同时也深感责任重大。同年11月，侨居法国20多年，在学术界享有极高声望的汪德昭，放弃了他在巴黎的事业和地位，毅然回到了祖国的怀抱。从此他的科学人生进入了更为光辉的阶段。

1958年，聂荣臻元帅亲自点将，授命之前曾从事过声呐方面研究的汪德昭负责组建中国自己的水声研究队伍。汪德昭不局限于具体科研问题的研究，而是从宏观角度出发，酝酿和筹划学科体系的构建工作与开展步骤，他结合国情提出四项任务：建机构、定战略、带队伍、定目标。作为赴苏联水声考察小组的一员，他一边调查水声学在学术上和应用上的目标对象及相关延伸领域，确认开展研究所必需的设备与手段；一边密切关注国际上相关研究的最新进展情况，确定日后科研工作的开展方向。

基于“白手起家”的现实，汪德昭放弃追求个人荣誉，甘当“母机”。他认为一个人的科研成就远不如培养造就大批人才，做出千千万万的成果。面对100名根本不知道水声是什么的“青苗”，汪德昭组织人员翻译、编写相关教材，并亲自讲授课程，很快使这批青年工作者具备了基础理论知识。他坚持理论研究要与科学实验相结合，为了提高实践能力，尽快掌握我国海域水声情况，汪德昭组织并参加了中苏联合水声科学考察。这次考察共出海74次，形成了我国第一批内容翔实丰富的水声研究报告，为我国海防建设提供了大量参考数据和资料，结束了我国“有海无防”的历史。

在汪德昭的运筹帷幄下，一个以水声学为主要研究领域的综合性声学研究所逐渐搭建了起来。他先后在南海、东海和北海建立起水声科学研究站，并根据我国海域的实际情况，确立了“由近及远，由浅入深，由高到低，有合有分”的水声学研究发展战略。这一指导方针为我国水声学发展指明了战略方向，并通过之后几十年的科研实践充分证明了它的前瞻性和有效性。

汪德昭还为声学研究所制定了一个宏伟目标——在世界声学研究领域取得领先地位。用他自己的话说，就是在世界声学研究领域中，中国至少要在几个方面处于“领唱”“指挥”的地位。在他的精心培育下，20世纪70年代末期，我国已经具备了一支高水平的水声科研队伍，并在“浅海声场”研究方面做出了一些成果。随着科学春天的到来，汪德昭认为“由近及远，由浅入深”的时机已经成熟。他亲自挂帅，成立深海实验领导小组，率领大批科研骨干准备前往南海进行深海水声实验。这时的汪德昭已经年过古稀，妻子担心他的身体，劝他不要亲自参加考察。执着的汪德昭语重心长地对妻子说：“我们为什么从法国千里迢迢回国，还不是为国家效力？现在国家需要我们远征，我们就应该抓紧时间远征。要知道，我们的时间不多了，为国家多出一点力就多一点贡献。”他那坚毅、执着的态度，不容一丝怀疑。

1978年11月6日，汪德昭乘上实验船，率队驶向西沙群岛。多年以来从不晕船的他，在波涛汹涌的深海区域，也终于坚持不住了。他一直呕吐，3天没有吃一口饭，但依然靠着意志力参与了整个实验过程。每逢关键时刻，他都会出现在船头，指导着实验的推进。考察团克服种种困难，在船上连续工作了3天3夜后，顺利完成了我国历史上首次深海水声实验。此次考察证实了在我国南海深海中确实存在着很强烈的反转点会聚区，确切证明了之前设想的“声场反转点会聚区”理论，突破了国际水声学界的传统认知，为我国海上长城由近海向深海区域的延伸作出了不可磨灭的贡献。在这次科学考察所取得的巨大成就激励下，全所人员勠力同心、砥砺前行，仅1979年一年便完成近50项科研课题，其中包括10余项重大成果。

## 国际水声领域“指挥者”

汪德昭还是一位“科学大使”，他一直秉持着开放的胸襟和战略的眼光，长期致力于推动声学领域的国际科技开放合作。他通过出国访问、参加科技代表团、出席国际学术会议、邀请外国专家来访等方式极大地提高了声学研究所的学术水平和国际影响力，同时也为中国科学工作者获得国际科学界的广泛认可打开了新局面。

汪德昭希望让更多的中国学者不出国门就可以参加高规格的国际声学会议。在他的倡议、争取和努力筹备下，中国相继获得了1990年国际海洋声学研讨会和第14届国际声学大会的举办权。1997年，由中国科学院声学研究所、美国佐治亚理工学院和美国海军研究生院共同发起的首届国际浅海声学会议在北京召开，耄耋之年的汪德昭主持开幕式并代表主办国致辞。此次盛会云集了几十名世界顶级专家，为国际海洋声学领域的科技交流提供了良好平台。其间，与会专家对我国学者的报告反响强烈，声学研究所国家重点实验室给外国专家留下的深刻印象，以及收获的大量外国学者和机构提出的科研合作、联合实验、人员互访交流等请求，均表明了我国水声学研究已经从“跟跑”跨越到“并跑”和“领跑”阶段，汪德昭要当国际水声学领域“指挥者”的雄心壮志终于实现了。

1998年12月28日，这位永远不知疲倦的跋涉者走完了他辉煌的一生。他甘为人梯，对待青年人爱护备至，诲人不倦，造就了我国水声事业的灿烂群星。他总结的“标新立异，脚踏实地，一丝不苟，自己动手”，如今仍是声学研究所的所训，不断指引和鞭策着后辈科研工作者砥砺前行。

（肖博仁）

# 郭可信：将中国电子显微镜学推向世界

## 人物简介

郭可信（1923年8月23日至2006年12月13日），出生于北京，祖籍福建福州，著名的物理冶金和晶体学家，中国科学院院士。1941年考入浙江大学化工系，1947年留学瑞典，先后就读于瑞典皇家理工学院、瑞典乌普萨拉大学，后在荷兰代尔夫特皇家理工学院从事合金钢中碳化物及金属间化合物研究。1956年回国，历任中国科学院金属研究所金属物理室主任、中国科学院金属研究所副所长、中国科学院沈阳分院院长、中国科学院北京电子显微镜开放实验室主任、中国科学院物理研究所研究员。1980年，当选为中国科学院学部委员（院士），同年被授予瑞典皇家工程科学院外籍院士。

郭可信是我国电子显微镜学会的创办人之一，在电子显微学、晶体学等领域有着突出成就。他将我国电子显微镜学推向世界，带领团队登上了准晶研究的高峰，为我国准晶实验研究水平进入世界前列作出了巨大贡献，是我国杰出的晶体学家。

## 东北沦陷，于战乱中辗转求学

郭可信1923年出生于北京，父亲是一位铁道土木工程师。1926年，郭可信父亲到黑龙江修建铁路，全家随迁至哈尔滨。5年后，九一八事变爆发，日本军国主义开始侵华。1932年2月，在侵华日军飞机、坦克、装甲车的猛烈炮火进攻下，哈尔滨沦陷，时年9岁的郭可信初次体会丧失家园的伤痛。

1936年，郭可信跟随父亲来到天津，在天津南开中学读初二。1937年七七事变后，侵华日军攻入天津，南开中学被迫西迁重庆。为了能继续读书，他辗转2个多月，历经种种艰辛后来到了重庆，但是磨难并没有结束。晚年，他回忆道："在南开四年，'跑警报'的经历不能不提。1939年春末，大雾消散，日机顺江而上夜袭重庆，重庆上空染成了红色。'跑警报'成了家常便饭，警报一响，卷起油布铺盖就走，到了地头就睡。有时一夜跑两次，习以为常，白天照样上课。"有一次"接连不断的炸弹爆破声，天崩地裂，泥土树枝铺天盖地飞来"，侵华日军的这次空袭给16岁的郭可信背上留下了一道永久的疤痕。

## 热血报国，在炮火中毅然从军

1941年夏天，在尖锐警报声的伴随下，郭可信在防空洞里完成了高考，考上了当时设在贵州遵义的浙江大学。山河破碎，哪里又能放得下一张平静的书桌。遵义读书条件非常艰苦，"浙江大学因为找不到一个地方可以容纳1000多名师生，只好分在遵义、湄潭和永兴场3处。那时的遵义都没有电灯，更不用说当时连公路都不通的湄潭和永兴场了"。

1944年，侵华日军攻入贵州，国民党军队溃不成军，于是国民党当局号召青年学生参军抗日。此时，正读大四的郭可信在浙大学生自治会劳军过程中亲眼看到“营养不良、骨瘦如柴、毫无生气的被抓来的壮丁”，深感“怪不得1000日本骑兵就能长驱直入几百里，出入如无人之地”。在“国家兴亡，匹夫有责”的感召下，临近毕业的他为了保家卫国毅然中断学业，报名参军。1945年1月他被编入国民党陆军第202师604团，后被安排到译员训练班学习英文，之后又被分配到步兵训练中心，但还没来得及上战场杀敌，日本就投降了。1945年8月，郭可信结束了他短暂的军旅生涯，拿着光荣退役的文件，又重新回到浙大。1946年，他参加了第二届公费留学考试，成为当届被录取的唯一一位化工系学生。

历经战争苦难的郭可信，亲身体会了侵华日军给中国人民带来的巨大痛苦与屈辱，这也激发了他深沉而持久的爱国热情和报效祖国的决心。他曾写道：“我们这一代就是在国破家亡的危机中，敌机的轰炸中成长起来的，国家概念比较强，民族意识比较深。毕业60年了，无论是在海外求学，还是在国内工作，一直都盼望着富国强兵，再也不受人欺凌。”这炽热的家国情怀直接决定着他今后的人生抉择。

### 赴欧留学，开启曲折的科研之路

1947年，郭可信公费赴瑞典皇家理工学院留学，师从金相学权威赫尔特格林教授，开始了金属学的研究。他学习非常刻苦，随着对X射线晶体结构研究的深入，他发现导师关于合金元素对奥氏体影响的研究中某些观点存在自相矛盾，并向导师当面提出了质疑。然而，他的导师性格强势，态度保守且专横，无法接受学生的反驳和挑战。面对导师的这种态度，郭可信深感失望，坚信“执着地追求真理，这是一个科学工作者首先要有的精神”“学术问题应该泾渭分明，不能含糊，合则留，不合则去”，他毅然决然地放弃了3年多的研究成果和学位，离开了瑞典皇家理工学院。

1951年，郭可信进入瑞典乌普萨拉大学无机化学系从事用X射线衍射方法研究合金结构的工作。在这里，他的学习与工作非常顺利，发现了一种新的MoC结构，并于1952年在*Nature*杂志发表了与导师合作的论文。为了提高在单晶体X射线衍射方面的研究，他于1955年11月来到荷兰代尔夫特皇家理工学院学习，到1956年，他已经在国外知名学术刊物上发表了20多篇论文，甚至当时具有广泛影响力的德文《合金钢手册》也多次引用他的研究成果，这些奠定了他在合金钢中碳化物研究的国际领先地位，此时他才34岁。

身在异国远离故土的他虽然是成功的，但也是孤独的，他多么渴望将自己的才华与智慧毫无保留地奉献给祖国。他说："我们这一代人饱受日本军国主义侵略之苦，看到农民不得不吃观音土度日，为了活命不得不卖儿卖女，这种惨不忍睹的景象一直深深地印在我的脑海中。强国富民是我们这一代有良知的知识分子梦寐以求的，我就是抱着科学救国的愿望到欧洲的。"漂泊异乡的他一直在等待，等待一个报效祖国的机会。1956年3月，当他在报纸上看到周恩来总理发出"向科学进军"的动员令时，心潮澎湃、激动不已，立即紧锣密鼓地着手准备回国。4月底，他就乘机经苏联回到了阔别9年的祖国，他立誓要把平生所学献给祖国和人民。

## 报效祖国，占领准晶研究制高点

回国后，郭可信瞄准科技前沿，创立实验室，并不遗余力培养科研人才。20世纪50年代，利用电子衍射衬度成像研究晶体缺陷成为国际晶体学和电子显微镜学研究的前沿，他立即着手在金属研究所创立电子显微镜实验室，并提出要赶上世界先进水平。为了让更多人了解这一新兴研究方向，他翻译大量外国文献并写下几十本数十万字的学习笔记，无偿分享给同事及学生，这些笔记又被广泛传抄，在学习书籍匮乏的那个年代，他的这批笔记为新中国早期电子显微镜及晶体学人才培养作出了重要贡献。他的学生曹涵清曾对此评价：“用现在的眼光来看，做这种事太傻，至少缺乏起码的竞争意识。但是，这正是郭老教给我们的为人之道，正所谓‘要做学问，先做人’。”

20世纪70年代末，国际上衍射衬度的电子显微镜学已经成熟，原子分辨水平的相位衬度电子显微镜学正在兴起。他借着改革开放的春天，在国内率先引入高分辨JEM200CX电子显微镜，带领刚刚学成归国的科研骨干及20多名研究生夜以继日地开展固体材料的原子像研究，创造了国内24小时不停机运转的先例，短短数年就发表了多篇高质量论文，仅在1986年第十一届国际电镜大会上就提交了9篇论文，与亚洲电镜“巨无霸”日本比肩，成功跻身于国际电镜学先进行列。到1994年，郭可信带领金属研究所固体原子像开放实验室和北京电子显微镜开放实验室已在国内外学术刊物发表论文350余篇，进一步稳固了中国电镜学的国际领先地位。这两个实验室也成为我国电子显微镜、晶体学及物理冶金学的重要研究基地、人才培养基地。

郭可信发现高分辨电子显微镜在研究晶体结构方面的优势，立即带领科研团队开展研究，发现了一大批准晶及多种准晶相关相，取得了一系列重大突破性成果。1982年，他领导的晶体精细结构的电子衍射与电子显微像研究获国家自然科学奖三等奖；在四面体密堆相新相等畴结构研究中发现了6个新相及多种畴结构，打破了这一领域停滞20余年的局面，获中国科学院科技进步奖一等奖；1985年又领导发现五重旋转对称和Ti–V–Ni二十面体准晶，在国际学术界产生重要影响并获得高度评价，被称为“中国相”，于1987年获国家自然科学奖一等奖；1988年，发现八重旋转对称准晶及十二重对称准晶并获国家自然科学奖三等奖；同期发现的稳定Al–Cu–Co十重旋转对称准晶及一维准晶，获中国科学院自然科学奖二等奖。

郭可信在准晶方面的研究成果，可以说代表了中国在这一领域的最高成就。20世纪80年代，以色列科学家谢赫特曼科研团队与郭可信带领的中国科研团队几乎同时期发现了具有准晶体结构的合金，两个团队的工作是完全独立的，因而都被国际公认是准晶的发现者。2011年，谢赫特曼因发现准晶获得诺贝尔化学奖。遗憾的是，郭可信因病逝世无缘此殊荣，但中国的准晶研究因他而走在了世界前沿。

## 组建学术梯队，培养中国电镜人才

“一花独放不是春，百花齐放春满园。”郭可信还积极组建学术梯队。改革开放后，他极力推荐、帮助金属研究所10余名科技人员到英国、瑞典、美国、日本等国际一流实验室进修学习，这批人才回国后成为我国电镜学领域的中坚力量。他培养学生非常严格，对学生不严谨、不认真的态度会毫不留情地批评，甚至将学生“辛苦”得到的实验数据和图片撕掉。他说：“我对学生还是很严格的，高标准要求，绝不含糊。古人云‘取法乎上，得乎其中’。只有高标准要求才能激励青年人进取。”除了严管还有厚爱。比如，在学生张泽出国访学的两年时间里，郭可信给他写了近百封信，给予全方位的关怀与支持。他的另一名学生回忆道：“出乎我意料的是，郭先生不仅仔细地帮我修改文章，还帮我整理照片，往照片上转印图例字符。他满头白发，摘掉眼镜，神情专注、认真仔细的样子使我永生难以忘怀。他的关心使我受到莫大鼓舞，觉得有一股暖流一直暖到我心里去了。当郭先生把改好的文章还给我时我发现，他把自己的名字划去了。”

正是如此，郭可信带出了一支学术精、学风好的科研队伍。他的学生有叶恒强、张泽、万立骏等中国科学院院士，还有一大批大学和研究所的教授、研究员，他们获得的国家和国际重大科技奖项不胜枚举，为我国金属材料物理研究及电子显微学研究居世界前列作出了重要贡献。

年逾古稀之时，郭可信对自己的一生作了评价，他说：“回顾我这一生，在学术上只做了两件事。青年时单枪匹马地冲杀在合金钢结构的第一线，到了60岁又重整旗鼓领着一批青年人占领了准晶研究的制高点。”与40年前在国外单枪匹马奋斗不同，“40年后的今天，我卷土重来终于又把中国的准晶研究推向世界前列。这次人多势众，又是在自己祖国的土地上建立这个赶超世界科学水平的前哨阵地，得到的慰藉和自豪也远非昔日可比”，并将自己的成功归功于中华文化的力量。他说：“中华民族有5000年的悠久历史，是世界上唯一连绵未断、又古又新的文化，这是值得我们每个中国人骄傲的。就是这股力量激励我前进，要在有生之年，把中国的电子显微镜搞上去，在世界上占有一席之地。”

2006年12月13日，郭可信因病逝世，享年83岁。虽然他已离我们远去，但是他身上集中展现出来的科学家精神像水晶般熠熠生辉、永留世间、启迪后人。

（鲁远）

# 1957年

## 林兰英：被称为“中国半导体材料之母”

### 人物简介

林兰英（1918年2月7日至2003年3月4日），福建莆田人，半导体材料科学家、物理学家，中国科学院院士。1940年从福建协和大学（福建师范大学前身）物理系毕业后留校任教；1948年赴美留学，1955年获得宾夕法尼亚大学固体物理学博士学位。她于1957年冲破重重阻碍，带着半导体新材料回到中国。回国后，长期从事半导体材料科学研究工作，是我国半导体科学事业开拓者之一。先后负责研制成我国第一根硅、锑化铟、砷化镓、磷化镓等单晶，为我国微电子和光电子学的发展奠定了基础。

林兰英是我国半导体材料科学的奠基者和开拓者，同时也是第四次世界妇女大会中国代表团成员。林兰英提倡男女平等，在提高妇女地位、妇女受教育等问题上倾注了大量心血，是中国现代女性科学家

的代表人物。

## 宾夕法尼亚大学第一位女博士

林兰英出身于福建莆田的名门望族，祖上是明朝的御史林润。林兰英的父亲是一位知识分子，曾就读于上海大学，后在南昌的《国民日报》做编辑。由于莆田当地重男轻女思想盛行，林兰英的求学之路并不顺利。为了从母亲那里得到上学的机会，7岁的林兰英曾把自己关在房间里，绝食近3天。

林兰英学习勤奋刻苦、天资聪慧，成绩在班上一直名列前茅。在初中的六个学期她都保持全年级第一名的成绩，是当之无愧的优秀生，并因此免除了学杂费。因学业成绩优异，家人最终接受了她走读书这条路。1936年，林兰英以出色的成绩考入福建协和大学物理系。在校期间，她凭借学习能力和研究能力得到同学和老师的认可，最后以优秀毕业生的身份留校任教。在校任教的8年时间里，林兰英亲手编写《光学实验课程》的教科书，并以此获得讲师的任职资格。

随着身边越来越多的教师公派出国学习，不甘落后的林兰英几经周折终于申请到宾夕法尼亚州迪金森学院的交流项目。1949年，她获得迪金森学院数学学士学位，同时获得美国大学荣誉学会迪金森分会奖励她的一枚金钥匙；她在学术上的出色表现也深得导师的赞赏，她的导师有意推荐她到芝加哥大学数学系继续深造，深思熟虑后，林兰英婉言谢绝了。林兰英思考的不仅是自己的兴趣和爱好，更是自己如何才能运用所学真正帮助贫穷落后的祖国。数学虽然是她的兴趣所在，但蓬勃兴起的固体物理也正在悄然改变着世界。怀着“一切都应该服从祖国建设事业的迫切需要”的想法，林兰英果断地选择改学固体物理专业，当时这门学科在我国还是一片空白。同年秋，林兰英进入宾夕法尼亚大学研究生院，开始了固体物理专业的研究。1951年，她获得宾夕法尼亚大学固体物理学硕士学位，之后继续攻读博士学位，师从米勒教授。1955年6月，林兰英凭借论文《离子晶体缺陷的研究》获得宾夕法尼亚大学固体物理学博士学位，成为该校建校以来，第一位获得博士学位的中国人，也是该校有史以来的第一位女博士。

## 冲破阻挠归国

1955年，完成博士学业的林兰英因美国政府的施压，暂时无法回国。美国的半导体科学正在蓬勃发展，为了将实践和理论相结合，深度接触半导体材料研究的前沿领域，学习实用技术，为回国工作打下牢固的基础，林兰英来到美国著名的索菲尼亚公司担任高级工程师，专注半导体材料研究。当时该公司正在依据美国科学家研究的方法和工序拉制硅单晶并屡遭挫折，林兰英经过观察和研究，不仅找出了失败的症结，而且提出了改进操作规程和设备的建议，最终使拉制硅单晶的任务得以圆满完成。随后她据此发表的有关论文还被美国政府列为专利技术。在索菲尼亚公司任职的一年多时间里，林兰英开阔了眼界、增长了学识，深受公司的赏识。

尽管美国拥有良好的工作环境和优越的生活条件，但一有机会，思乡心切的林兰英依旧决定返回祖国。1956年秋，林兰英以母亲病重为由，向美国当局递交了回国的申请，并通过印度驻美大使馆的帮助，办好了回国手续。然而在登机前，美国的调查员对林兰英的行李进行了详细的搜查，检查完行李后，调查员又对林兰英进行了搜身，并在她身上找到了6800美元的旅行支票。美国再次以此为威胁，让她留在美国。林兰英坚决拒绝了，她想，“扣就扣吧，就是平民百姓，我也下决心回国了”。

## 自力更生搞研究

1957年，林兰英回国后进入中国科学院工作，从事半导体方面的研究。当时，我国的半导体事业十分落后，单晶硅计划在1968年开始进行。外国专家也预测，中国要到20世纪60年代才能着手单晶材料的研制。然而在林兰英的带领下，我国于1957年拉制成功第一根锗单晶，于1958年拉制成功第一根硅单晶，中国也成为世界上第三个生产出硅单晶的国家。

之后，林兰英又把视野从元素周期表上的锗、硅之类的第四族扩展到第三、第五族，重点从事新型材料砷化镓的研究。砷化镓是一种有发展潜力的新型半导体材料。砷化镓的熔点高达1238℃，加上砷的剧毒特性，国外众多科学家先后放弃了对其的研究。当很多学者都认为该项研究没有前途时，林兰英却看到了砷化镓研究的前景。

林兰英是世界上最早在太空制成半导体材料砷化镓单晶的科学家。起初，林兰英想通过国际合作开展太空砷化镓单晶的生产合作，而在1986年的空间科学研讨会上，德方专家态度傲慢，对我国的技术力量极为不屑。这反而激发出林兰英强大的民族责任感，她决定利用我国的返回式人造卫星，自力更生开展这一研究工作。从1987年到1990年，林兰英进行砷化镓单晶太空生长实验3次，均获得成功，并用它研制成半导体激光器。林兰英也因此被人们称为“中国半导体材料之母”。

1989年7月，美国国家航空航天局发来邀请，请林兰英前往参加国际宇航会议，并向大会作中国利用人造卫星进行半导体材料研制试验的报告。报告引起了各国专家的关注。曾经出言讽刺我们的德国专家走过来握着林兰英的手，惊讶地对她表示祝贺。这是一次戏剧性的相遇，两人的处境已经发生了微妙的变化。不过在林兰英的心里却丝毫没有轻视对方的念头，并提出希望日后能有机会进行交流合作。林兰英感激这位异国科学家曾经激发了她炽热的爱国情怀，使她焕发出更大的决心和力量。她宽广的胸怀促使她不断进步。

## 平等首先是贡献上的平等

林兰英不仅是一位杰出的科学家，还是一位热情的教育家和活跃的女性社会活动家。她在大中小学作过多次报告，接受过多家媒体的采访。她结合自己的亲身经历，鼓励妇女自尊、自爱、自强，有事业心和进取心，自强不息、艰苦奋斗。在联合国第四次世界妇女大会上，林兰英表示，“平等首先是贡献上的平等，要求男女平等，妇女必须做出出色的工作，得到社会的认同”。

林兰英在科研道路上克服了种种困难，永远充满干劲，挑战自己，不断突破自己。凭借满腔的爱国热情、强大的自信、持久的毅力、宽广的心胸，在科学界诠释了真正的“女性力量”。我国半导体材料从无到有、从低级到高级、从落后到先进，每一次进步都与林兰英和伙伴们的艰苦奋斗息息相关。林兰英1996年获何梁何利基金科学与技术进步奖，1998年获霍英东成就奖。她的研究成果不仅普遍使用在工业领域中，而且为中国的国防工业和太空领域研究作出了巨大贡献。

（张晓铮）

# 姚桐斌：唯一一位在国外入党的“两弹一星”元勋

## 人物简介

姚桐斌（1922年9月3日至1968年6月8日），江苏无锡人，冶金学专家、航天材料专家、火箭材料及工艺技术专家。1941年姚桐斌高中毕业，考入交通大学唐山工学院（现西南交通大学），1945年获工学学士学位；1946年10月考取公费留学，次年10月进入英国伯明翰大学工业冶金系攻读研究生，1951年获工学博士学位；1954年赴联邦德国亚琛工业大学冶金系铸造研究室担任研究员；1957年9月回国，1958年1月被分配到国防部第五研究院一分院工作，历任研究员、主任、材料及工艺研究所所长。1961年在国家科委和国防科委领导下，主持召开了一系列全国性航天材料规划会议，并签订了多项全国性科研协作项目，对航天材料发展起到了关键推动作用。1968年6月8日不幸逝世，年仅46岁；1983年被追认为革命烈士。1985年获得国家科学技术进步奖特等奖；1999年被追授“两弹一星”功勋奖章。

在中国国家博物馆里，收藏着一枚“两弹一星”功勋奖章。这一枚奖章，既耀眼，又沉重，它属于姚桐斌。他的功勋被深深地镌刻进我们国家的历史。钱学森称赞其“鞠躬尽瘁为航天，德昭日月感后人”。姚桐斌一生赤诚爱国，他用自己的生命，点燃了我国航天导弹事业的星星之火。

## 穷且益坚，不坠青云志

1922年9月3日，姚桐斌出生于江苏省无锡市黄土塘镇小街北面的一座小房子里。他自幼家境贫寒，求学之路异常坎坷艰辛。童年依靠父兄小本生意的收入上完小学，因成绩优异、兄长支持及小学校长数次劝说，才征得父亲同意继续上学。中学时期，即便贫穷拮据、重病辍学、父亲反对、战乱频繁、各地辗转，他的求学之志从未减过分毫。1941年高中毕业，姚桐斌凭借出色的成绩，同时被武汉大学、湖南大学、交通大学唐山工学院等7所大学录取，最终他选择了交通大学唐山工学院（现为西南交通大学）矿冶系就读。大学期间，姚桐斌便展露了远大抱负和家国情怀，他勤学苦读、刻苦钻研、孜孜以求。“精勤求学，敦笃励志，果毅力行，忠恕任事”，西南交通大学这十六字校训，成为流淌在姚桐斌血液中的优秀品质。四年后，“老是穿一件薄薄的灰色土布棉衣”的姚桐斌，以总评成绩第一名毕业，获工学学士学位。此时，他仍坚持不懈地努力学习为出国留学做准备。他看中了地处工业革命故乡英国的伯明翰大学，下定决心要用学到的科学技术改变祖国的落后面貌。

## 矢志科研，不渝归国心

1946年，姚桐斌拿到了抗战胜利后第一次公费留学名额，并于次年10月，来到了英国伯明翰大学工业冶金系攻读研究生。此时的英国正从“二战”的阴影中加速复原，社会生产力突飞猛进，科学技术活动异常活跃。伯明翰大学自然环境优美、校风严谨、师资雄厚、学术氛围浓郁，在这得天独厚的环境中，姚桐斌沉浸在工业冶金研究中，潜心学习先进的科学知识和方法。1951年12月，他顺利完成学业，获得工业冶金学博士学位。姚桐斌原本计划，获得博士学位后即刻回国，但组织安排他到伦敦帝国学院继续深造。在伦敦帝国学院，姚桐斌对铝—硅合金的热裂性能开展研究，先后发表了多篇重要论文，并于1953年获得伦敦帝国学院皇家矿校冶金系文凭。

姚桐斌一直都深爱着自己的祖国。留学期间，他日夜关注国内时局的发展变化，积极学习马列主义、毛泽东思想，满腔热忱为祖国奔走宣传，被称为新中国“红色信使”。1953年，姚桐斌的爱国活动引起了相关部门的注意，被要求限期离开英国。这对于归国心切的姚桐斌来说是莫大的机会，但他再次服从了组织安排，继续留在国外工作。此时，姚桐斌得到了世界著名铸造学教授依·皮沃斯基的赏识，并到联邦德国亚琛工业大学开展金属黏性及流动性研究。在这期间，姚桐斌任研究员兼助理教授，他学识渊博、见解独特、学术成果突出，在当时已有名气。即便如此，姚桐斌也从未动摇过归国之心，毅然坚持回国。1956年9月，他在瑞士伯尔尼中国驻瑞士使馆加入中国共产党，成为唯一一位在国外入党的“两弹一星”元勋。1957年，他再次提交了归国申请，并得到了组织同意。姚桐斌无比兴奋，这次他终于可以投身新中国的建设了。

多年后，姚桐斌在一次国际学术会议上被外国冶金专家问及回国的原因，他坦然回答：“我是中国人，当年出国就是为了现在回国。现在中国还比较落后，但将来中国一定会强盛起来。”

## 甘当配角，赤诚报国情

20世纪50年代中期，我国根据国防建设需要，决定实施“两弹一星”工程，并于1956年10月8日成立了我国第一个导弹研究机构——国防部第五研究院。1958年1月26日，回国后的姚桐斌，拒绝了清华大学、中国科学院沈阳金属研究所、北京钢铁学院（现为北京科技大学）等单位抛出的橄榄枝，无条件服从组织安排，到第五研究院工作，心甘情愿在航天系统担起了设计部门的职责。姚桐斌任七〇三所所长时，经常对所里的同志强调：要“为设计服务”，要“甘当配角”，“我回来不是为了名誉和地位，而是为了将学到的知识贡献给国家建设。我愿意在基层做一些具体的事情，和大家一起为我国火箭上天贡献力量”，并时常用《苏三起解》中梅兰芳和肖长华互相成就博得满堂彩的故事勉励身边的人。姚桐斌是这么说的，也是这么做的。

材料在国防尖端武器，特别是导弹、原子弹研制中具有“先行”地位，以当时的工业水平，导弹材料的研制可以说是从零开始的。姚桐斌跑遍了国内材料研究单位和生产企业，一项项落实材料生产；跑遍了图书馆和书店，一页页收集文献资料。他分秒必争、孜孜不倦，为我国航天材料的研制奠定了坚实的基础。当时，姚桐斌远见卓识地提出了“抓两头，带中间”的航天材料研制新思路，指出我国的工业基础决定了我们不能照搬苏联模式，而应该由既靠近设计部门，又靠近材料研究和生产部门的火箭材料研究单位发挥桥梁作用，开展材料应用研究。基于这一创新思路，我国召开了全国高温测试会议及影响我国航天事业发展的两次历史性会议——防热材料全国大协作攻关会议（三二一会议）、国家金属材料规划会议（八一七会议）。这些会议的召开，开启了全国协同研制航天新型材料的新局面，促进了我国冶金、化工、建材等工业技术和材料科学的发展，锻造了我国在航天材料及工艺上的自力更生能力。

姚桐斌曾经立下铮铮誓言："只要能把我国的航天事业搞上去，我就是死了也甘心！同志们，我们大家一起努力吧！"正是在这样的赤诚报国之心的驱使下，1960年到1964年，姚桐斌带领七〇三所一共开展了500多项课题研究，彻底打破了国外的技术封锁。由他主持提出的预先研究课题，大部分应用在了火箭发射、卫星上天事业上，成就了中国航天的传奇。

## 培育新人，接续航天梦

研究工作就是要按照科学规律办事，树立和培养严谨的科学态度、工作作风和办事程序。当时七〇三所的大部分科研人员都是刚毕业的新人，缺乏将专业知识运用到实际工作中去的能力。为了提升科研人员的研究能力，姚桐斌百忙之中写成了两万五千字的文章《研究工作方法》，对科研工作的阶段和程序、研究课题的提出及技术要求的确定、文献资料的收集整理及总结、科研报告的语言风格等开展研究的科学方法进行了极为翔实的阐述。钱学森赞赏有加，认为这篇文章对整个导弹研究院的科研工作有重大指导作用。人如其文，《研究工作方法》行文中闪烁的坚持真理、实事求是、一丝不苟、严谨审慎的科学态度和工作作风，正是姚桐斌深厚的科学素养和纯粹的科学精神的真实写照。时至今日，《研究工作方法》仍然是导弹研究院研究工作必须遵循的纲领性文件，也是每一位新来到七〇三所的科研人员的必读文章。在姚桐斌追求真理、严谨治学的求实精神指引下，一代又一代的青年人，接力托起航天梦。

1985年因在"液体地地战略武器及运载火箭"研究中的卓越贡献，姚桐斌获国家科学技术进步奖特等奖。同年，又因"高温热物理性能测试基地的建立与发展"获国家科学技术进步奖特等奖。1999年，被追授“两弹一星”功勋奖章。2002年，姚桐斌故居被江苏省确定为省级文物保护单位，后成为江苏省爱国主义教育基地。每年，都会有众多游客前来瞻仰，大量青少年前来接受精神洗礼。姚桐斌一生坚守报效祖国的初心，毕生践行为国奉献的使命，用自己的生命，点燃了我国航天事业的点点火光，他的精神，将被永远铭记和流传。

（杨留花）

# 苏鸿熙：“医学界的钱学森”

## 人物简介

苏鸿熙（1915年1月30日至2018年7月31日），江苏铜山人。我国著名的心脏外科专家、博士生导师。1943年毕业于国立中央大学医学院，1949年赴美国芝加哥西北大学附属医院及伊利诺伊大学研究医院进修麻醉、外科、胸外科、心血管外科。1957年回国后任解放军第四军医大学附属医院胸外科主任、副教授、教授，1972年调到中国人民解放军总医院、军医进修学院工作，先后任胸外科、心脏外科主任、教授。1983年6月当选中国人民政治协商会议第六届全国委员会常务委员。1985年、1992年被选任为中华医学会胸心血管外科分会首届和第二届主任委员。

苏鸿熙，是中国心脏外科的先驱，也是中国最著名的心胸外科医生之一，成功实施了我国第一例体外循环心脏直视手术，并将人工血管应用于主动脉—颈动脉搭桥手术，开创了中国心脏外科的新纪元。

### “学成归来酬故土”

1915年1月，苏鸿熙出生于江苏省铜山县的一个大户农民家庭。

1943年，他从国立中央大学医学院毕业后留校，先后任住院医生、总住院医生及外科主治医生。1949年，年轻外科医生苏鸿熙获取了赴美留学的机会，登上了通往大洋彼岸的客轮。就在他离开祖国15天后，毛泽东在天安门城楼上庄严宣告：中华人民共和国中央人民政府成立了。

苏鸿熙在海轮上听到这个消息，心情无比激动。站在驶向美国的客轮甲板上，苏鸿熙迎着海风，眺望着水天相接的远方，心中坚定地对着养育他的故乡立下誓言：祖国，我学成之后一定会回来，用我所能拥有的一切为您和人民鞠躬尽瘁。他心潮澎湃，写下一首明志诗："南大六年学医路，毕业踏上抗战途。赴美留学梦成真，幸得市长相帮扶。客轮载我赤子情，祖国恩情心中驻。籍此小诗明鸿志，学成归来酬故土。"

在美国，苏鸿熙勤奋钻研，抓紧一切机会汲取医学前沿领域的知识和经验。他当时满脑子想的都是新中国成立了，要尽可能地掌握更多的知识和本领。一开始，苏鸿熙是在美国芝加哥西北大学附属医院进修麻醉学。在麻醉科进修的第一天，科主任就让他做腰麻，他连做几例都是一次成功。日子一久，麻醉科就传出了"一针苏"的称号。麻醉科主任看中苏鸿熙的才华，希望他成为医院正式的麻醉师。"主任，我的目的不在这儿，而是胸外科，我的国家需要这项技术！"苏鸿熙婉言谢绝了科主任的好意。

自1955年，苏鸿熙在伊利诺伊大学医院胸心外科工作。当得知约翰·格本在费城托马斯·杰斐逊大学发明了体外循环机，为心外科带来革命性突破时，他激动不已，渴望掌握这一先进技术。1956年2月，医院购入体外循环机，苏鸿熙迅速投入研究，凭借才智与努力，很快熟练掌握了这门技术。他一心想着将这一技术带回祖国。同年，他与小他14岁的美国姑娘杰妮（中国名字叫苏锦）相爱，并于9月15日，即他离国七周年之日，举行了简朴婚礼。也是从这一天起，他和妻子开始筹划重返祖国。

## “我的祖国需要我”

20世纪50年代中叶，苏鸿熙学成归国之际，正值中美关系最为紧张的时期，中国科学家想要回到自己的祖国变得异常艰难。然而，对于苏鸿熙而言，他选择这条充满挑战的道路原因却极为简单，那就是他深爱着自己的祖国。1957年1月3日午夜，美国纽约机场，苏鸿熙和苏锦（杰妮的中文名）这对年轻的夫妇正在道别。此刻他们就要踏上通往中华人民共和国的征途。这是一次前程未卜的离别，等待他们的，除重逢的喜悦外，可能还有扣留、监禁，甚至入狱的痛苦。

黑眼睛黄皮肤的丈夫把披着一头乌发的碧眼妻子送到海关检查口，俯在她耳边又一次悄悄地嘱咐：“锦，不要忘记我们的相约。如果在约定的日子我没有随‘皇后玛丽号’到达利物浦，那就说明我被扣留了……”，“如果那样，我一定马上赶回来营救你”。妻子不等丈夫说完，就急切地打断了他，她的话语轻柔却透露出坚定的决心。随后，这对年轻的夫妇紧紧地拥抱在一起。为了不使自己随丈夫去中国的事受到阻挠，杰妮在婚前领取了出国护照。

为了回国，苏鸿熙也很早就做了准备。在美国，他省吃俭用，把节省下来的钱都买了医学书籍和仪器。此时，两台人工心肺机已经购齐，正摆放在他医院的办公室里，他要带着它们回国，开展自己所钟爱的胸外科事业。没想到，苏鸿熙的行动受到了美国情报机关的监视。苏鸿熙被誉为“医学界的钱学森”。很快，美国移民局找苏鸿熙谈话了。他们告诉苏鸿熙：“你是在美50名优秀中国科学家之一，我们不希望你回国”，“只要你答应不回国，在这里会有很好的研究环境和舒适的生活条件”。

苏鸿熙以"我的祖国需要我"的朴素语言婉拒了美国人的"热情"，他执着地要走自己的路。"作为一个男子汉，事业应该在祖国。我是铁杆，就是始终都要回到祖国，我从没想过留在美国。"

时间非常紧迫，以正常途径回国不可能了，最后二人商定分开走。苏锦先前往加拿大，取道伦敦，接收丈夫寄出的心肺机；苏鸿熙稍后乘船到伦敦，与妻子会合后绕道法国、捷克斯洛伐克、苏联等，辗转6国，耗时52天，行程近5万千米。1957年2月23日，苏鸿熙和他的妻子苏锦终于来到了祖国首都北京。望着鲜艳的五星红旗和雄伟庄严的天安门城楼，苏鸿熙激动万分：祖国，为了履行对你的爱，你的儿子又回到了你的身边。从此，我要将全部的精力与智慧奉献给生我育我的祖国母亲。

## "我回来是报效祖国的"

回国后，苏鸿熙夫妇受到了政府有关部门的热情接待，回国路费可以报销，心肺机可按原价折合成人民币予以补偿，至于就职去向，北京所有的医院任选。但苏鸿熙拒绝了这些好意。他坚定地说："我回来是报效祖国的，不是来做买卖的。"后来，在周恩来总理的关怀下，苏鸿熙被安排到位于西安的第四军医大学工作。就是在这里，他掀开了中国心脏外科崭新的一页。

苏鸿熙将在美国省吃俭用购买的两台人工心肺机带到学校，建起实验室，当年5月就在国内首次应用人工心肺机进行体外循环动物实验；次年6月，在中国首次成功应用人工心肺机，为一名心脏室间隔缺损的6岁儿童，进行了中国首例体外循环心内直视手术，掀开了新中国心脏外科的新篇章。美国于1953年开始应用这种技术，而中国仅比美国晚5年。苏鸿熙的努力，使心外科赶超苏联、日本，成为新中国最早进入世界医学先进水平的领域。手术成功后，原总后勤部为苏鸿熙记一等功，为体外循环研究组记二等功。

1963年，苏鸿熙在国内首次成功应用人造血管进行主动脉—颈动脉搭桥术。这项新技术又一次震动了中国医学界，给万千患者带来了福音。苏鸿熙还在心内直视手术的心肌保护方面进行了一系列研究，提出人工心肺机的结构要求和体外循环钾代谢规律及分段补钾方法。从1958年6月到1966年6月，苏鸿熙和心外科团队的手术成功率由初期的76%上升到接近100%。

## “半个赤脚医生”

1972年，苏鸿熙调到北京解放军总医院。1973年在北京人民大会堂举行“三八”妇女节茶话会，周恩来总理举杯走向苏鸿熙的夫人苏锦，亲切地问道：“生活过得怎么样？美国是你的家，中国也是你的家……”顿时，一股暖流在苏锦全身上下回荡。苏鸿熙心里默默地告诉自己，只有努力报效祖国，竭诚为患者服务，才能回报总理之厚爱。

在苏鸿熙眼里，病人永远是第一位的。那是一个周末之夜，苏鸿熙正准备睡觉，接到病房值班室打来的电话，说科里刚刚收住一位患者，病情很严重，病况很复杂，请他马上到病房实施抢救。苏鸿熙撂下电话，顾不上穿袜子，套上鞋就往外冲。刚出楼门，一只鞋子甩丢了，他顾不上寻找，继续奔跑。赶到病房，他立刻诊断病情，旋即安排手术。更换手术衣时，大家才发现他是光着一只脚跑来的。由于抢救及时，手术顺利，病人得救了。术后，同事们风趣地对他说：“苏主任，您今天可当了回‘赤脚医生’了。”苏鸿熙诙谐地回答：“不对，是‘半个赤脚医生’。”

20世纪90年代前，体外循环手术后的患者状态常不稳定。苏鸿熙每次手术都亲自守候48小时，确保患者安全。他还常去偏远山区做调查，自掏腰包为贫困患儿手术，并带头捐款捐物帮助农村患者。体外循环术后，苏鸿熙通过观察患者排尿量判断其体内循环状况。为此，他发明了一种吸引装置，能过滤体外血液再利用，既省钱又减少并发症。

改革开放初，苏鸿熙预见中外医学交流将增多，于是利用业余时间教中青年医生英语，让大家每天清晨到院外边散步边练，被调侃为"马路英语学习班"。因他的远见，20世纪80年代中国心外科在国际上获高度认可。苏鸿熙的千次实验与110余篇高质量论文，推动中国心外科走向高峰。

## "按共产党员的标准做事"

2013年7月1日，苏鸿熙热泪盈眶，梦想一生的时刻终于来到了！在解放军总医院金沟河干休所内，138名老党员伫立在苏鸿熙身后见证。"我宣誓……"3个字刚出口，苏鸿熙已是泪流满面。在其他党员的帮助下，苏鸿熙艰难抬起中风偏瘫的右臂，左手托住，面对党旗，深情表白。他那双拯救过无数生命的手，此刻颤颤巍巍，最终定格在党旗下。98岁的他感慨道："我尽管在苍苍暮年才实现入党的愿望，但我一生都在按共产党员的标准做事。"

苏鸿熙早年就提出想入党，但因妻子身份，一直未能如愿，但始终自律如一名党员。他经历过战乱，深知共产党让中国摆脱被宰割命运，坚信其无可替代。他见证过改革开放后中国的巨变，为祖国深感骄傲。一度有人以获美国绿卡为荣，美使馆官员也劝苏鸿熙赴美："你的夫人是美国人，你为什么不去美国啊？"他回答说："我从来没有那样的想法。"那名官员说："很少见到你这样的人。"在苏鸿熙看来，人生在于好好工作和帮助别人。"如果仅仅为了钱，我在美国的第二年，他们就要留下我，待遇是年薪6000美元。那时这个年薪可是个不小的数目啊！可那又有什么意思呢？"苏鸿熙深情地说，"虽然那时我还没有入党，但我始终按党员的要求在做。”

2013年7月1日，经党组织批准，晚年的苏鸿熙光荣入党，终于了却了毕生的追求和初心。2014年7月1日，阳光洒满客厅的下午，苏鸿熙宣誓入党一周年，军队有关部门领导专程来为他庆祝百岁生日。戴着生日帽，苏鸿熙许愿：祝伟大祖国繁荣昌盛，愿中国共产党永远带领我们前进……2018年7月，苏鸿熙逝世，享年103岁。

（罗元生）

# 1960年

## 潘君骅：闪耀星空的“追光”院士

### 人物简介

潘君骅（1930年10月14日至2023年12月18日），江苏常州人，我国杰出的应用光学专家。1952年获清华大学机械系学士学位，毕业后到中国科学院长春仪器馆（现中国科学院长春光学精密机械与物理研究所）工作。1956年9月赴苏联深造，1960年7月获副博士学位后回国。1980年，到中国科学院南京天文仪器厂（现中国科学院南京天文仪器有限公司）工作。1999年，当选为中国工程院院士。2000年，受聘为苏州大学现代光学技术研究所研究员。先后获得全国科学大会奖，国家科学技术进步奖一等奖、三等奖等多项殊荣。

许多年前，当一位孩童仰望星空许愿时，也许未曾想过未来的某一天，会有一颗以他本人名字命名的小行星在夜空闪烁。2019年，国际编号为216331的小行星，获国际小行星中心和国际小行星命名委员会批准，正式以一位中国科学家的名字命名。这位科学家，就是我国著名应用光学专家、中国工程院院士——潘君骅。

## 临终心声，最纯粹的爱国情要用行动去表明

“我怕再不说就没机会了……”2023年11月的某日清晨，潘君骅拨通了苏州大学光电科学与工程学院党委书记的电话：“我要表达两层意思：一是感谢苏州大学这些年来对我的关心和照顾，二是感谢国家感谢党对我的栽培，使得我能够为我们的国家做一点的事情……”

在潘君骅人生的最后几年，他依旧深深心系广大师生的科研工作。身体健朗时，他每天都要从家步行到任教的苏州大学上班，风雨无阻。苏州大学光电科学与工程学院的老师和研究生都是他办公室的“常客”。对于实验过程中遇到的问题，潘君骅总是不厌其烦地给他们点拨研究方向。他经常对学生们说：“在应用光学领域，光学设计、检验、加工密不可分，三者沟通好，好多技术问题就容易解决。不管侧重于做哪方面的研究，对这三者都要有所了解。”受他影响，苏州大学光电科学与工程学院的老师培养研究生，都倡导做一个有工程概念的光学研究者，从设计到制备工艺及测试，必须全程参与并完成。

在拨出那通电话的一个月后，93岁的潘君骅在苏州与世长辞，从此化作星辰，遥望大地。“我最后一次和潘老师见面，是跟他讨论630毫米口径的大口径光学镜面。”潘君骅的学生、苏州大学光电科学与工程学院教师王伟回忆起他印象最深的事时说：“最初本不想麻烦他，还是潘老师发现了这个问题，主动找到了我们。他在工作中非常严谨，每一个细节都会记录。”

潘君骅关爱后学，以传道、授业、解惑为宗旨，潜心立德树人，晚年依旧坚持以书信的形式和广大师生交流，勉励大家“青春宝贵，切莫虚度”。在一次报告中，潘君骅向师生们分享了自己的人生箴言：“不要攀比钱财享受”“任何时候都不要自满”“最重要的一点，千万记住你是中国人”……看似朴实无华的字句，背后却饱含着这位老一辈科学家最赤忱的爱国之情。而他也用一生践行了“科技报国”四个字。

## 科研缘起，幼时的星空梦要用一辈子去完成

潘君骅与“星空”的缘分从他孩童时期就已结下，幼时的夏天，他最爱做的事就是躺在木板上乘凉，凝望满天星斗，满怀好奇与憧憬。

但潘君骅的求学之路，因战乱饱经坎坷。1949年入读清华后，他的求知欲日渐高涨，觉得什么都新鲜、什么都想学。机械专业的他凭着浓烈的兴趣和爱好，加入了天文学习会，与大家一起进行系统的天文学知识学习和一系列读书报告活动。《星空巡礼》《球面天文学》《太阳系》……潘君骅在丰富的天文学知识海洋里乐此不疲地徜徉，只要接到天文学习会的活动通知，他都积极参加。在他的笔记中，一幅幅亲手绘制的星图，使他与梦想越来越近。

除听取报告外，潘君骅还通过摘抄行星动态、研究中国古代天文贡献、观测天象等方法自学了很多天文学知识，甚至从家里拿了父亲的老花眼镜和二哥的近视眼镜，自己拼凑出了一个低倍伽利略望远镜，以方便自己观测星星。

1956年，潘君骅凭借良好的俄文基础，被中国科学院长春仪器馆派往苏联列宁格勒（圣彼得堡）普尔科沃天文台跟随马克苏托夫教授研究天文光学。“国外的那段日子，整个人就像海绵一样，尽可能地吸收知识养分，期盼着学成回国后为国家效力。”这样的信念支撑他度过了4年孤独的异乡生活。正是在苏联留学时期的积累，让潘君骅从一名

天文爱好者转变成现代天文光学的研究者。其间，他提出了大望远镜二次凸面副镜新的检验方法，被苏联方面称为“潘氏法”，并得到了广泛应用。

空闲时，潘君骅最喜欢的是“磨玻璃”。他曾写信给上海的一家光学公司，询问磨一块50毫米口径平凸透镜的造价，当时潘君骅每月的伙食费是8元，当获知造价要50元时，他只能试图自己打磨。在长春仪器馆工作之余，潘君骅不惜花费大部分工资在购买材料上，他的同事干福熹曾说：“磨玻璃，手感要好，这是潘君骅一生的爱好。”留学期间，潘君骅依旧爱磨玻璃，他的导师马克苏托夫也评价他磨好的抛物面镜“好得很”。正是多年自己动手打磨的经历，为潘君骅之后的天文光学研究打下了扎实的基础。

有一次，马克苏托夫给学生讲述他新近推导的一个公式，潘君骅抱着学习的心态也推导了一遍，结果发现有一点小错误并对公式做了修正。正好，导师自己在用这个公式时也发现总不能一次到位，于是就用他修改的公式推导，发现非常顺利地解决了问题。“带潘君骅这样的研究生使我感到愉快和满足。”导师的称赞让潘君骅备受感动和鼓舞，更坚定了他选择天文光学科研道路的决心。

### 殚精毕力，报国的初心要用实干去践行

1960年7月学成回国后，潘君骅决心一定要把学到的东西投入工作，报效国家。潘君骅开始参与“60号”任务、“150号”任务等国防重大项目，凭借留学时的知识积累和多年磨玻璃打下的扎实实践基础，他带队设计磨镜机和刀口检验仪，帮助我国建立了新的光学检验方法。光机所的刘禄曾这样评价：“没有潘君骅从苏联回来，150经纬仪就做不出来。”

20世纪七八十年代，国家正值重点攻关2.16米天文望远镜，潘君

骅受命出任技术组组长。项目开展过程中出现了不少问题，大到安装调试望远镜的场地和实施，小到副镜调焦试验时电机反常转动造成部件损坏等，工作开展非常艰难。当时，年近60岁的潘君骅依旧坚持每天爬上爬下30米的梯子调试仪器，解决问题。因种种因素，他在项目开展过程中不得不使用一块略有瑕疵的苏联镜坯，由于镜坯各处硬度不均匀，抛光时产生非轴对称的局部高低，让工人感觉无法再磨下去了，项目面临停摆。潘君骅仔细查看，发现了其中的问题，建议停下机器用手工磨，经过多方努力，花费3年时间才把这块镜坯成功“磨下来”。从第二次启动研制开始到1989年试观测，2.16米天文望远镜的研制花了整整15年。

在潘君骅看来，只要是国家需要的都应该尽责去做，遇到问题就解决问题，不求回报，不计个人得失。这台当时全中国乃至亚洲最大的天文望远镜，荣获了1997年中国科学院科学技术进步奖一等奖和1998年国家科学技术进步奖一等奖。不过，最让潘君骅感到自豪与欣慰的是，这台望远镜至今仍排满了观测任务，“它天天都对准着浩瀚的星空”。

从“磨玻璃”到制造“国之大器”，潘君骅走了很多年，其中的艰辛与汗水难以用简单的言语来概括。他常说：“推公式不是科研的全部，必须动手去试。”他是一位功力深厚的光学实干专家，从光学设计到加工、检验，潘君骅的优势就是能胜任全过程。王大珩曾用“最具有工程概念的光学专家”来评价潘君骅，“从事应用光学、光学工程，要有工程概念。所谓工程概念就是他设计的东西不仅要考虑到怎样设计，还要考虑到根据当时的加工制造水平能够做出来、实现它”。

后来，潘君骅又陆续接手了国家541任务、216工程、资源1号卫星、921相机项目等诸多重大国防研究任务。在他的带领下，苏州大学团队也研制完成了中巴合作资源3号气象卫星的主光学系统、对日观测软 X 射线望远镜原理样机光学部分等项目，潘君骅用满腔热忱和实际行动践行着他归国时报效祖国的初心。

## 身正为范，育禾的使命要燃烧至最后一刻

2019年，“潘君骅星”命名之际，“苏大读书节”特邀潘君骅分享其成长与成才经历。他以《我的一生》为题，深情回忆了战乱时期的求学和职业生涯，并以“低头拉车，抬头看路”8个字总结了自己的一生，鼓励广大学子脚踏实地、仰望星空。面对“小行星命名意味何物”的提问，他淡然表示“无所谓”，展现了其淡泊名利的品格。

潘君骅一生追光，也宛如一束光照亮着在光学领域前行的后来者。苏州大学杨晓飞老师在加工离轴抛物面时遇到莫尔条纹问题，激光干涉仪无法测量。他向潘君骅求助，潘君骅指出是细光束成像导致的杂散光干涉，建议空间滤波，使难题迎刃而解。在苏州大学光电科学与工程学院每年发给入学新生的“追光笔记本”扉页，印着潘君骅的这样一段话：“我这一生，都是在求知追光，认真做每一件工作，做到有始有终，希望能做好自己热爱的事业。为祖国的发展贡献一点自己的力量，这是我的荣幸。”有一次被问及爱国之因时，他深思熟虑后，以简洁而深沉的9个字回应：“爱国是不需要理由的。”这不仅是他的心声，更是一名科技先锋与共产党员纯粹而动人的情感流露。直到临终前，他仍谦虚地把自己的重要贡献轻描淡写为“只做了一点小事”。

尽管潘君骅已离我们远去，但这位“追光”院士如光学领域的明灯，继续指引后来者仰望星空、脚踏实地，书写新的辉煌。

（谢安楠　张东润）